日本人が知らない
意外な真相！

戦国時代の舞台裏大全《たいぜん》

歴史の謎研究会［編］

青春出版社

はじめに

応仁の乱以降、壮絶な「国盗り合戦」が150年にもわたって繰り広げられ、群雄が割拠した戦国時代。全国に居城を築いた大名たちは1人でも多くの兵を雇い、財力を蓄えながら、自分の領地を広げることに血眼になっていた。

そんな、まさに生き馬の目を抜く戦乱の世に頭角を現したのが、織田信長、豊臣秀吉、徳川家康、武田信玄、上杉謙信、真田幸村、伊達政宗らである。

今も私たち日本人を魅了してやまない名将たちは、その時、何を考え、どう動いたか。また、それによって日本の歴史はどう変わったのか――。

本書では、そんな戦国時代の全貌を辿りながら「舞台裏」で何が起きていたのか、戦国武将の裏の顔から合戦をめぐる意外な話、戦国の城の謎と不思議まで、意外な真相をつぶさに検証してみた。

たとえば、学校では教えてくれない合戦の〝損得勘定〟をはじめ、幻に終わった豊臣秀吉の幻の遷都計画、〝覇王〟信長と渡りあった室町最後の将軍の謎まで、裏から読むと「覇権」をかけた攻防が面白いほどわかるはずである。

2016年12月

歴史の謎研究会

日本人が知らない意外な真相！

戦国時代の舞台裏大全◆目次

2　覇王・信長の登場　89

6 歴史的事件のウラの裏側 237

7 信仰、暮らし…中世日本の実像 261

8 歴史の舞台で交錯した人物群像 321

カバー写真提供◉©Kyoshi Naruse/amanaimages
制作◉新井イッセー事務所
DTP◉ハッシィ

第一部

戦国時代の見取り図

プロローグ

戦国前夜

室町時代を一転して戦乱の世へと導いていった応仁の乱。実は、京都を中心に全国を二分して争われたこの大乱のずっと以前から関東ではすでに抗争が勃発していた。鎌倉公方と関東管領の対立、それに端を発する京都の将軍暗殺など――。これらの動乱は激動の時代のプロローグとなり、やがて応仁の乱を呼び込んで、群雄が〝国盗り〟合戦を繰り広げる時代を招いていく。戦国時代の前夜、乱世の足音はすぐそこまで近づいていたのである。

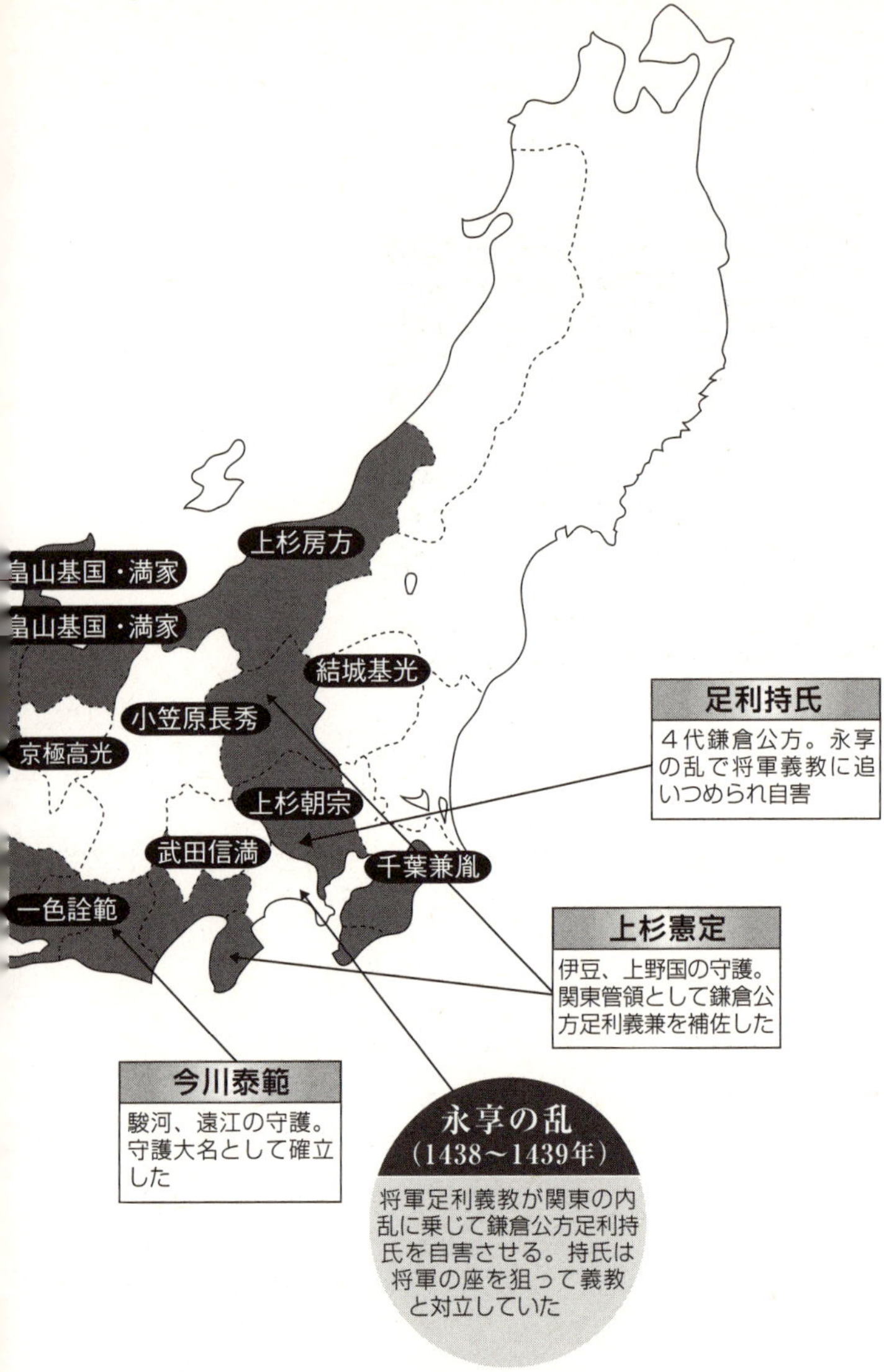

出典：「日本の歴史⑬室町幕府」（佐々木銀彌著、小学館）、「図解日本史ー地図・図録」（山川出版社）などをもとに作成

守護大名地図（15世紀初頭）

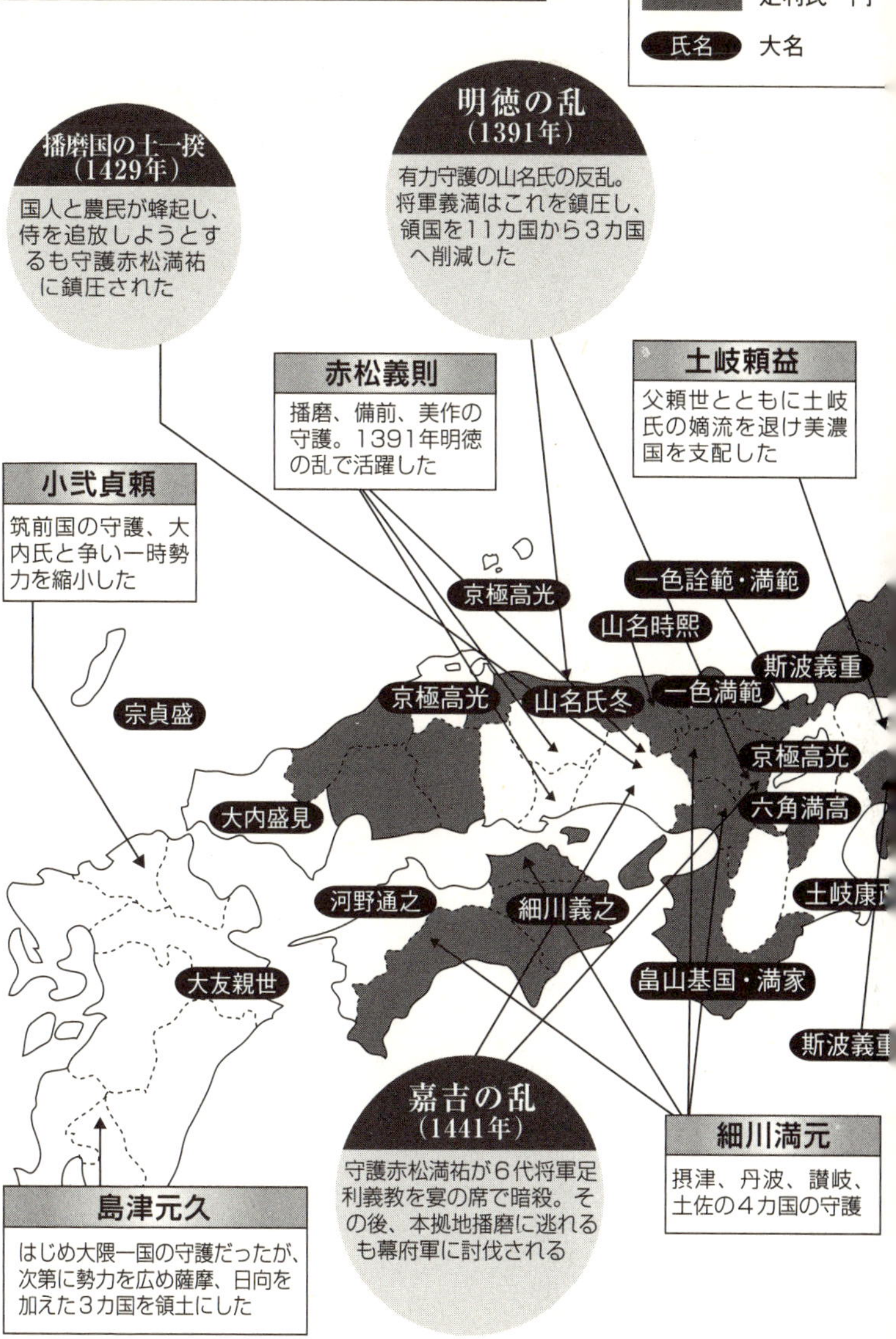

足利氏一門
氏名 大名
明徳の乱（1391年）
有力守護の山名氏の反乱。将軍義満はこれを鎮圧し、領国を11カ国から3カ国へ削減した
播磨国の土一揆（1429年）
国人と農民が蜂起し、侍を追放しようとするも守護赤松満祐に鎮圧された
赤松義則
播磨、備前、美作の守護。1391年明徳の乱で活躍した
土岐頼益
父頼世とともに土岐氏の嫡流を退け美濃国を支配した
小弐貞頼
筑前国の守護、大内氏と争い一時勢力を縮小した
京極高光
一色詮範・満範
山名時熙
斯波義重
宗貞盛
京極高光
山名氏冬
一色満範
京極高光
六角満高
大内盛見
河野通之
細川義之
土岐康
大友親世
畠山基国・満家
斯波義重
嘉吉の乱（1441年）
守護赤松満祐が6代将軍足利義教を宴の席で暗殺。その後、本拠地播磨に逃れるも幕府軍に討伐される
細川満元
摂津、丹波、讃岐、土佐の4カ国の守護
島津元久
はじめ大隈一国の守護だったが、次第に勢力を広め薩摩、日向を加えた3カ国を領土にした

1438年〜1439年、1441年

幕府の動揺

将軍の権威を失墜させたふたつの争乱

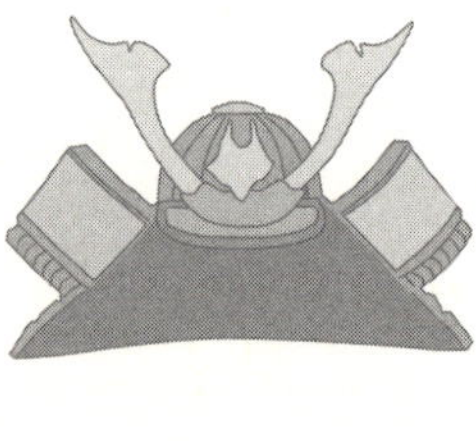

■足利持氏が抱いた「野望」

時代を戦国へと導いていくことになる応仁《おうにん》の乱から遡《さかのぼ》ること約30年、室町幕府を足元から揺るがすふたつの争乱が相次いで起きる。「永享《えいきょう》の乱」と「嘉吉《かきつ》の乱」がそれだ。これらの乱は将軍の威信を失墜させ幕府の弱体ぶりを顕《あら》わにしていったのだが、最初に起こったのが「永享の乱」である。

1438（永享10）年、鎌倉公方《くぼう》の足利持氏《あしかがもちうじ》が関東管領《かんれい》の上杉憲実《うえすぎのりざね》を討とうとして挙兵。

これに対して6代将軍・足利義教《よしのり》が持氏追討の軍を派兵し内乱となったのだ。

かねてから鎌倉公方は独立して関東支配を行っていたが、常に将軍職に対して強い野心を見せていた。

なかでも持氏の職軍職への執念は強く、義教が将軍に選ばれた時には自分を無視して将軍が決められたことに憤って京都を攻めようとさえしている。

この謀反は補佐役の上杉憲実に諫《いさ》められて中止したが、以降、持氏の幕府への反抗は顕著となり、しかも穏健派の憲実が幕府の意向を尊重するとそのことを邪魔に思って、次第に憲実を始末しようと考え始めた。

■永享の乱が引き起こした結城合戦

やがて2人の不和は決定的となり憲実が関東府から去って領国上野《こうずけ》へ向かおうとすると、それを知った持氏は憲実を討つため挙兵。憲実が幕府に助けを求めたため、持氏討伐の恰好の機会を得た将軍義教が諸将へ関東出陣を命じ「永享の乱」となる。

だが、幕府軍に比べれば、持氏の軍など所詮たいしたことはない。幕府軍と憲実軍に包囲され、さらに配下の三浦時高《みうらときたか》らに裏切られると、あっけなく敗北してしまう。

持氏はやむなく出家するものの義教はこれを許さず、翌年、鎌倉で一族数十人とともに自殺に追い込まれるという末路を辿る。

こうして「永享の乱」は鎮圧されたが関東での動乱は収まらず、1年後には下総《しもうさ》の武将・結城氏朝《ゆうきうじとも》が持氏の遺児を担ぎ出して挙兵する。

この「結城合戦」も幕府や憲実らにより1年ほどで平定されるが、これら関東の動乱は幕府の弱体ぶりを明らかにし、ほどなくして将軍自身が暗殺されるという未曾有《みぞう》の大事件「嘉吉の乱」を招くのである。

■前代未聞の将軍暗殺事件

事件は1441(嘉吉元)年に起こる。結城合戦が終わり京都にある赤松満祐《あかまつみつすけ》の屋敷で祝宴が開かれていた時のことだ。招かれていた将軍義教に突如数人の武士が襲いかかって殺してしまったのである。

首謀者はほかでもない祝宴の主催者である満祐だ。というのも、彼は義教の圧政に耐え兼ねていたのだ。

義教は4代将軍義持《よしもち》が次期将軍を指名せずに亡くなったため、クジ引きで選ばれた将軍

●嘉吉の乱あたりまでの足利氏系図

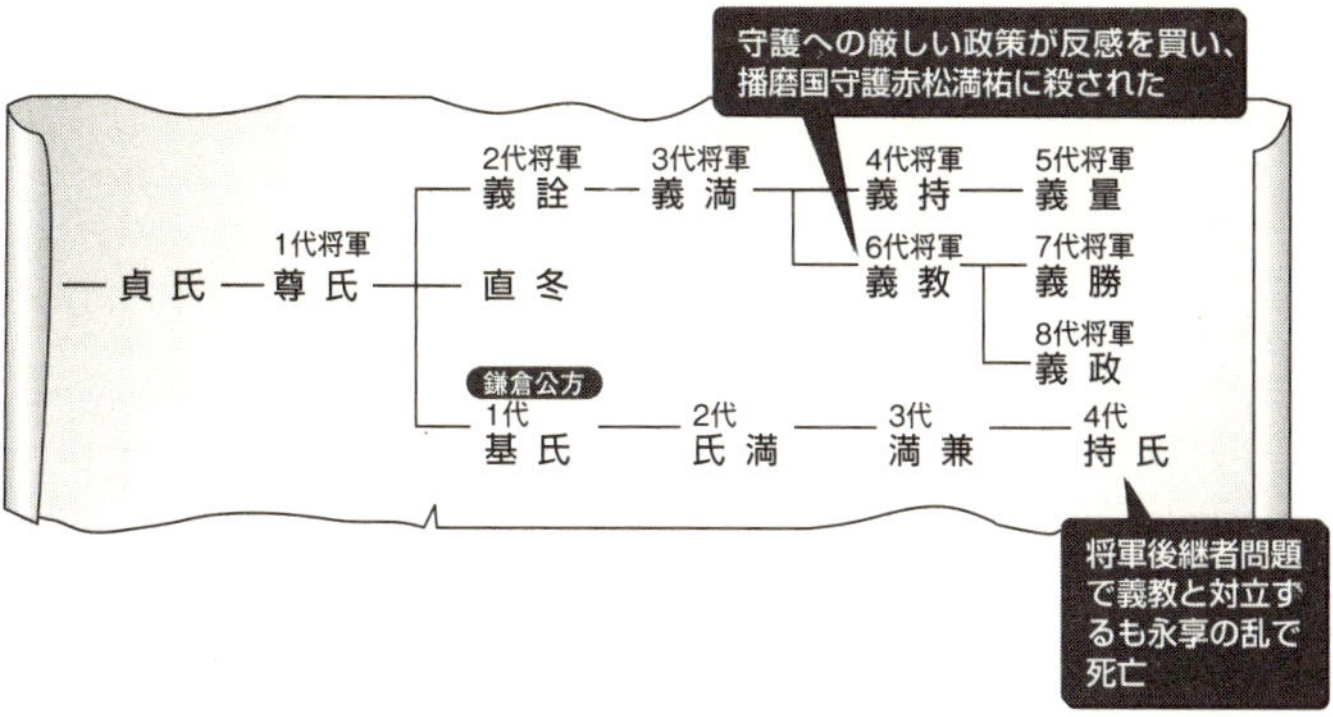

●永享の乱と嘉吉の乱

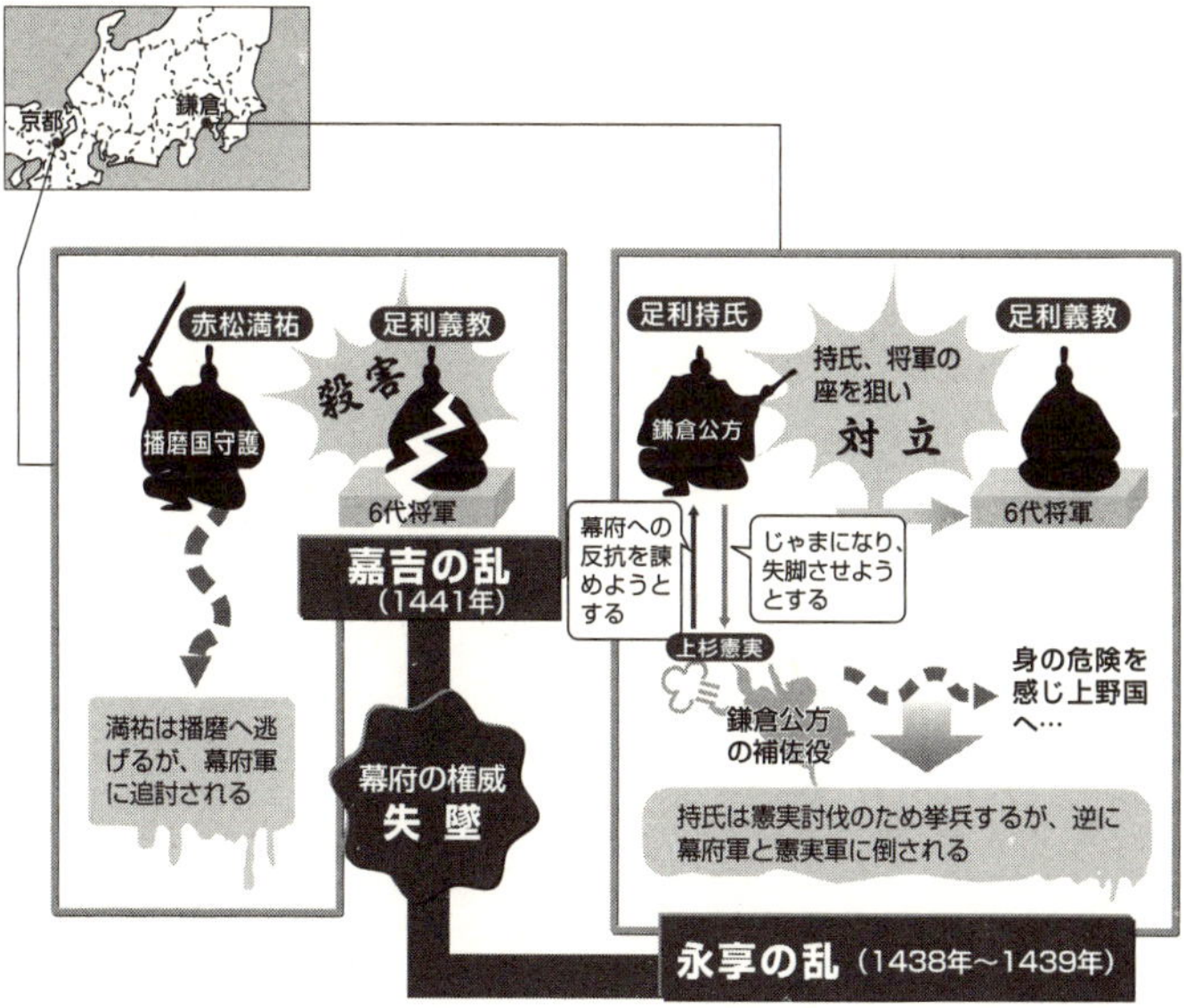

である。そのためか威信保持に躍起になり、守護の家督に干渉したり反抗的な大名を討ったりと厳しい圧政を敷いていた。

満祐もその例外ではなく、この前年には弟の所領が没収されるという納得いかない一件が起きている。満祐の不満と憤りは頂点に達し、ついに決死の謀反に至ったというわけだ。

一方、将軍暗殺の事態に際し幕府内部は大混乱となる。これは満祐追討の軍をすぐには差し向けられなかったほどで、満祐はその間にまんまと領国播磨《はりま》へと脱出してしまう。

だが結局、満祐が幕府の追討軍に敵うわけもない。

播磨を拠点に果敢に抵抗したものの、同年9月には幕府軍に追いつめられ、自害。赤松氏は没落し、「嘉吉の乱」は終結する。

幕府ではこの後、8歳の足利義勝《よしかつ》が将軍となるがわずか1年で病死し、足利義政《よしまさ》が8代将軍の座に就いた。

しかし、これらの動乱がもたらした幕府と将軍の権威失墜は深刻で、義政の時代についに「応仁の乱」が勃発することになるのである。

1467年〜1477年

応仁の乱

戦国の幕開けを告げた大乱の真相

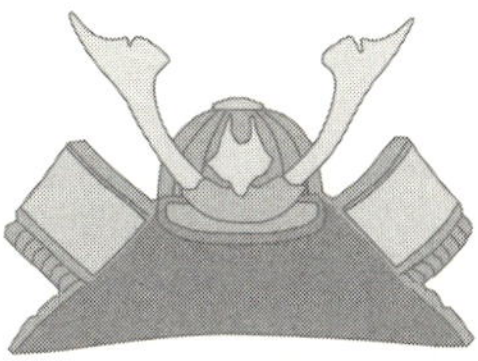

■天下を二分した3つの勢力争い

京都を中心に天下を二分して争われた「応仁の乱」。1467（応仁元）年から1477（文明《ぶんめい》9）年まで続いたことから「応仁・文明の乱」ともいわれる。主戦場となった京都を焦土に変えてしまったこの激しく長い戦乱はなぜ起こったのだろうか。これには3つの権力争いが関係している。

まずひとつめは、将軍家の後継ぎ問題である。室町幕府の8代将軍義政には長く継嗣となる男子がいなかった。そこで義政は出家していた弟義視《よしみ》を無理に還俗《げんぞく》させて、養子にして次期将軍に据えようとする。

ところが、その翌年になって義政の妻である日野富子《ひのとみこ》が男子を出産したため、息子の義尚《よしひさ》を将軍にしたいと願う富子と、義視の間に対立が生じるようになっていくのだ。

一方、管領の斯波《しば》、畠山《はたけやま》両家のなかでも以前から家督相続争いが起こっていた。斯波家では義敏《よしとし》と義廉《よしかど》が、畠山家では政長《まさなが》と義就《よしなり》が家督を争ってもめていたのである。

これに有力守護大名である細川勝元《ほそかわかつもと》と山名持豊《やまなもちとよ》（宗全《そうぜん》）の幕府の最高実力者の地位をめぐる争いが結びついていく。

富子は持豊に後ろ盾を頼み、義視は勝元についた。さらに持豊が斯波義廉と畠山義就を味方につけ、勝元が斯波義敏と畠山政長についたため、幕府の内部は完全に二分されることになる。

■市街戦動員は44カ国、総勢27万人

そして迎えた１４６７（応仁元）年1月、両者の戦闘の火蓋は切って落とされる。義就と政長が上御霊社《かみごりょうしゃ》で激突したのだ。

応仁の乱　勢力配置図

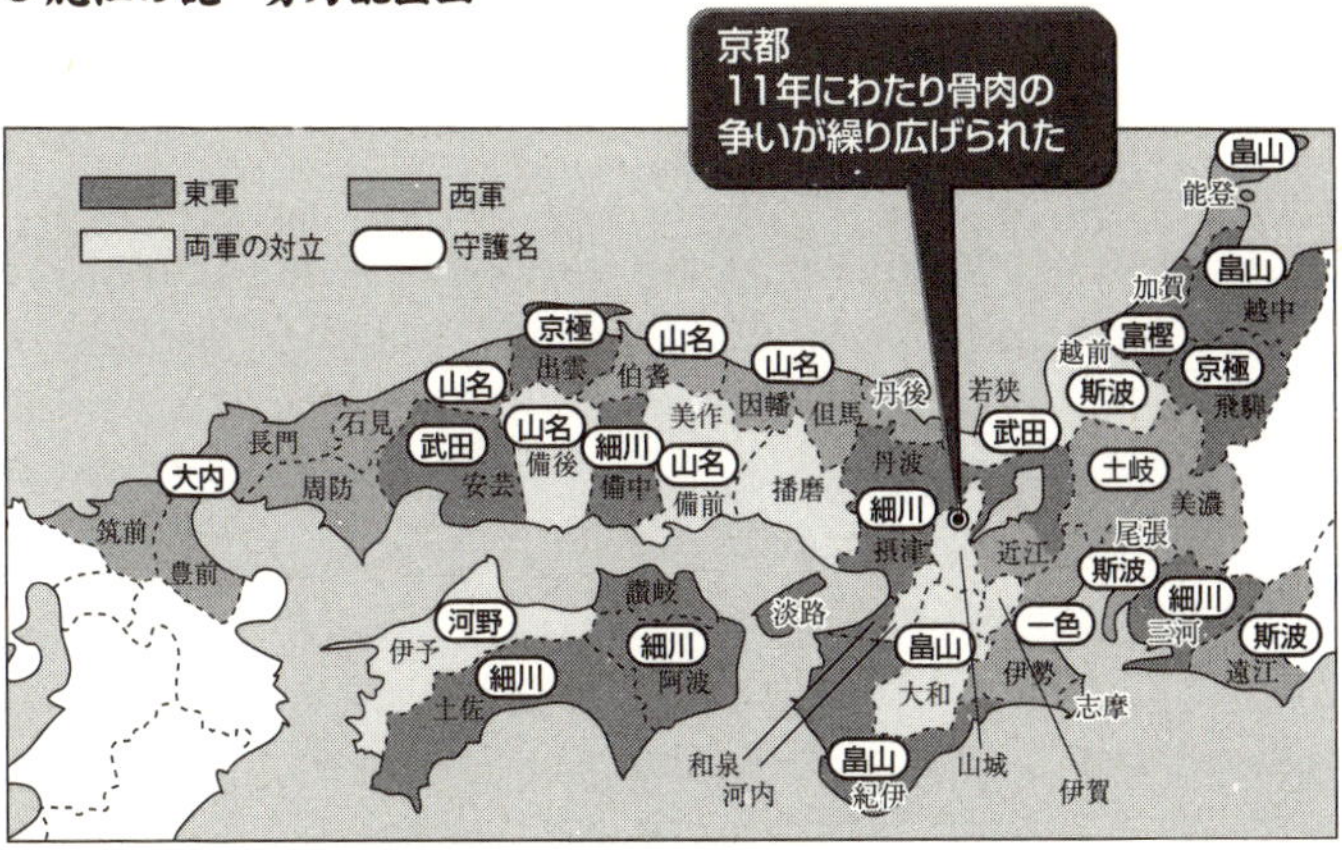

応仁の乱の対立関係

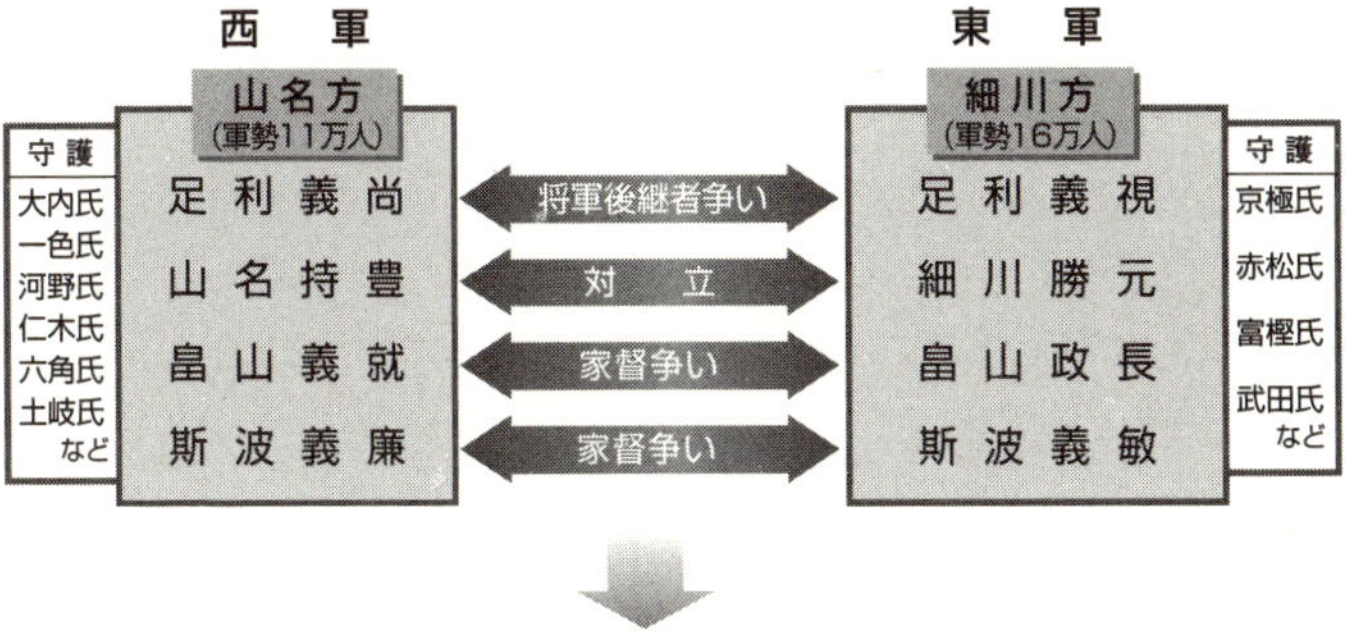

戦いが全国へ広がり戦国時代の幕開けとなった

将軍である義政は当初、戦火が広がるのを恐れてこの争いに介入しないようにと各将に命じたが、幕府の指導力はすでに弱体化していたため、効き目などなかった。

やがて5月になると、勝元側は京都の堀川の東側に陣を取り、持豊側は西側に陣を敷いて本格的な市街戦に突入していく。ちなみに、京都の「西陣《にしじん》」の地名もここから生まれたものである。

さらに東軍と呼ばれる勝元側には24カ国、約16万人の兵が動員され、西軍と呼ばれる持豊側には20カ国、約11万の兵が動員されて、全国を二分した戦闘が開始された。

形勢は一時、西軍有利へと傾いて東軍の武将のなかには西軍へと寝返る者もいたが、それでも戦いはなお収まる気配はなかった。しかも翌1468（応仁2）年になると、東軍にいた足利義視が西軍に擁せられることになるが、これは日野富子の圧迫を抑えられなくなっていた細川勝元らが義視を重荷に感じるようになっていたためだ。

このため逆に富子が東軍方となり、翌1469（文明元）年には東軍方についていた将軍足利義政より義尚への家督相続が決定される。

しかし、拡大した戦火は収まることなく、その翌年には西軍配下の武将が次々と東軍に寝返り、逆に東軍の武将が西軍に転じるなど、戦線は各地で錯綜し長期化していく。

応仁の乱で焼けた京都市内

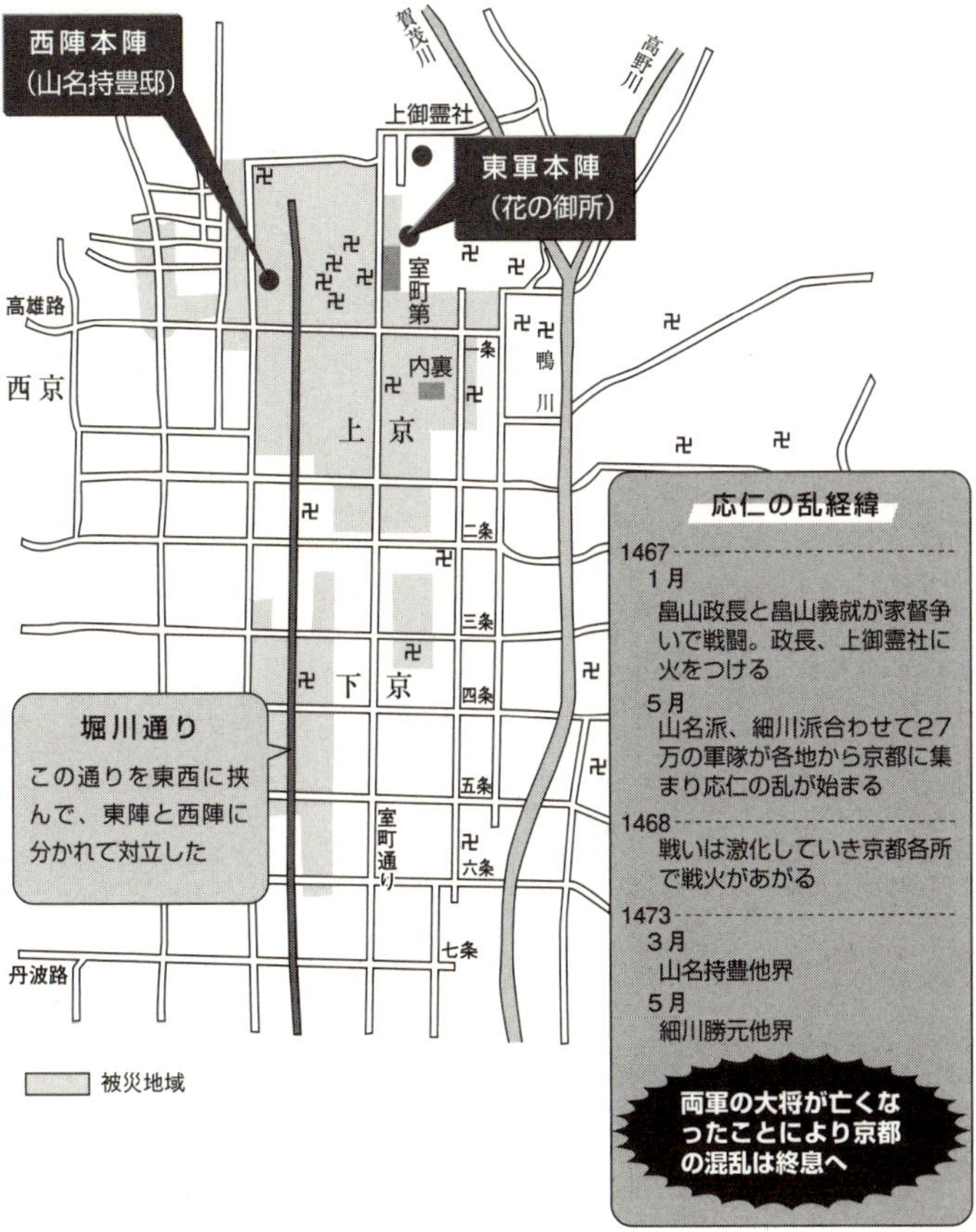

また、戦いが長期に及び兵力が枯渇してくると、両軍は戦場に浮浪する者たちを集めて新兵力として雇うことにする。これが足軽の始まりともいわれているが、彼らには忠誠心などなく軍律なども関係ない。ましてや武士としての体面も持たないから、戦いに乗じて社寺などから略奪や強盗、放火までも行い、狼藉《ろうぜき》の限りを尽くしていく結果となるのだ。

■膨大な被害と政治体制の崩壊

だが、やがてこの戦乱にも終止符が打たれる時がくる。とはいえ、どちらかが勝利を収めるという形での決着ではない。１４７３（文明《ぶんめい》５）年に持豊も勝元もそれぞれ病死すると、以降、各地での戦いも自然消滅的に終息に向かっていったのである。

結局、約11年にわたった戦乱が完全に終わった時、そこに残ったのは荒れ果てて焼け野原となった京都だった。戦乱と足軽の横行で公家や寺社はすっかり没落していた。

また各地の守護大名たちが中央の抗争に巻き込まれている間に、領国では家臣である守護代や国人が反抗を始め、さらに農民による一揆も頻発するようになる。

こうして応仁の乱後、幕府の権威はもはや必要のないものとなっていく。そして、まもなく実力本意で権力の座を手に入れることのできる戦国乱世の時代が訪れるのである。

1

群雄割拠！戦国の幕開け

応仁の乱で無政府状態になったあと、全国各地で頻発したのが下剋上である。その中には、守護代から越前の大名となった朝倉氏や浪人から伊豆・相模の大名となった北条早雲などがいた。ほかにも上杉謙信や守護出身の武田信玄などの名将が合戦を繰り広げ、世はまさに群雄割拠の様相を呈していく。軍事だけでなく、時には政治、外交までをも巻き込んだ数々の戦い。それによって、日本全国の勢力地図はさまざまに塗り替えられていくのだ。

出典:「クロニック戦国全史」(講談社)、「図解日本史ー地図・図録」(山川出版社)などをもとに作成

守護大名の勢力図(16世紀初頭)

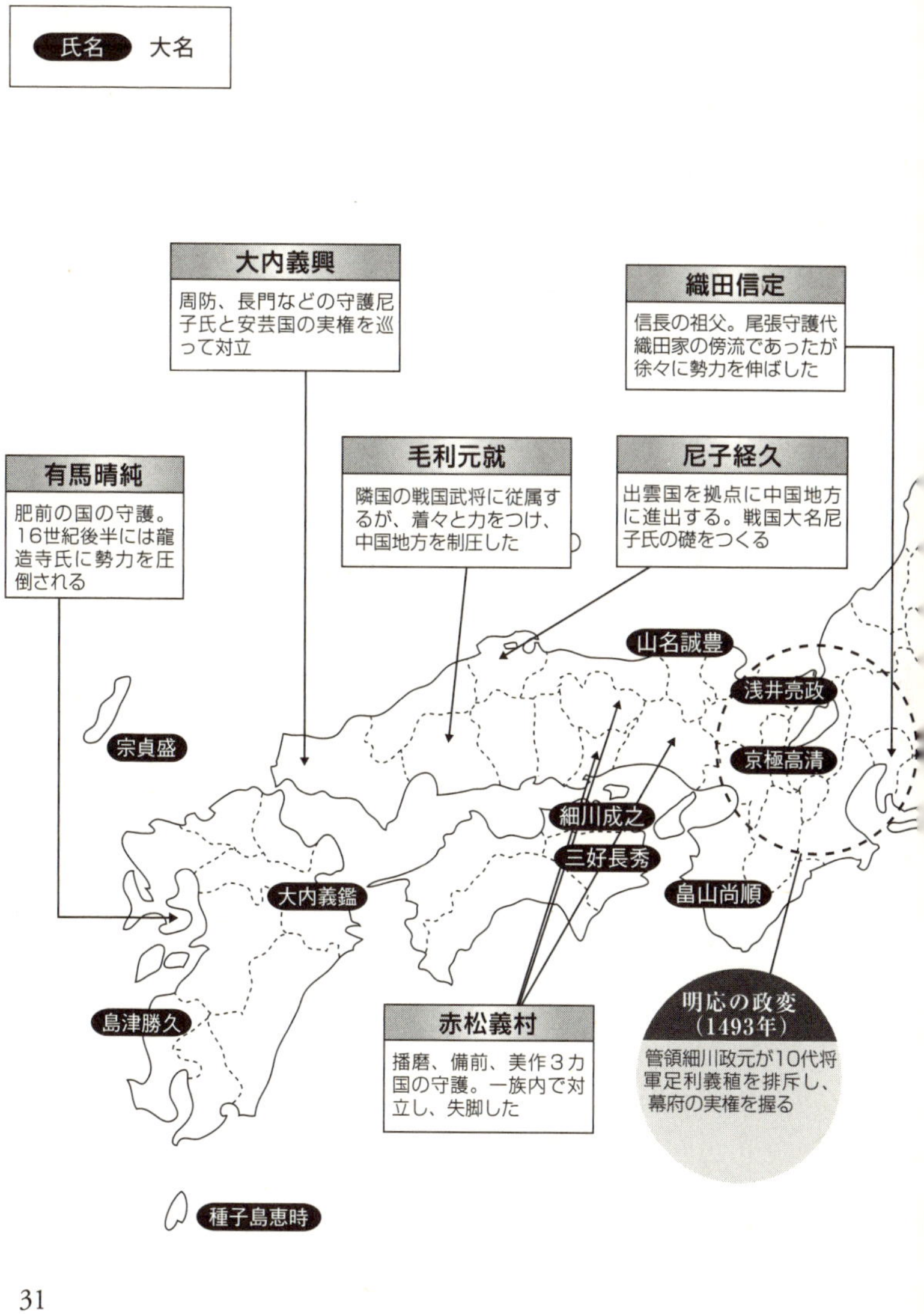

氏名　大名
大内義興
周防、長門などの守護尼子氏と安芸国の実権を巡って対立
織田信定
信長の祖父。尾張守護代織田家の傍流であったが徐々に勢力を伸ばした
有馬晴純
肥前の国の守護。16世紀後半には龍造寺氏に勢力を圧倒される
毛利元就
隣国の戦国武将に従属するが、着々と力をつけ、中国地方を制圧した
尼子経久
出雲国を拠点に中国地方に進出する。戦国大名尼子氏の礎をつくる
山名誠豊
浅井亮政
宗貞盛
京極高清
細川成之
三好長秀
大内義鑑
畠山尚順
島津勝久
赤松義村
播磨、備前、美作3カ国の守護。一族内で対立し、失脚した
明応の政変
(1493年)
管領細川政元が10代将軍足利義稙を排斥し、幕府の実権を握る
種子島恵時

1488年

加賀の一向一揆

100年にわたる自治を可能にした裏側

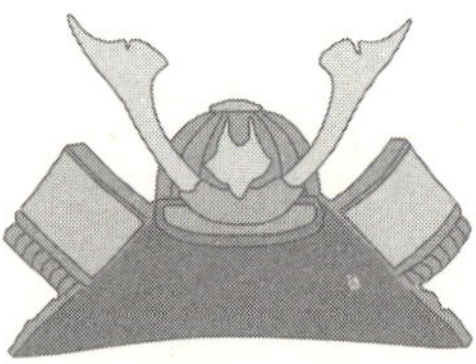

■死ねば極楽に行けた門徒

日々戦いに明け暮れる戦乱の世は田畑を荒し、また人心をも乱れさせた。農民は生活に困窮するものも多く、心のよりどころに宗教を求めるのは自然な姿だった。

そこで勢力を伸ばしていたのが一向宗《いっこうしゅう》で、浄土真宗本願寺の8世となった蓮如《れんにょ》は、「念仏を唱えさえすれば、死んでも極楽に行ける」とわかりやすく説いたため、その教えが急速に全国に広まっていった。

なかでも、加賀の一向宗は農民に支持されたことから大きな力を持つようになり、やがて彼らは国の自治権を握るために一揆を起こすと、守護大名だった富樫政親《とがしまさちか》を自害させてしまう。

これが1488（長享《ちょうきょう》2）年に起きた「加賀の一向一揆」である。

一揆の引き金となったのは、将軍足利義尚《あしかがよしひさ》の命を受けて近江の六角《ろっかく》氏を攻めていた政親が、戦費を集めるため農民に重税をかけたことだった。

これに反発した一向宗の門徒である農民たちは反乱を起こすと、政親の高尾城（金沢）に攻め込んだ。その数は能登《のと》や越中《えっちゅう》からの応援まで含めると、20万人もの規模だったといわれている。

ところで、戦国時代の「一揆」には3つの種類がある。ひとつは農民が年貢や夫役《ぶやく》の減免を訴える「土一揆《つちいっき》（徳政一揆）」で、ふたつめは国人や地侍が自らの領主権を確保するために行う「国一揆」。そして3つめが一向宗の門徒たちが自治権を確立するために行う「一向一揆」だった。

ただ、下剋上で守護大名が戦国大名に代わると、政治や経済政策がしっかりするようになり、土一揆や国一揆は姿を消し、残ったのが宗教を背景にした一向一揆だったのである。

■一向宗の勢力拡大の背景

それにしても、なぜ一向宗は加賀の守護大名を倒すほどの勢力を持てたのだろうか。

そこには、まず「講《こう》」という独特の組織があった。講とは門徒が集団で参拝したり、お布施《ふせ》を集めるためにつくられたもので、一揆はこの講を中心に組織されていた。これがそのまま武力勢力になったのである。

そして、加賀の一向一揆が大きな勢力を持つようになるには、政親自身にも責任があった。

政親は加賀の守護大名になる際にその座を弟の幸千代《ゆきちよ》と争うのだが、この時政親は画策して北陸一帯の本願寺の門徒を戦力として味方につけているのである。

幸千代との政権争いが始まると、政親のもとに北陸の一向宗門徒の坊主や武士が戦力として集まり出し、政権争いはいつの間にか幸千代と一向宗門徒の戦いの図式になっていた。

この戦いは一向宗門徒の勝利に終わり、政親は幸千代を加賀から追い払うと守護大名の地位を固めた。

しかし、この時から一向宗の門徒は大きな力を持つようになり、政親もその扱いに苦慮するようになっていたのである。

加賀の支配

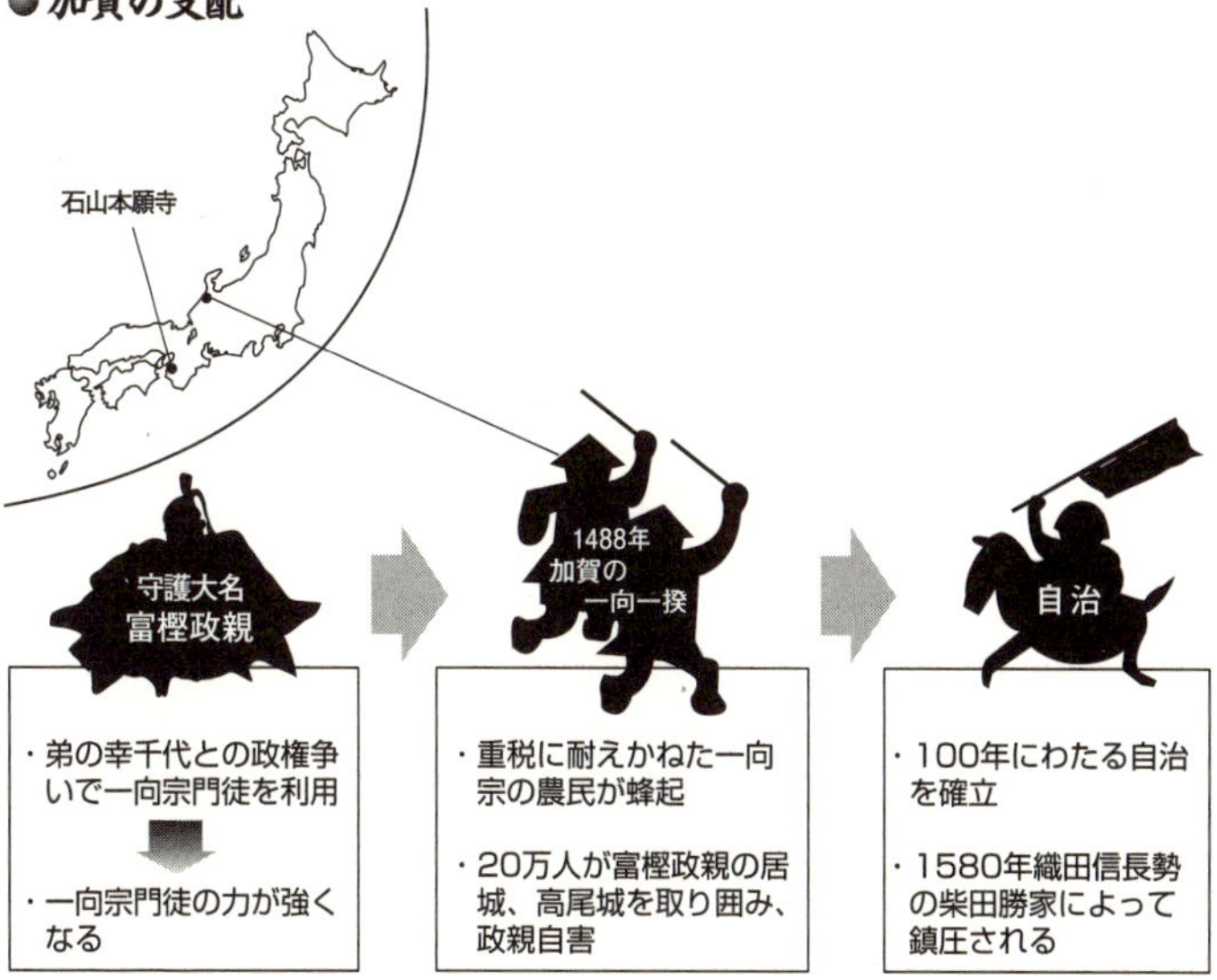
石山本願寺
守護大名
富樫政親
1488年
加賀の
一向一揆
自治
・弟の幸千代との政権争いで一向宗門徒を利用
・一向宗門徒の力が強くなる
・重税に耐えかねた一向宗の農民が蜂起
・20万人が富樫政親の居城、高尾城を取り囲み、政親自害
・100年にわたる自治を確立
・1580年織田信長勢の柴田勝家によって鎮圧される

一揆の種類

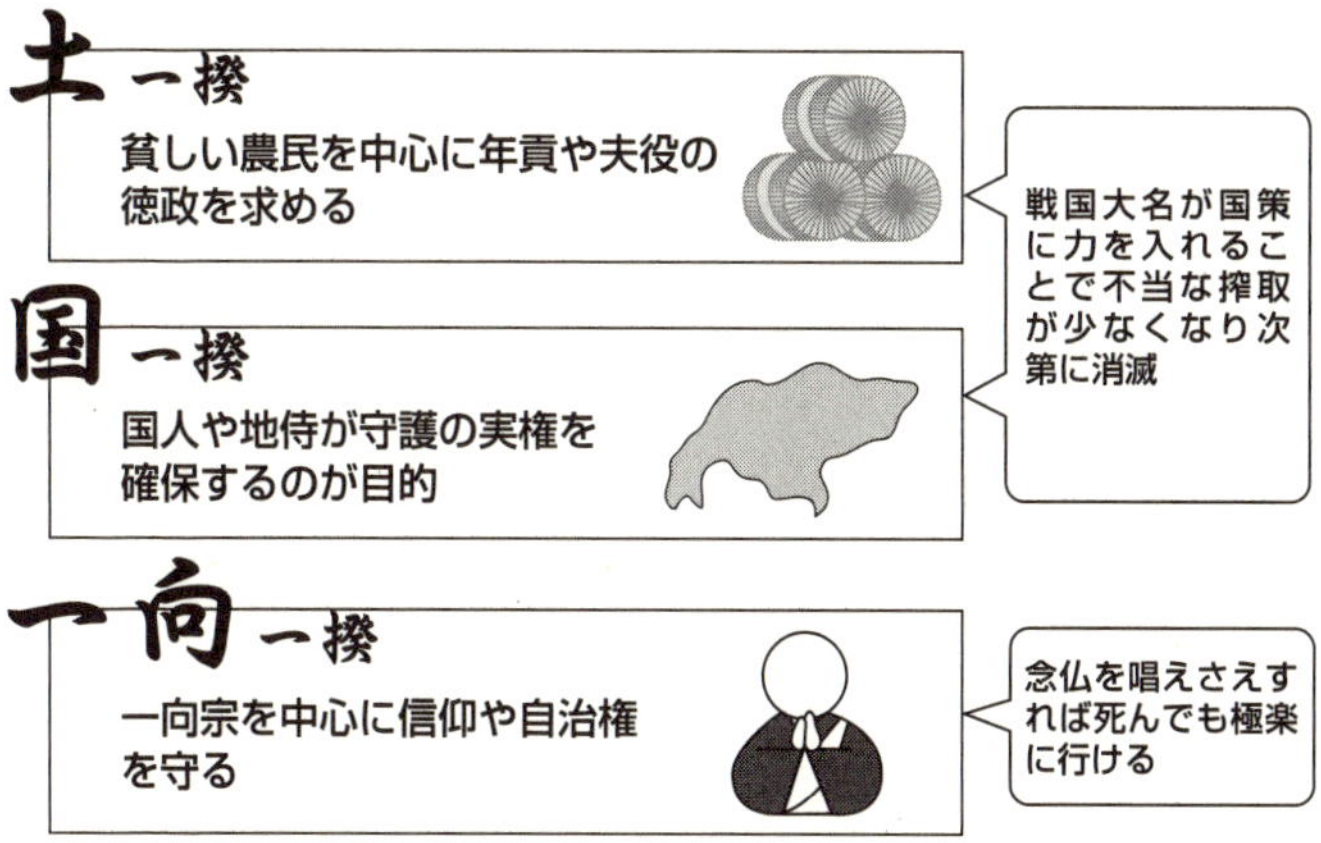
土一揆
貧しい農民を中心に年貢や夫役の徳政を求める
国一揆
国人や地侍が守護の実権を確保するのが目的
戦国大名が国策に力を入れることで不当な搾取が少なくなり次第に消滅
一向一揆
一向宗を中心に信仰や自治権を守る
念仏を唱えさえすれば死んでも極楽に行ける

■100年続いた自治

一向一揆で政親が自害した後、加賀はそれ以降100年近く一向宗の門徒の自治が続くが、それにピリオドを打ったのは織田信長《おだのぶなが》だった。

信長は1570（元亀《げんき》元）年から10年間にわたって一向宗の本拠地となっていた石山本願寺と戦い、1580（天正《てんしょう》8）年に講和の形を取りながらも戦いに勝利する。

さらに、信長の家臣である柴田勝家《しばたかついえ》は加賀一向一揆の指導者19人の首を討ち取り、また加賀各地の一揆勢を武力によって制圧してしまうのである。

こうして一向宗の国はなくなるのだが、それにしても「死ねば極楽浄土に行ける」と攻め込んでくる門徒は、戦国大名にとって恐ろしい存在だったにちがいない。

１４９３年

明応の政変

室町幕府を弱体化させたクーデターの謎

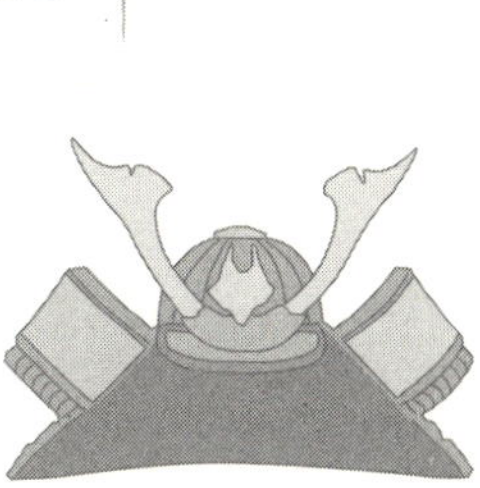

■政権の座を追われた足利義稙

戦国時代は全国を統治していた室町幕府の力が衰えたことから始まった。その象徴となった事件が１４９３（明応《めいおう》２）年に起きた「明応の政変」である。

室町幕府の将軍・足利義稙《よしたね》が、細川政元《ほそかわまさもと》の起こしたクーデターによって政権の座を追われるのだ。政元の狙いは足利政知《まさとも》の子である14歳の義澄《よしずみ》を将軍に就け、自分が管領となり義澄に代わり政治を行うことだった。

クーデターは4月に義稙が臣下の畠山政長《はたけやままさなが》から要請を受け、河内の覇権奪還のために出陣している時に起こされた。政元は敵対する河内の政長を自害させると義稙を軟禁して、自らの政権を樹立させてしまうのだ。

しかし、問題はそれからだった。政権はとったものの、その政治手法は時代遅れのもので、畿内各地の国人たちは不満を募らせるのだ。

政元がとった政策は「内衆」と呼ばれる自分の息のかかった畿内の国人たちを守護代に任じることで、畿内を領国化して政治的に安定させようとしたのである。

「応仁の乱」以前ならこの政治体制も有効だったのだろうが、すでに世の中には下剋上の雰囲気が漂いつつあり、内衆を守護代に就けるといったことだけでは畿内を統治することができなくなっていた。

結局、政元の政治は不満を持つ国人たちの隅々まで目が行き届くものではなかったのである。

■細川家分裂の引き金

ところで、政元は政治家として一風変わっていた。生涯にわたって妻を持つことがなか

● 明応の政変

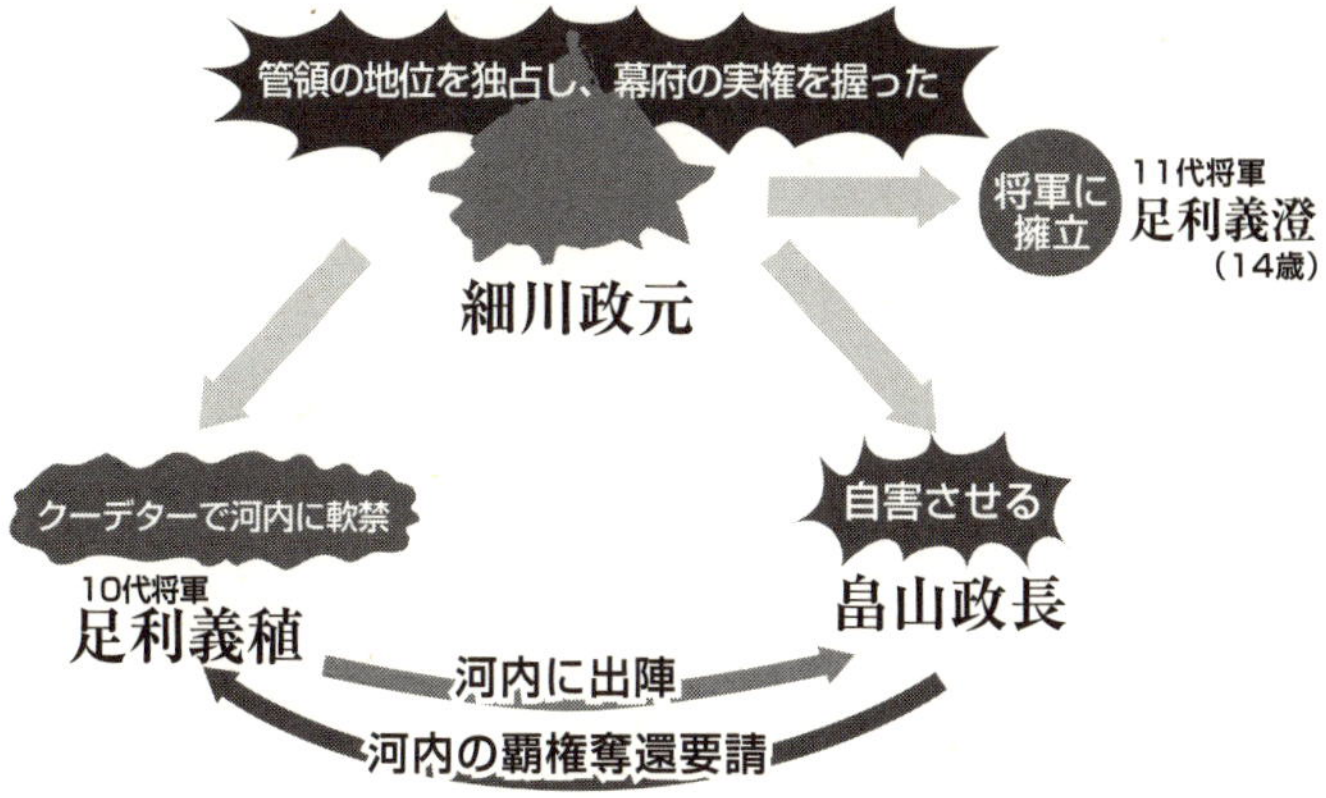
管領の地位を独占し、幕府の実権を握った
細川政元
将軍に擁立
11代将軍
足利義澄
（14歳）
クーデターで河内に軟禁
10代将軍
足利義稙
自害させる
畠山政長
河内に出陣
河内の覇権奪還要請

● 細川氏系図

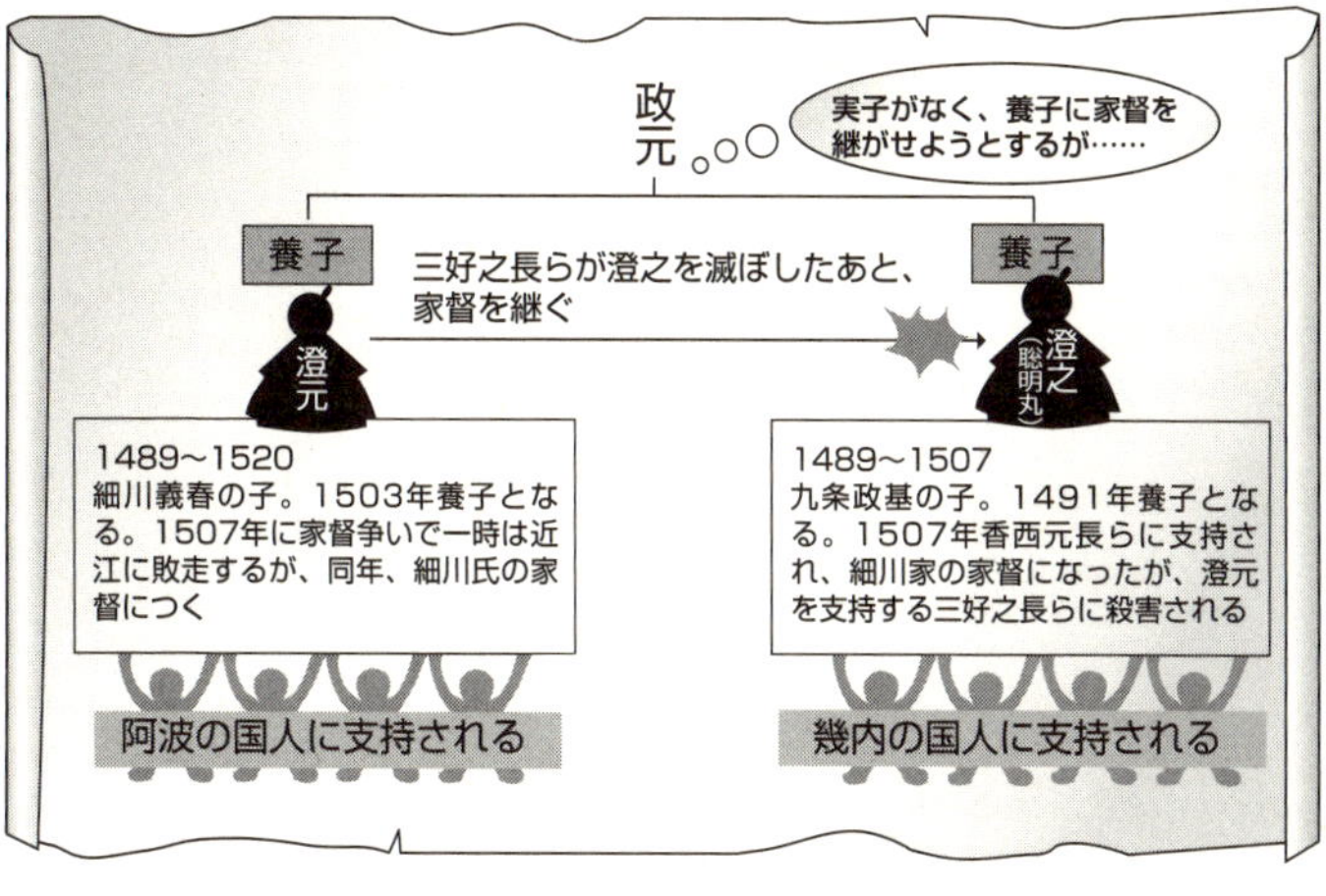
政元
実子がなく、養子に家督を継がせようとするが……
養子
養子
三好之長らが澄之を滅ぼしたあと、家督を継ぐ
澄元
澄之（聡明丸）
1489～1520
細川義春の子。1503年養子となる。1507年に家督争いで一時は近江に敗走するが、同年、細川氏の家督につく
1489～1507
九条政基の子。1491年養子となる。1507年香西元長らに支持され、細川家の家督になったが、澄元を支持する三好之長らに殺害される
阿波の国人に支持される
畿内の国人に支持される

ったのである。このため後継者となる嫡子がおらず、家督を譲るためには養子を取るしかなかった。

そこで政元は、家臣から強く勧められたこともあり、1491（延徳《えんとく》3）年に前関白職だった九条政基《くじょうまさもと》の一番下の子供を養子として迎え入れた。幼名は聡明丸《そうめいまる》で3歳だった。ところが、これに対して一部の家臣が異を唱えた。やはり後継者は細川家の血を引くものから出すべきだというのである。

聡明丸は将軍といとこ関係にあり、将軍家との繋がりを重要視した養子選びともいえるのだが、家臣はそれよりも細川家の血を残しておきたかったのだろう。

あまりにも家臣が熱心に勧めるので政元もついに根負けしたらしく、1503（文亀《ぶんき》3）年に阿波の守護大名で細川義春《よしはる》の子で15歳になる澄元《すみもと》を養子に取り後継者にすることにした。

ところが、これが細川家を分裂させる原因となり、政元の命取りにつながっていく。

■下剋上の世の到来

後継者となる澄元が阿波の国人たちを引き連れて京都に入ると、それまで聡明丸を担ぎ上げてきた畿内の国人たちと衝突するようになった。

もともと政元の政治では畿内の国人たちの不満を抑えることはできなかったため、それが頂点に達すると後継者をめぐる争いが急展開した。

澄元を養子に迎えた4年後の1507（永正《えいしょう》4）年。政元は湯殿で行水している時に、警護を行っていた反澄元派の武田孫七《たけだまごしち》らによって切り殺されてしまうのだ。政元がクーデターによって政治の実権を握っていたのはわずか14年間にすぎなかった。

そして、畿内の国人である香西元長《こうざいもとなが》らは聡明丸（澄之《すみゆき》）に家督を継がせると澄元を近江に敗走させる。しかし、それもつかの間だった。

阿波の国人、三好之長《みよしゆきなが》は近江の国人らを味方につけるとすぐに京都の細川家に攻め込み、元長と澄之らを殺害してしまい、澄元を後継者に就けるのである。

まさに明日のことは誰にもわからない下剋上の世の中がこうして幕開けとなったのであった。

1491年〜

北条早雲の台頭

「戦国の梟雄《きょうゆう》」はいかにして関東の覇者に上りつめたか

■争乱を傍目に一気に伊豆攻め

下剋上の世は、ひとりの武将の野望をきっかけに始まった。北条早雲《ほうじょうそううん》である。

早雲は1491（延徳3）年、伊豆の堀越御所に攻め入って伊豆一国を手に入れる。

歴史的に見れば、これが下剋上の動乱の幕開けとなった。

妹が駿河の守護今川義忠《いまがわよしただ》に嫁いだことから早雲は今川家の食客となっていたが、1476（文明《ぶんめい》8）年に義忠が土一揆鎮圧のさなかに討ち死にしたのをきっかけに今川家に内乱が起こると、この騒動を見事に収めて、その実力が認められる。

これを機に東駿河の興国寺城の城主となった早雲は、さらに大きな野心を抱き、力によって周囲を我が物にしていく。その手始めとなったのが伊豆への乱入だったのだ。

当時、伊豆の堀越公方《ほりこしくぼう》にあったのは韮山《にらやま》城主足利茶々丸《ちゃちゃまる》だった。茶々丸はもともと人望が薄く、家臣からの信頼がない。

折しも伊豆の武士たちは、1488（長享2）年以来続いている関東管領山内上杉《やまのうちうえすぎ》氏と扇谷上杉《おうぎがやつうえすぎ》氏の戦で上野国まで駆り出される。

関東全土を巻き込んでいたこの戦を横目に、これを好機と見た早雲はわずか500の軍勢で一気に攻め入り、たちどころに伊豆を手にする。これが戦国大名北条早雲の誕生である。

■知略家・早雲の「火牛の計」

いくら器でないとはいえ室町幕府の堀越公方が、当時はまだ今川家のもとにいるひとりの武将によって攻め滅ぼされたという事実は世間を震撼させた。

幕府の権威失墜はもはや誰の目にも明らかであり、実力さえあれば誰もが成り上がることができるという風潮が広がる。ここに、下剋上の世の中が始まるのだ。

次に早雲が狙ったのは相模国だった。そのためには相模の玄関口ともいえる小田原城を手にしなければならない。早雲は計略をめぐらせた。

小田原城主は、まだ若き武将大森藤頼《おおもりふじより》だった。早雲は頻繁に藤頼に進物をし、敵意がないと見せかけた。

お互いの信頼を築いたところで1495（明応4）年9月、早雲は相手を陥れる作戦を開始する。まず早雲は藤頼に、箱根山で鹿狩りをすると告げた。

狩りの時には大勢の勢子（獲物を追い立てるために鳴り物などで音をたてる役目の者）がつきものである。その日、箱根の山には大勢の勢子がひそんだ。

しかし、これは偽りだった。実は早雲側の軍勢だったのだ。夜半になると、軍勢は一気に小田原城への攻撃を開始する。といっても、ただ武士たちが攻めてくるのではない。地響きとともに山を駆け下りてきたのは、角に燃えるたいまつをくりつけられた牛の大群だったのだ。

1000頭にものぼるといわれる牛を使ったこの作戦は「火牛の計」と呼ばれるが、小田原城の兵たちは一目散に遁走《とんそう》し、早雲はやすやすと城を手にした。

● 北条早雲の進路

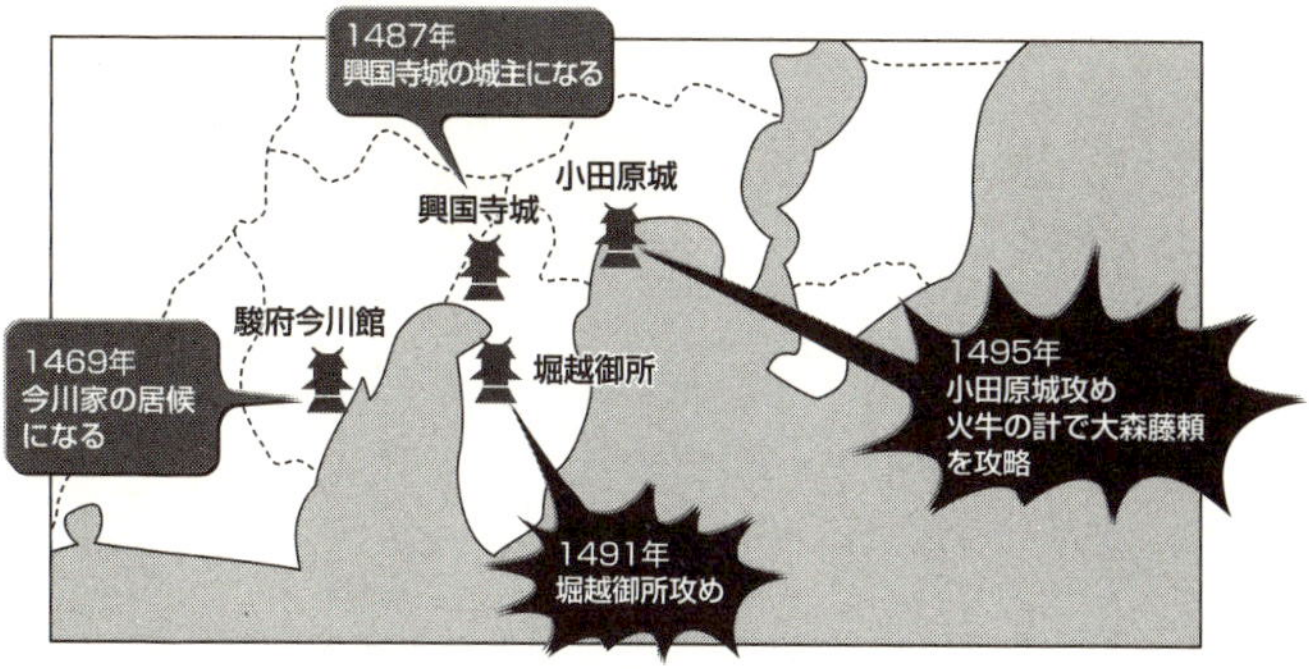

● 北条早雲年表

北条早雲年表

- 1432　生まれる
- 1469　今川氏の食客になる
- 1476　今川氏の内乱を終息させる
- 1487　今川氏を助けた功績で伊豆興国寺城の城主となる
- 1491　韮山城を攻め、伊豆を制圧
- 1495　小田原城を攻め、相模に進出する
- 1516　三浦氏を滅ぼし相模に勢力を拡大する
- 1518　家督を氏綱に譲る
- 1519　韮山城にて病死

堀越御所攻め

堀越公方足利茶々丸をわずか500の兵で破る

下剋上の始まり

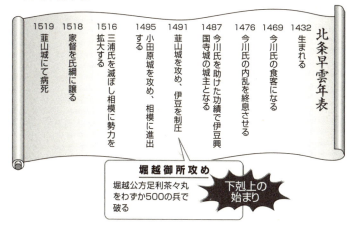

戦国武将の中でも知略家として知られる早雲の面目躍如である。これをきっかけに早雲の相模統一が開始されるのだ。

■関東の覇権を狙う北条氏

しかし相模だけではない。早雲の狙いは関東全体に広がっていた。関東を手にすることは、武家社会全体を掌握するようなものだった。

北条氏はその後、二代氏綱《うじつな》が里見《さとみ》氏を破って房総を、三代氏康《うじやす》の時には古河《こが》公方・足利晴氏《はるうじ》と関東管領・上杉憲政《うえすぎのりまさ》の連合軍を破って武蔵を、それぞれ支配する。

さらに氏康時代には上杉謙信《けんしん》と武田信玄《しんげん》が小田原城に攻めてくるが、これを撃退。伊豆・相模を中心にして、関東の多くの領地を我がものにしたのだった。

1540年～1566年

中国地方の覇権争い

死闘を繰り広げた毛利・尼子・大内、三大勢力覇権の構図

■新興勢力・毛利氏の戦略

関東地方で北条早雲が勢力を拡大していた頃、中国地方でも覇権争いが繰り広げられていた。中国地方で火花を散らしていたのは毛利《もうり》氏、大内《おおうち》氏、尼子《あまこ》氏である。そのなかで勝者となったのは毛利氏であった。

その毛利氏が、力の強さを知らしめ、その存在を示したのが1540（天文《てんぶん》9）年の安《あ》芸《き》郡山《こおりやま》の合戦である。毛利元就《もとなり》の中国制覇の第一歩ともいえるこの戦いで、毛利氏はな

ぜ勝利することができたのだろうか。

戦国大名として早くから力をつけていた尼子氏と大内氏に対し、毛利氏はいわば新興勢力だった。そんな毛利氏が中国の覇者となるには、その知略家ぶりが大きな力となった。

■中国地方制覇の「足がかり」

山陰で勢力をふるっていた尼子氏はもともと守護家だったが、1486（文明18）年に尼子経久《つねひさ》が戦国大名となり、一気に勢力を伸ばした。

また大内氏は周防・長門守護の家柄だが、朝鮮・中国との貿易で大きな働きをして力をつけ幕政における地位を確立した。

それぞれが戦国大名としての勢力を着実に伸ばしてきたのに対して、鎌倉の御家人を祖先に持つ毛利氏には家柄も政治的な功績もなかった。

しかし南北朝時代に、地頭職にあったことを生かして地域で力をつけながら順調に勢力を広げていく。さらに、応仁の乱をきっかけに勢いをつけてきた山名《やまな》氏と結びつくことでさらに領土を拡大させる。

こうして毛利氏は着々と中国制覇への足がかりをつくり、その機会をうかがうようにな

中国地方関係図

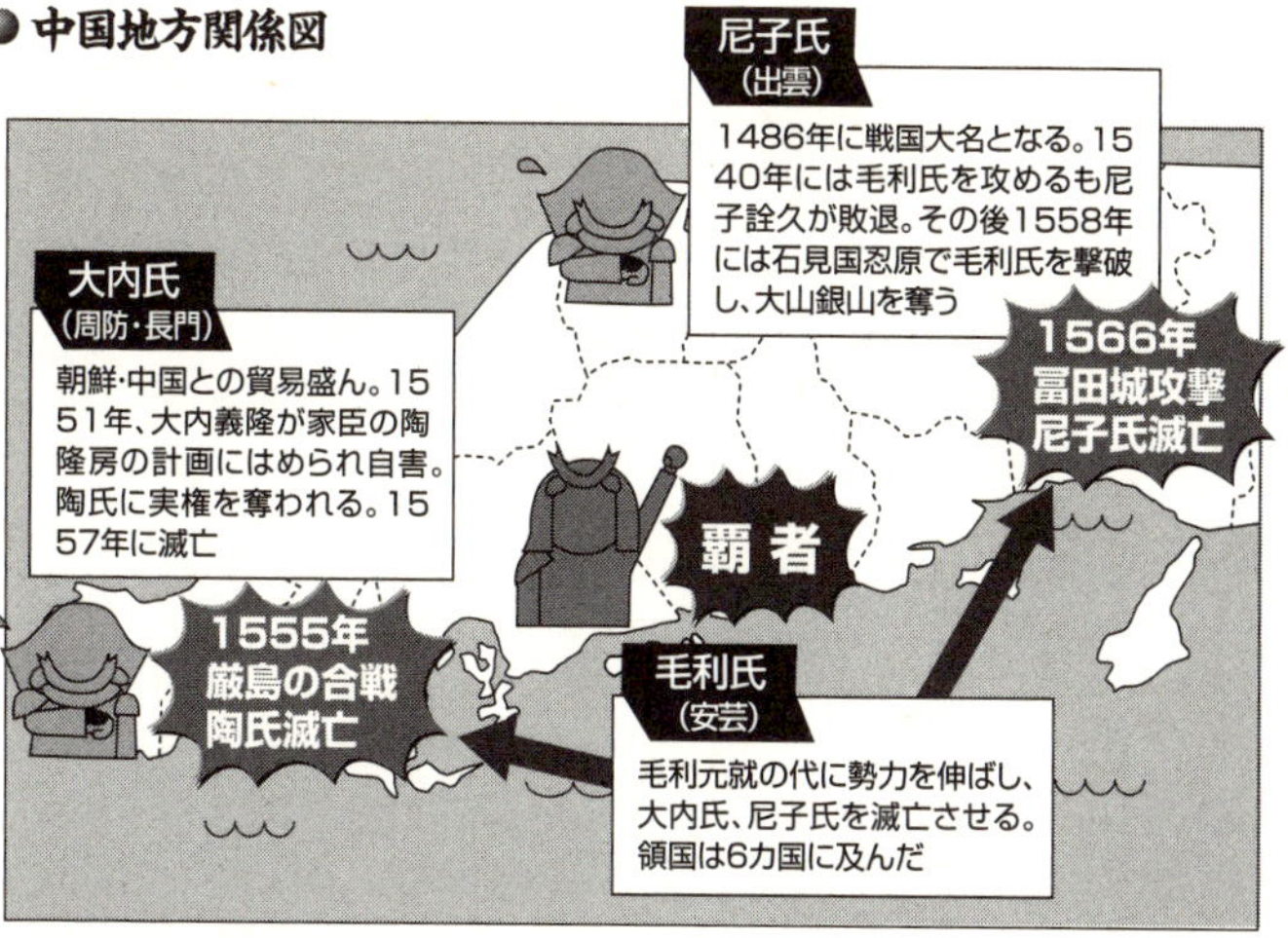

中国地方関係史

1523	毛利元就が家督を継ぐ
1528	大内義隆が家督を継ぐ
1537	尼子詮久が家督を継ぐ
1539	陶隆房が家督を継ぐ
1540	尼子詮久が安芸の毛利元就を侵攻、退却（安芸郡山の合戦）
1542	大内氏・毛利氏が出雲の尼子氏を侵攻、退却
1551	陶隆房の謀反で大内義隆が自害
1555	厳島の合戦で毛利氏が勝利。陶氏滅亡
1557	大内氏滅亡
1558	尼子氏、石見国忍原での戦いで毛利氏を破る
1560	尼子義久が家督を継ぐ
1565	毛利氏、富田城攻めを開始する
1566	尼子氏、毛利氏に降伏・滅亡
1571	毛利元就死去

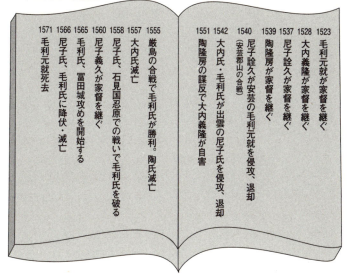

った。

しかしまだその力は弱小で、1523（大永《たいえい》3）年に当主となった元就の時代は、尼子氏に従属することでその地位を守らなければならなかった。

ところが、毛利氏の内紛に尼子氏が口を出したことを契機に元就は尼子氏と袂を分かち、今度は大内氏に従うことになる。これを見た尼子氏は、一気に毛利氏を潰すべく本拠地の郡山城への攻撃を開始した。これが安芸郡山の合戦である。

■最後に笑ったのは誰か

当時、戦国大名としてその力を誇っていたのは尼子経久だったが、すでに高齢だったために毛利氏を叩くために出陣したのは孫の詮久《あきひさ》だった。

大軍で押し寄せる尼子詮久に対し、郡山城で迎え撃つのは毛利氏の兵2500と領民5000。尼子氏の圧勝かと思われたが、しかし毛利氏にとっては自陣での戦いである。まず6月、地理を知り抜いているという利点を生かして尼子軍を振り回して大損害を与える。

さらに毛利氏は尼子氏側の動きを先読みし、郡山北方にある五竜山の宍戸《しど》家に娘を嫁がせることで宍戸氏との結びつきを確保していた。そのために宍戸氏が尼子氏の進軍に対する強固な防御壁となったことも、毛利氏有利の大きな力となった。結局、尼子氏の先遣隊は一旦引き返すことになった。

尼子詮久は8月に再び大軍で攻めるが、やはり城周辺の地形の複雑さが兵の動きを封じた。毛利氏は防戦する側だったが、しかし思うように攻めることのできない尼子軍を前に余裕のある戦いぶりを見せ、なんとか城を守りぬいた。

9月になると陶隆房《すえたかふさ》に率いられた大内氏の援軍1万が到着して毛利氏側につく。これより、防戦側だった毛利氏は、一気に攻める側になる。

形勢逆転で不利になった尼子軍に、さらに不慣れな厳冬の気候が襲いかかり、年が明けると尼子氏の兵は山中を敗走し始める。

こうして勝利を収めたのは毛利側だった。これにより毛利氏は周囲に力を知らしめ、逆に尼子氏は衰退のきっかけをつくった。毛利元就はこの後も知略家ぶりを発揮し、中国地方制覇へと駒を進めたのである。

1543年

鉄砲伝来

新兵器の登場が塗り替えた戦国地図

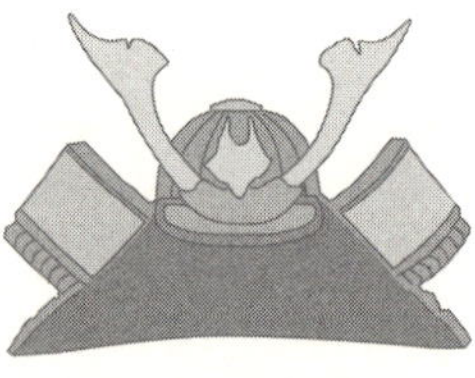

■時代状況を一変させた新兵器

戦国時代は、ある出来事をきっかけにして大きく変貌することになる。鉄砲伝来だ。

15世紀後半、ヨーロッパは大航海時代に入り、スペインとポルトガルを中心に新天地を求めて数多くの航路を切り開いていた。

そんな最中の1543（天文12）年、種子島に一隻の中国船が漂着する。乗っていたのは中国人の海賊だったが、そのなかに数名のポルトガル人がいた。日本に初めて鉄砲を伝えたのは、そのポルトガル人だった。

鉄砲の優れた殺傷能力はたちどころに世間に伝わり、戦国大名たちはこれを手に入れることで自分の力を優位にしようと考えた。そして、これを境に戦国大名のありかたも大きく変化することになる。

戦国時代といっても、初期の頃は日々どこかで戦乱が起こっているような状況ではなかった。なぜなら、大名の経済を支えていたのは農業だったからだ。

大名に仕える武士たちは戦争が始まれば出陣するが、ふだんは農作業に従事しているのがふつうで、収穫した農作物を大名に納めていた。そして大名はそれを売って軍資金を得ていたのである。

つまり、順調な農作業は大名の経済を支える絶対条件だった。だから武士と農民の区別もあいまいで、年中戦争をしている余裕はなかったのだ。

この様相を一変させたのが鉄砲だった。

■武士と農民の分離が始まる

もはや鉄砲抜きの戦争など考えられない。多くの鉄砲を手に入れることが戦国大名の力の強大化につながった。さらに、多くの鉄砲を使いこなす射撃手も必要だった。

しかし日本には前例のない武器なので、農業を片手間にやりながら鉄砲の使い手としての技術を身につけることは難しい。

そこで大名は戦争専門の武士としての足軽を雇い入れるようになり、その足軽たちに鉄砲の射撃手としての技術を徹底的に叩き込んだ。

このような流れのなかで、不分離だった農民と武士との境界線がはっきりし、戦争で活躍するための武士の存在が独立したのである。

職業軍人という地位が明確になり、統制のとれた集団訓練のもとで鉄砲を撃つ技術を身につけていく。そのような優れた足軽をどれだけ抱えているかが、戦国大名の力の大きさとして認識されるようになったのだ。

一方、鉄砲はかなり高価なものだったので、農業経済もそれまで以上に安定させ、経済的な豊かさも確保しなければならなかった。

そういった側面から農業だけに従事する者の存在が確立され、ますます武士と農民との区別がはっきりとしていく。

大名は農民への支配力を強め、確実に徴税することで、武力充実のための資金を確保し

●鉄砲の伝来とその産地

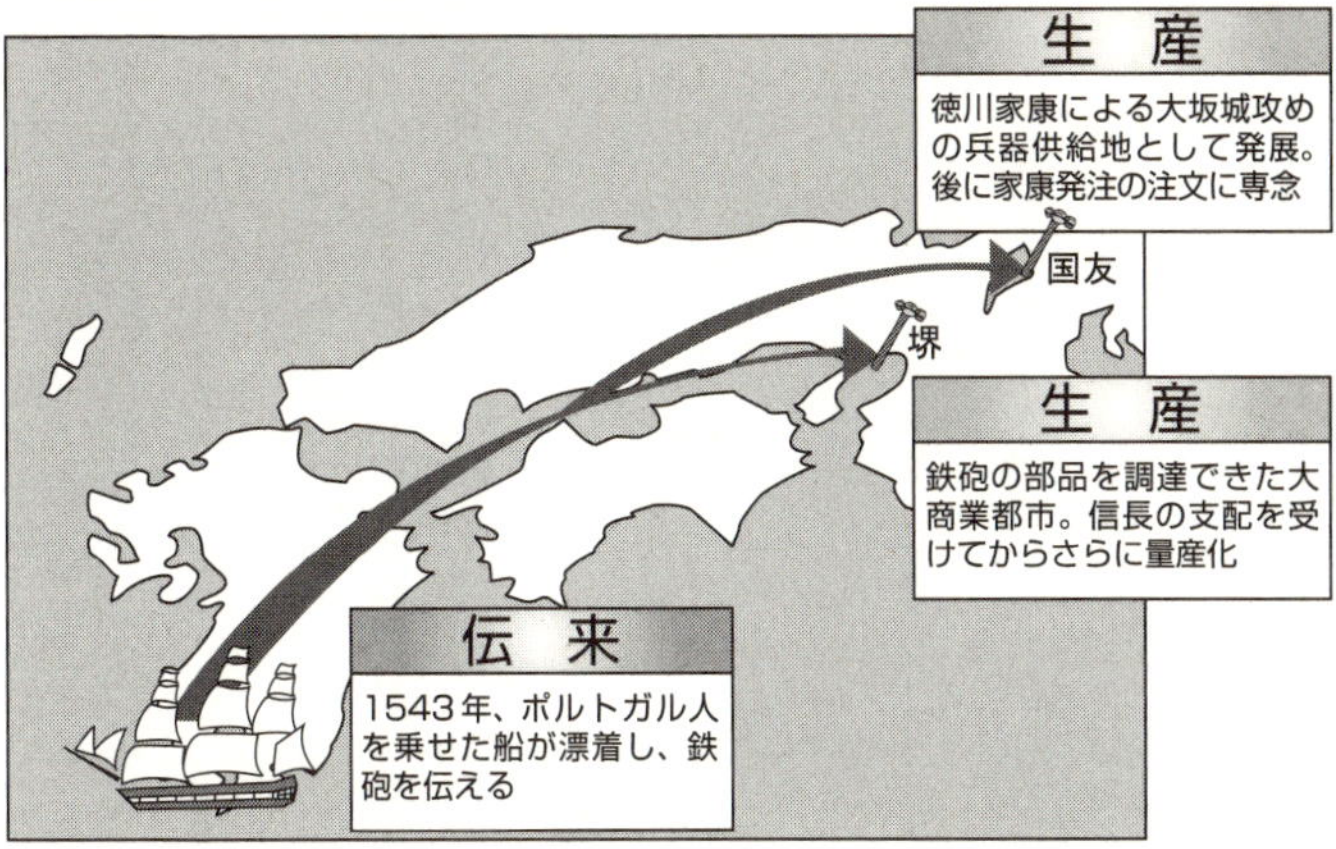

●鉄砲伝来が与えた主な影響

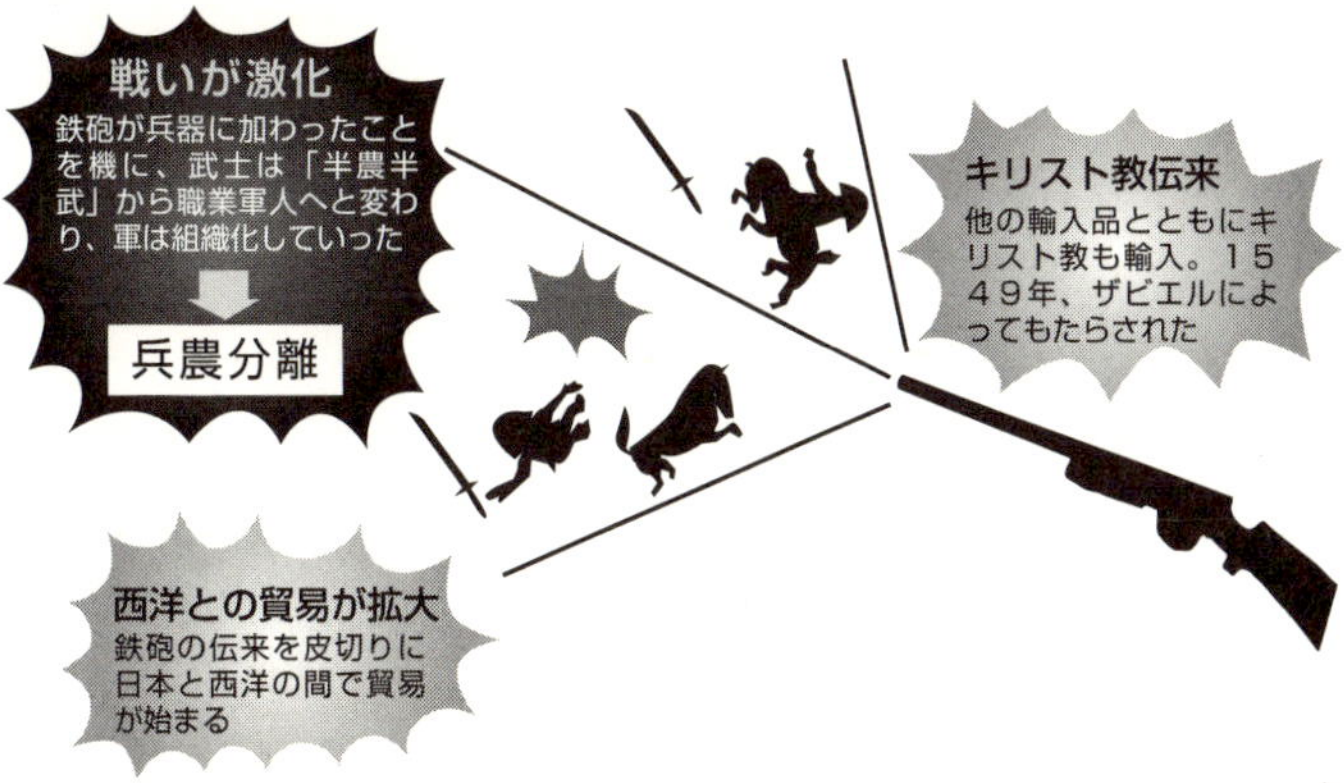

ようとした。

鉄砲という武器の伝来が戦国大名に新しい力を与え、そのために武士と農民とが明確に区別されて、戦国時代の新たな局面が始まったのだ。

■鉄砲伝来から10年で実戦に使用

では、実際に鉄砲が戦争に使われるようになったのは、いつ頃だろうか。

史料として残っているもっとも古い例は、１５５５（天文24・弘治《こうじ》元）年である。信濃旭山の合戦において武田信玄が約３００挺の鉄砲を使用したという記録が残っている。

また、１５６３（永禄《えいろく》６）年の出雲国白鹿要害・熊野表合戦でも鉄砲が使われている。さらに１５６５（永禄８）年には尼子義久《よしひさ》の軍が鉄砲を用いている。

この他にも鉄砲伝来の年より約10年で、数多くの戦場に鉄砲が現れているという記録もあり、鉄砲の存在が戦国時代の大きな転換のきっかけになったのは間違いない。

1546年

河越の戦い

北条氏の覇権を決定づけた夜襲戦

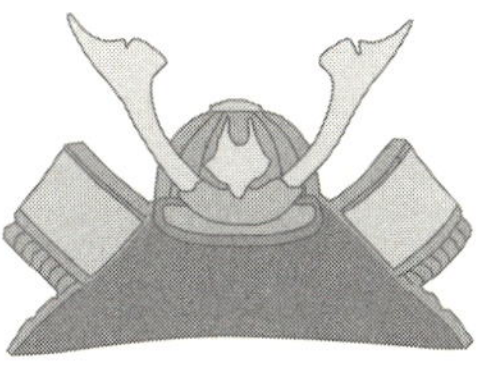

■北条氏に居並ぶ敵対勢力

戦国時代に下剋上の風潮を広めるきっかけとなった北条早雲の働きにより関東に強大な地盤をつくった北条氏は、その後、北条氏康の時代になってさらにその勢力を拡大すべくさまざまな戦いを仕掛けていく。

関東はここに再び大きな転換期を迎える。

氏康の父氏綱の時北条氏は古河公方の足利氏により関東管領に補任されており、足利氏に次ぐ地位を得て、関東最大の勢力になっていた。

早雲が得た伊豆・相模のほかに、小机、江戸、河越、葛西の武蔵中部、下総南西部、駿河河東などを新たに領土に加え、その支配力はさらに広範囲に及んでいる。

しかしもちろん敵対勢力もいた。武蔵松山・岩付を手中にしていた扇谷上杉氏、および上野・北武蔵を治めていた山内上杉氏とは、領土をめぐって鋭く対立していた。

さらに駿河河東地域をめぐる駿河今川氏と、その同盟者甲斐武田氏とも反目、上総の領有をめぐっては里見氏とも敵対関係にあった。まさに敵に囲まれていたのである。

そして1541（天文10）年、氏綱が死去し氏康が北条家を継ぐと、これを好機と見た敵対勢力が一斉に動き出し、関東に新たな戦乱が繰り広げられることになる。

これが1546（天文15）年の「河越の戦い」だ。

■夜襲により戦いを優位に運ぶ

まず山内上杉憲政《のりまさ》、扇谷上杉朝定《ともさだ》らが今川義元《よしもと》、武田晴信《はるのぶ》と組んで駿河長久保城を包囲する。

さらに、この両者からの求めで北条と断交した古河公方足利晴氏が、北条綱成《つなしげ》のいる河

関東勢力図

河越をめぐる年表

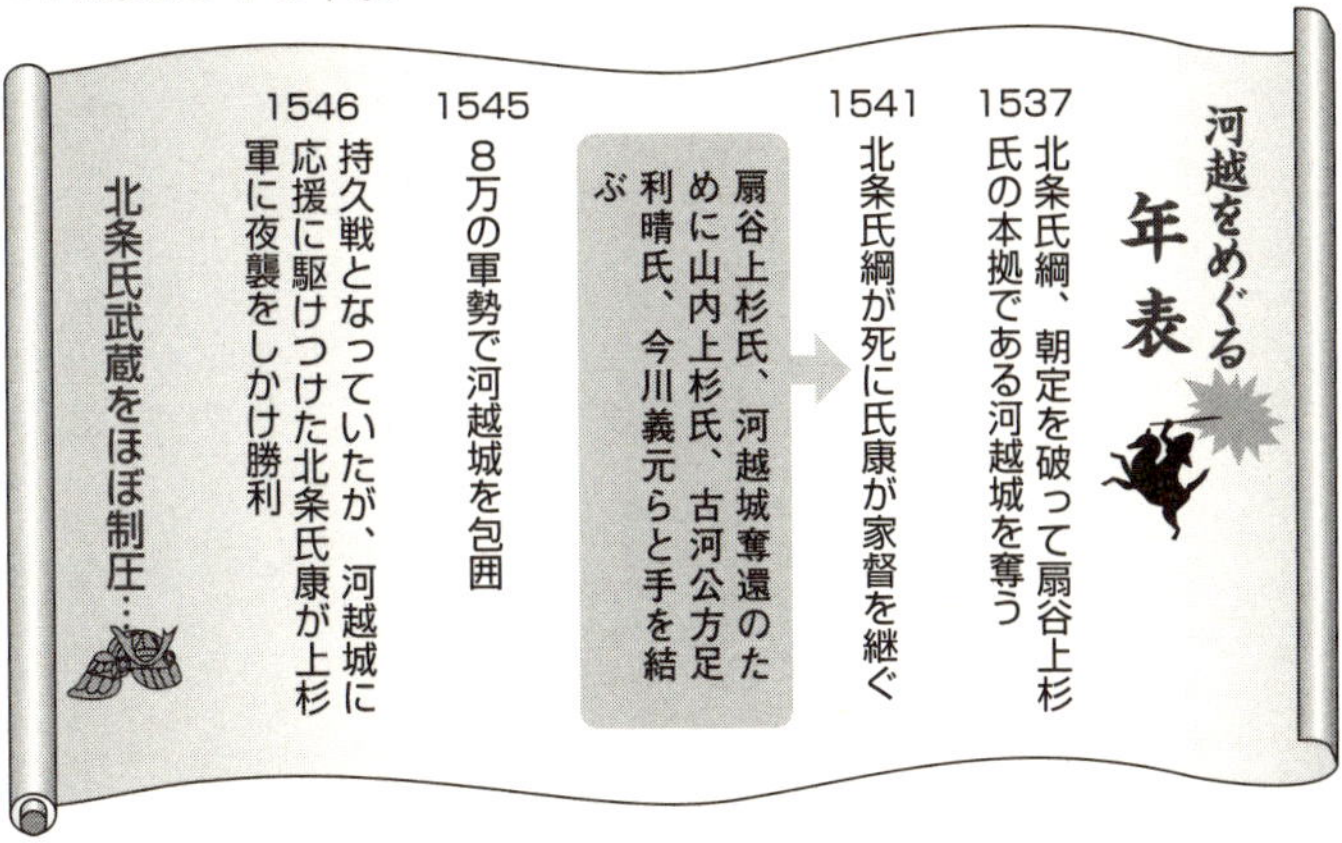

出典：「北区史通史編中世」（東京都北区）などをもとに作成

越城を攻めて援護する。兵の数は8万。綱成の兵は3000に過ぎず、落城寸前まで追い詰められてしまう。

これを見た北条氏康は8000の兵を挙げて駆けつけるが、まともに挑んでは数で負けると見た氏康は、攻めと退却を繰り返して様子をうかがった。

さらに氏康は「城と領地は進上するから兵の命は助けてくれ」と懇願することで、敵の油断を引き出す作戦に出た。

その駆け引きが20日ほど続いた後、氏康はついに勝負を仕掛ける。兵を4隊に分けると、夜襲をかけたのだ。夜の闇にまぎれて敵味方の区別がつかなくなっては混乱するので、氏康は兵士に白い紙をつけさせたといわれる。

合計8000の兵に河越城にいた綱成の兵3000も加わり、激しい戦いとなる。しかし奇襲をかけたほうが有利に動く。

結局この戦いで扇谷上杉氏は全滅、山内上杉氏と足利晴氏も逃げ帰り、氏康の勝利に終わった。これにより滅亡した扇谷上杉氏だけでなく、山内上杉氏も衰退していくことになるのだ。

その後も氏康は対立関係にあった里見氏を攻略すべく、その本拠地の上総《かずさ》佐貫《さぬき》城を攻める。

しかし、この間に扇谷上杉氏の旧臣が松山城を奪取し、氏康も里見氏に撃退された。さらに上杉氏旧臣は岩付《いわつき》城を攻略するが、氏康はこれを逆に服属させて岩付城を手に入れる。

■上杉氏の滅亡と北条の関東支配

さらに氏康は、山内上杉氏を滅亡させるために上野に侵攻を開始した。北武蔵の御嶽城、上野平井城を次々と攻め落として、山内上杉氏を完全に没落させるのだ。

ここに北条氏康は関東で大きな勢力を握っていた上杉氏を完全に打倒したのである。

武蔵一円を支配下に治めた氏康は、さらに上野一円にも勢力を拡大。こうして北条はかつて関東上杉氏が治めていた地域のほとんどを手中に収め、関東地方における絶対的な優位を勝ち得たのである。

1549年

キリスト教の伝来

キリシタン大名出現の意味

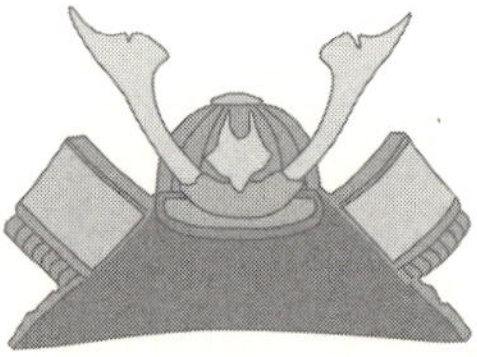

■宣教師ザビエルの来航

大航海時代の到来に伴い日本に鉄砲が伝えられた6年後、次にもたらされた西洋文化は「キリスト教」という新たな思想だった。

スペイン人のイエズス会宣教師、フランシスコ・ザビエルが鹿児島の地に降り立ったのは1549（天文18）年のことである。

ザビエルが日本への渡航を決意した理由は、布教で訪れたアジアのマラッカ諸島で九州出身の日本人・弥次郎《やじろう》と知り合ったことだったといわれる。

この異国の訪問者を歓迎したのが薩摩の領主・島津貴久《しまづたかひさ》である。ザビエルは島津の領内で布教活動を行って、滞在中に多くの民間人を入信させた。

史料によれば当時のザビエルは、「日本人は未信者の中でもっとも優れており、善良で、礼儀正しく、何より名誉を重んじる」との日本人観を抱いており、日本が比較的布教活動のしやすい土壌だったことを著している。

■キリシタン大名たちの真意

しかし当然のことながら、ザビエルの布教活動は仏教僧侶など寺社勢力の反発を招くことになる。

そこでザビエルは、お上に布教の許しを乞うべく京都に上京しようとまず肥前《びぜん》の平戸へ向かい、領主・松浦隆信《まつうらたかのぶ》を訪問。その後、山口で大内義隆《よしたか》に面会し、京都を目指した。

だが、折からの戦乱により京都では将軍義輝《よしてる》に会うことすら叶わず、断念して帰還せざるを得なかった。

そして大内の許可を得て山口で、さらに豊後府内で大友宗麟《おおともそうりん》のもとで布教活動を行い、

1551（天文20）年に日本を後にしてインドへと渡っている。およそ2年の滞在の間、ザビエルは布教した先々で100人単位で信者を獲得していった。

特にキリスト教およびザビエルを保護した大名は「キリシタン大名」と呼ばれ、九州の大村純忠《おおむらすみただ》、有馬晴信《ありまはるのぶ》、小西行長《こにしゆきなが》、畿内の高山右近《たかやまうこん》らが有名である。

西欧文化や教理に惹かれて信者になる者がいたなかで、大名たちの入信の真意は必ずしもそうではなかった。彼らの目的は鉄砲伝来以降に始まった南蛮貿易での利益であった。

ポルトガルやスペインといったキリスト教国は貿易と布教が一体化していたため、キリスト教を支援すれば武器などの輸入も期待できると考えていたのである。

■200の教会と30万人の信者

ザビエルは2年ほどで離日したが、その後も日本にはガスパル・ビレラやルイス・フロイス、オルガンチノ、ヴァリニャーニといった宣教師が続々と訪れた。

布教先ではセミナリヨ（初等中等神学校）やコレジヨ（大学）が建てられ、教会堂だけでも全国に200はあったとみられている。

南蛮貿易におけるポルトガルやスペインの思惑は、最終的にはアジアの植民地化であっ

ザビエルの布教路とキリシタンの発展

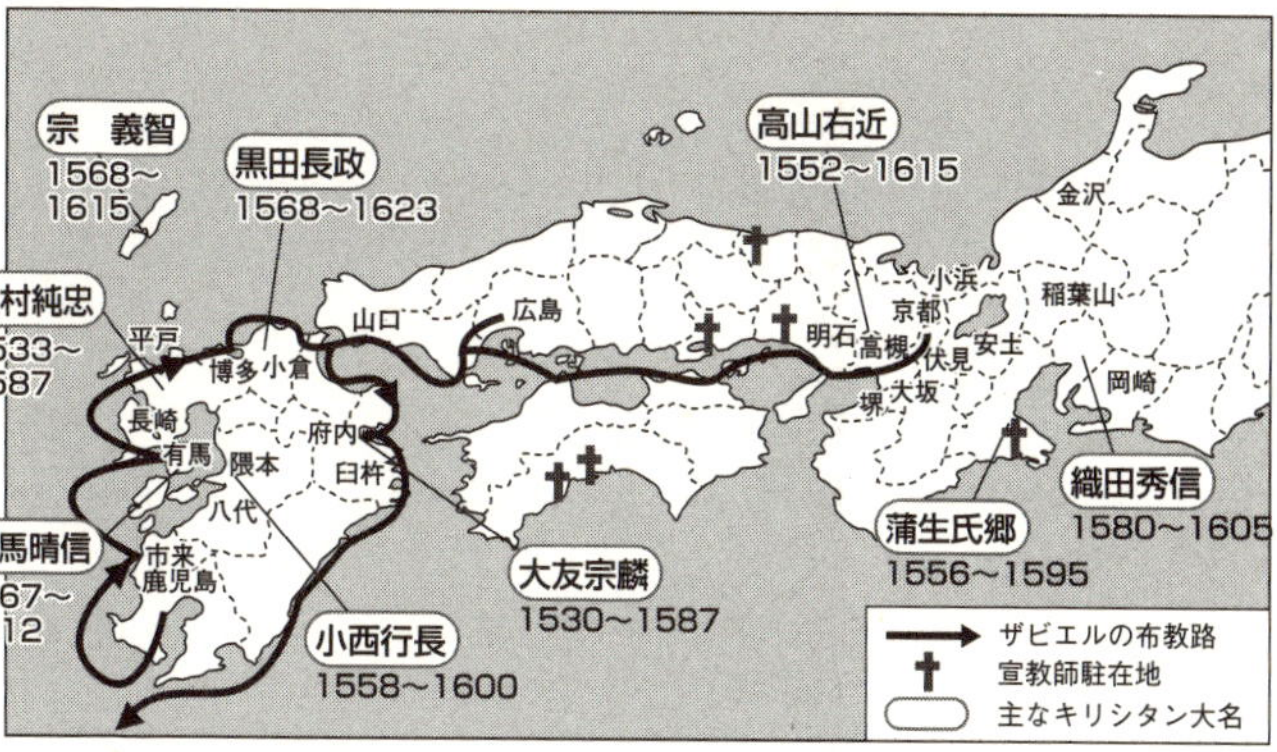

キリシタンの増加

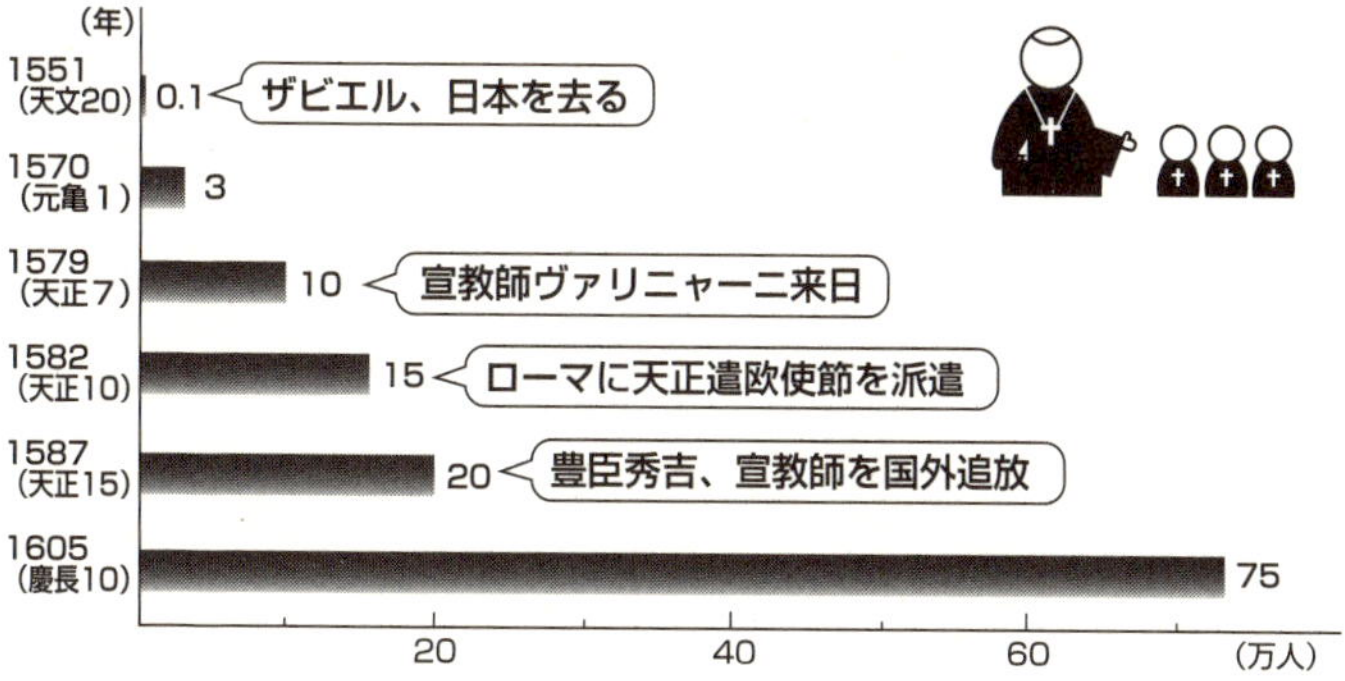

出典：「新編日本史図表」(第一学習社)、「ビジュアル歴史」(東京法令出版)などをもとに作成

た。

したがって宣教師たちは、織物や時計など西洋の珍品を大名に贈ることで布教の許可を得て、自身も交易に関わりながら布教活動を行うという方法をとっていた。

特に大友宗麟、大村純忠、有馬晴信の3名は熱心な信者で、1582（天正10）年にはヴァリニャーニの勧めでポルトガルとローマ教皇のもとに少年使節「天正遣欧使節《てんしょうけんおうしせつ》」も送ったほどである。

こうしてキリスト教は、九州や畿内から最終的には東北地方まで徐々に伝わり、1597（慶長《けいちょう》2）年頃には全国で約30万人の信者がいたとみられている。

のちに天下統一を成し遂げた織田信長もキリスト教を容認、外国人宣教師による布教は1587（天正15）年に秀吉《ひでよし》がバテレン（宣教師）追放令を布告するまで続いたのである。

1554年

善徳寺の会盟

武田・今川・北条が同盟した本当の理由

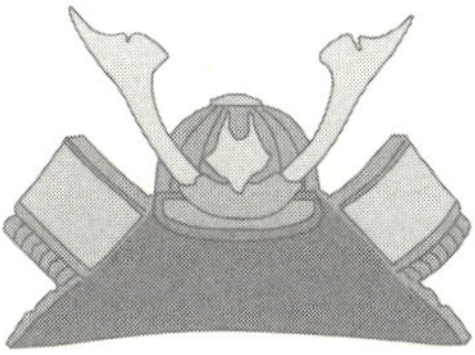

■甲斐・駿河・相模の攻防

応仁の乱以後、戦国大名が各地で支配権争いにしのぎを削った15～16世紀、目まぐるしい展開をみせたのが甲斐・駿河・相模である。

関東では上杉氏と古河公方の対立が続くなか、駿河の今川氏の配下にいた伊勢《いせ》長氏《ながうじ》（北条早雲）が勢力を拡大した。

その子である氏綱は武蔵・安房を手中に収め、孫の氏康の代になっても北条氏の勢いは衰えなかった。

一方、駿河では今川家9代の家督・義元が近江と三河を治め、また甲斐では武田信虎《のぶとら》の子・晴信（信玄）が頭角を現していた。

もともと今川氏と北条氏は同盟関係の間柄にあった。ところが、1537（天文6）年に信虎が娘（信玄の姉）を今川義元に嫁がせ、義元の家督争いを支援したことから今度は武田・今川両氏が同盟関係になったのである。

これは武田氏による「信濃攻略には南の今川氏との結びつきは不可欠である」という目論見と、長らく険悪な関係にある北条氏対策にとった戦略であった。

しかし、この寝耳に水の同盟締結に怒った北条氏は、今川氏が治める河東（富士川以東の駿河）へと攻め入った。第一次「河東一乱」の勃発である。

そこに今川氏の味方についた武田氏が加勢、ここに三つ巴の小競り合いが展開されたのである。

■後顧の憂いを断つ同盟成立

1550（天文19）年には義元に嫁いだ信玄の姉が病死した。両氏は甲駿同盟の維持の

●善徳寺の会盟以後の勢力図（16世紀半ば頃）

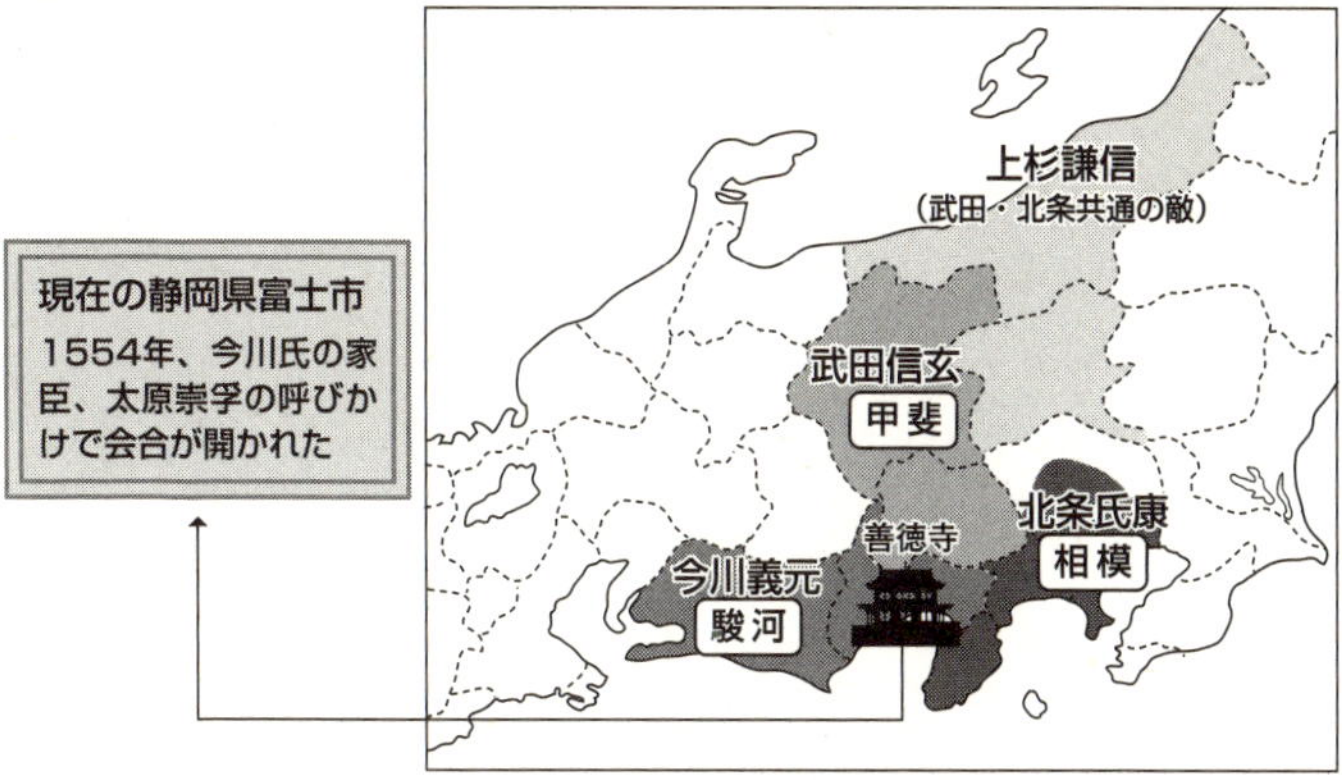

出典:「高校日本史」（山川出版社）、「東京都版歴史の資料」（正進社）、「クロニック戦国全史」（講談社）などをもとに作成

●同盟を築いた甲・駿・相の婚姻関係

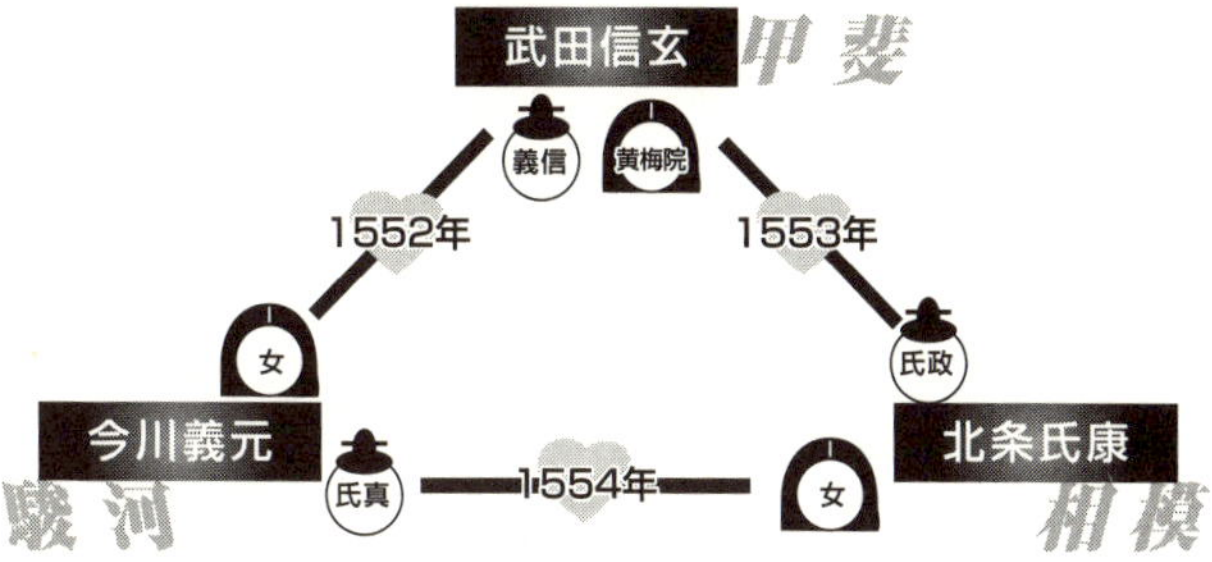

出典:「クロニック戦国全史」（講談社）、「日本の歴史⑩」（池上裕子、集英社）、「日本の歴史⑪戦国大名」（杉山博、中央公論社）などをもとに作成

ため、今度は信玄の息子・義信と義元の娘の婚姻を整える。

他方、越後では上杉景虎《かげとら》（謙信）が台頭しており、武田氏・北条氏の共通の敵へと成長しつつあった。3氏の関係に変化が生じ始めたのはこの頃である。

まず、対謙信を視野に入れ信濃の村上《むらかみ》氏との戦闘を控えていた信玄は、北条氏との敵対関係を講和へと転換。娘の黄梅院《おうばいいん》を氏康の息子の氏政《うじまさ》へと嫁がせる。

今川氏もまた駿河以西に目を向け始めていたが、その矢先に義元の留守を狙った北条氏が駿河に侵攻を仕掛けるという事態が起きた。

そんななか、この一触即発の事態を打開し、3氏を対立から講和関係へ導こうとする人物がいた。今川義元の軍師・太原崇孚《たいげんすうふ》である。

そして1554（天文23）年、太原は武田信玄、今川義元、北条氏康の3者を駿河の善徳寺に集め、甲・駿・相の同盟締結を提案した。

具体的には3氏が力の均衡を保つべく縁続きになり、各々同盟を結ぶというもので、集まった場所の名前から「善徳寺の会盟」と呼ばれている。

すでに、甲相・甲駿関係は婚姻によって結ばれていた。そこで同年、氏康の娘が義元の息子・氏真《うじざね》へと嫁ぐことで相駿関係も成立し、甲・駿・相の縁は強固になった。

つまり、武田氏は信濃ひいては越後の制圧、今川氏は駿河以西への拡大、そして北条氏は関東の制圧のために、それぞれが後顧の憂いをなくすべく手を結んだのである。

■崩壊を招いた義元の死

この同盟をもっとも巧みに利用したのは信玄だったが、のちの桶狭間の戦いで義元が織田信長に倒されると、次第に関係性が崩れていく。

武田氏では義元亡き後の今川氏を侵略するか、それとも親和関係を継続するかで内紛が起きた。

そこで進軍派の信玄は、義元の娘を娶《めと》り親和を主張した実の息子・義信を自害に追い込むのである。

信玄はそのまま駿河に攻め入り、かくして同盟関係は完全に崩壊したのだった。

1555年

厳島の戦い

毛利元就の勝利を呼び込んだ緊迫の謀略戦

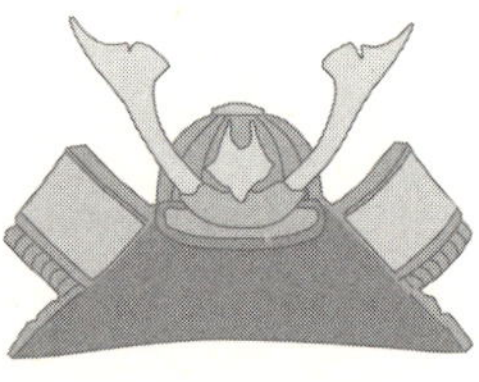

■毛利が手にした戦の「大義」

毛利元就といえば、戦国の世に名を馳せた西の武将のひとりである。26歳で家督を相続して以来、200以上の戦いで類稀な戦略を発揮して名将の名をほしいままにした。

1555（弘治《こうじ》元）年に勃発した「厳島の戦い」は、すでに58歳という晩年を迎えた元就の中国地方の覇権をかけた対決である。

それ以前の中国地方は、山陰が出雲・石見の尼子氏、山陽が周防・長門の大内氏という二大勢力がせめぎあいを続けていた。

毛利氏は安芸に本拠を持つ一豪族で、元就が家督を継いでからは二大勢力とつかず離れずの関係を保っていたが、1540（天文9）年には侵攻してきた尼子氏を元就がみごと蹴散らしてみせ一躍勇名を轟かせる。さらにその後、大内義隆の援助を受けて安芸と備後を統一した。

1546（天文15）年、元就は家督を息子の隆元《たかもと》に譲るが、その5年後、大内義隆が家臣の陶隆房（後の晴賢《はるかた》）の謀反にあって倒されるという事件が発生する。

この思いがけない事態で「主筋の大内氏を倒した逆臣の討伐」という大義名分を手に入れた元就は、ここが勢力拡大の好機と判断、晴賢との戦闘を決意するのである。

■味方をも欺く謀略戦

しかし実質、大内家をそのまま手中に収めた形の晴賢には2万人もの兵力があった。それに対し元就の兵は4000人。数字の上で戦力に大きな差があるのは歴然だった。

これには知恵者で知られた元就も慎重にならざるを得ない。考えた末に元就は突飛ともいえる秘策を実行する。

戦国時代の情報戦といえば間者すなわちスパイの存在が大きいが、元就はこれを巧みに利用した。

まず合戦の舞台を厳島と定め、そこに城（宮尾城）を築き始めた。これには家臣たちが無謀だと反対したが、実はこれが味方をも欺いた元就の罠で、必ず潜り込んでいるであろう晴賢側の間者の耳に入るよう「築城は大失敗だった。宮尾城は欠陥城だ」と、大げさにわめいてみせたのである。

さらに元就は、自身の重臣の名を語らせ、「元就を襲えば自分は背後から援助する」との偽の情報を晴賢につかませ油断させた。

それまで「陸でならともかく海戦では戦況不利」と二の足を踏んでいた晴賢だったが、これら元就の罠にまんまと引っ掛かり、ついに襲撃を仕掛けることになる。

1555年9月「厳島の戦い」の始まりである。

■中国地方の完全制覇

晴賢は厳島に2万人の兵を送りこんだ。一方、待ち受けた元就の兵はわずか1000人である。

毛利氏の征服経路

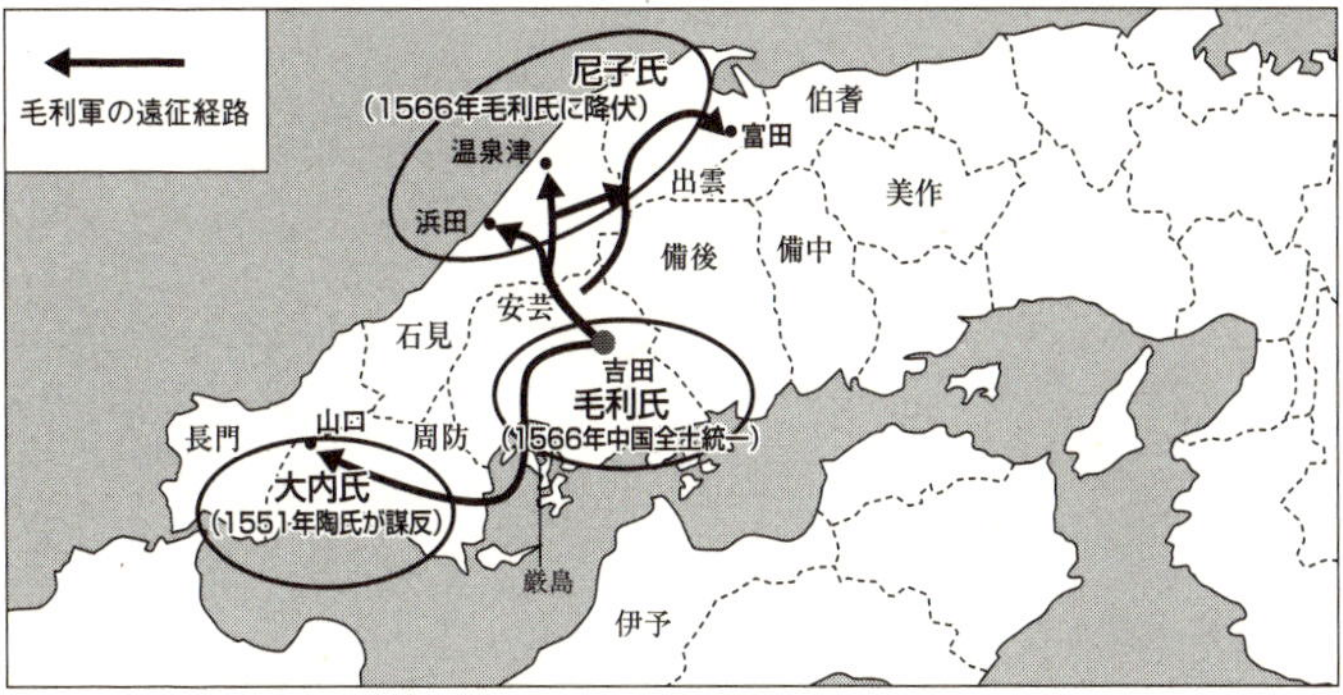

厳島の戦い

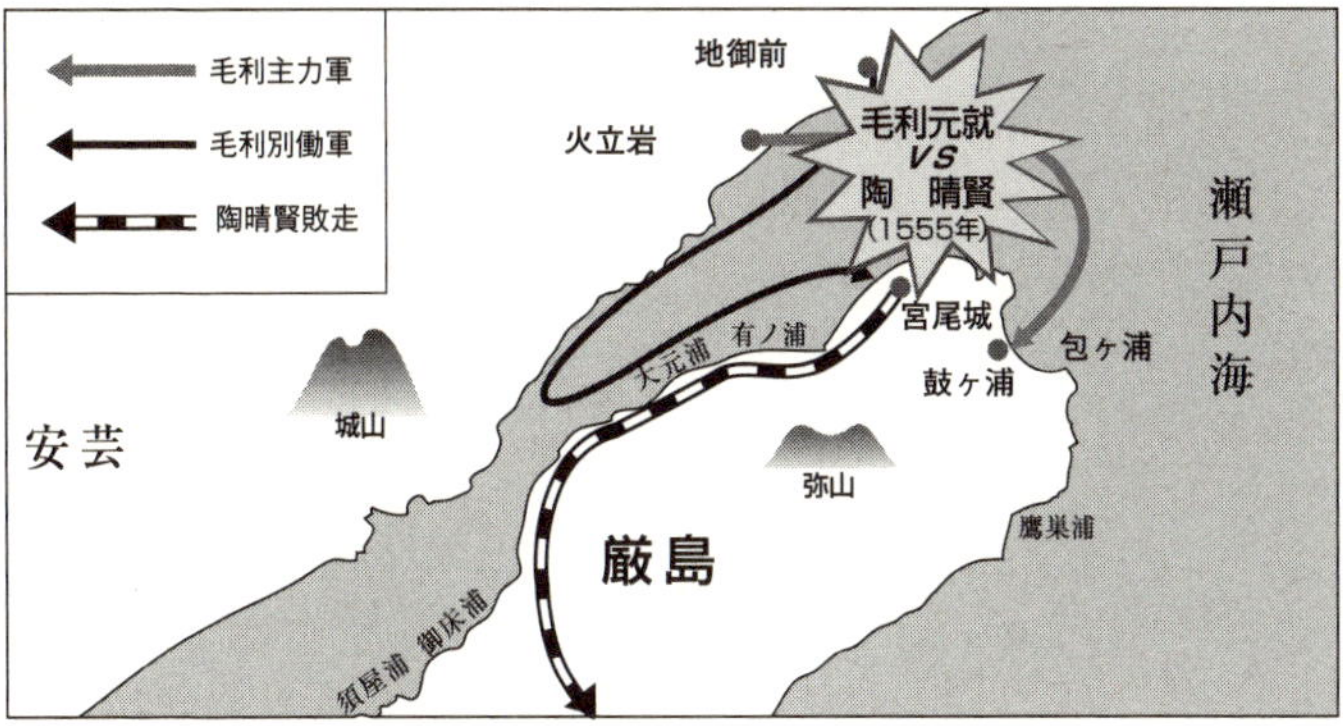

しかし、敵の上陸に合わせ元就は即座に3000人を出兵。晴賢軍を孤島におびき寄せた恰好で、挟み討ちを試みたのである。

元就が仕掛けたのは夜襲で、しかも進軍を阻むかのような大嵐だった。だが、元就軍は果敢に厳島に上陸し晴賢軍を背後から奇襲した。

これには2万もの兵を抱える晴賢軍のほうがかえって動きを封じられ、戦いは短期間で元就軍の圧勝に終わったのである。

この時晴賢は島内脱出に失敗して自害し、元就はみごと中国地方の覇権を手にした。

さらに厳島の合戦後、元就はかつての二大勢力の生き残りである尼子氏も潰しにかかった。

その時尼子氏は、元就がかつて襲撃をはねのけた晴久《はるひさ》の子・義久が家督を継いでいたが、元就軍の猛攻にやがては降伏。

こうして尼子氏も滅亡して毛利氏の勢力は中国地方全域に拡大し、さらなる発展を遂げるのである。

1556年

長良川の戦い

美濃の覇権をかけた骨肉の争いの顚末

■〝蝮の道三〟と信長の関係

1494（明応3）年、山城国に生まれた斎藤道三《さいとうどうざん》は、油売り商人から下剋上によって力技でのし上がってきた戦国大名である。

初めは美濃《みの》の守護大名・土岐氏の家臣である長井《ながい》家に出入りし、1532（天文元）年には長井氏を殺害して小守護代に成り上がった。

そして1538（天文7）年に斎藤の家名を継ぐと、今度は美濃の政情不安に乗じて土岐氏を追放・殺害、みごと美濃を手中に収めたのである。

恩義を無視して主君を追放する、この強引なやり口に人々は道三に「蝮《まむし》」と異名をつけ恐れた。

同時期、中部地方に台頭していたのは織田氏である。道三は追放された土岐氏が頼った織田信秀《のぶひで》と一戦を交え、勝利を収めた。

これをきっかけに織田氏は斎藤氏と和睦の道を選択。信秀の嫡子・信長と、道三の娘・濃姫《のうひめ》との婚姻が成立する。

1551（天文20）年には信秀が亡くなり、織田家は信長の時代に移り変わった。この時、「うつけ」として有名だった変わり者の婿に道三は面会し、一目でその非凡さを見抜いたといわれている（正徳寺の会見）。

■息子斎藤義竜との確執

道三が織田氏との繋がりを密接にした別の理由には、息子・義竜《よしたつ》との対立があった。

義竜の出生については謎が多くそれが対立の要因ともいわれている。というのも義竜の実母・深芳野《みよしの》は土岐頼芸《よりあき》の側室で、のちに道三に下げ渡された女である。

美濃の変遷

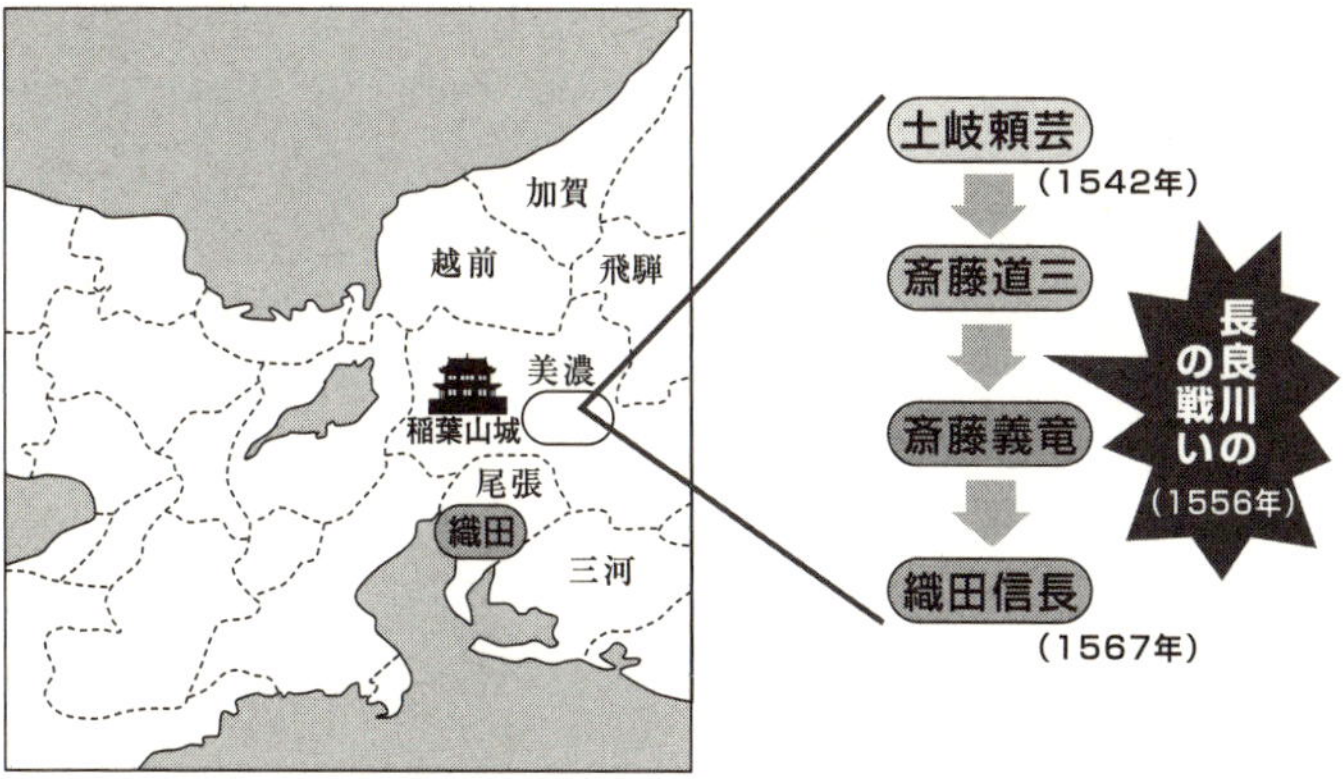

斎藤氏人物関係図

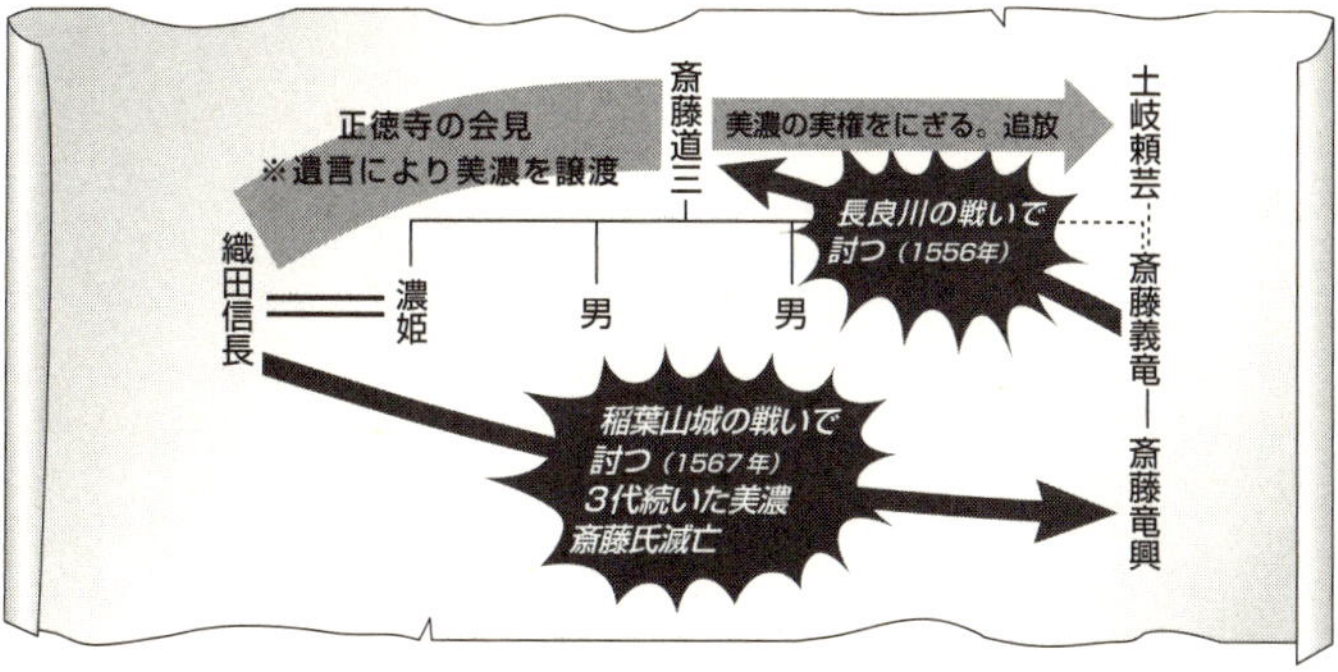

義竜が生まれたのは下げ渡された直後だったため、道三の実子ではないというのがもっぱらの通説なのである。この話には根拠も確証もないが、道三と義竜の仲が芳しくなかったことはどうやら事実だったようだ。

仮に先の話が真実であれば、義竜にとって道三は実父を滅ぼした憎き敵であるし、一方で道三も義竜の弟に当たる息子2人を可愛がり、義竜を疎んじたともいわれている。

1554（天文23）年、道三はひとまず長男である義竜に家督を譲り、自らは隠退した。しかし道三は、陰で義竜の弟のいずれかに家督を相続させることを画策し、弟2人はそれを察した義竜によって殺害されてしまう。

親子の確執は次第に深まり、1556（弘治2）年、ついに道三と義竜は長良川を舞台に剣を交えることになった。

ちなみに勃発の経緯には、家督争いのために出生話を道三に吹聴された義竜が怒って挙兵した、あるいは無理に隠居させられた道三が、再起をはかって挙兵したとの2説がある。

■壮絶な道三の最期

しかし美濃の兵士の多くは義竜のもとに集まった。

その結果、義竜側の兵は1万7500、相対する道三側の兵は2700、かねてから横暴さが目に余った道三に真の人徳がなかったということなのか、長良川で対峙する前から勝負はほぼついていた。

道三側には娘婿の信長軍が援護に向かっていたが、開戦からわずか2日後、道三は援軍の到着を待たずして首を討たれてしまう。

しかも最期は、義竜側の家臣の手柄争いで、首をかき切られた後に鼻まで削ぎ落とされるという無惨な死であった。

ところで道三は長良川の戦いに出る直前、生き残った末子に遺書を託している。そこには美濃の国を信長に譲る旨が記されていた。

これはもちろん「正徳寺の会見」で信長の才覚を見抜いてのことである。その道三の直感どおり、1567（永禄10）年に信長は義竜の子・竜興《たつおき》を滅ぼして美濃を平定、いよいよ天下統一に乗り出すのであった。

1561年

川中島の戦い

名将が死力を尽くした大激戦の真相

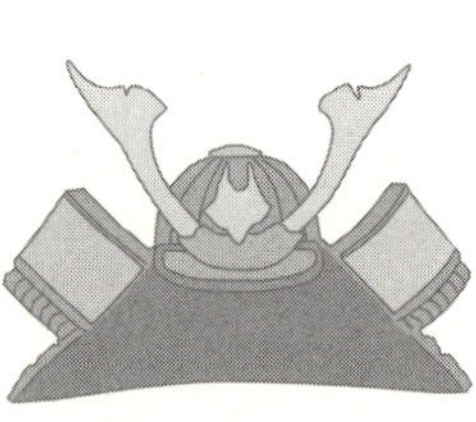

■信玄の野望

信濃の川中島を舞台に、越後の竜・上杉謙信と、甲斐の虎・武田信玄が繰り広げた「川中島の戦い」。この戦国屈指の激闘の顛末については諸説あり不明な点も多々あるが、いずれにせよきっかけは「信玄の野心」によるところが大きいようだ。

16世紀半ば、甲斐では領土拡張に燃える信玄が、また越後では上杉家悲願の越後統一を果たした謙信が君臨していた。

甲斐の掌握に成功した信玄は、以前から狙っていた信濃出陣を実行に移す。そして村上氏、小笠原《おがさわら》氏など北信濃の豪族を追いやり、信濃統一まであと一歩のところに到達した。

信玄に追われた豪族たちが頼ったのは、一部で親族関係にもあたる越後の謙信だった。結果、信玄の野望を打ち砕くべく謙信は信濃出陣を決するのだが、それにはいくつか理由が考えられる。

まずは持ち前の熱血漢な性格が、領土を追われた豪族たちを庇護する立場をとらせたこと。そして何より自国防衛の意味でも、隣接する北信濃を信玄の野望から守らねばならないと判断したからだろう。

こうして１５５３（天文22）年、信玄の信濃侵攻を謙信が阻止する形で、戦いは幕を開けたのである。

■5度にわたった戦い

川中島の戦いは１５５３年の初戦を皮切りに１５５５（弘治元）年、１５５７（弘治３）年、１５６１（永禄４）年、１５６４（永禄７）年と5度にわたって行われたと伝えられている。

初戦は両軍小競り合いに終始し大きな激突もなく終わった。しかし翌年「善徳寺の会盟」で、相模の北条氏、駿河の今川氏の両氏と三国同盟を結んで得意の外交謀略を成功させた信玄は、いよいよ本格的に信濃進軍に乗り出す。

その結果、1555年の第2戦は200日を超える長期戦となった。しかし戦況は膠着状態が続き、最後は勝敗を決することなく今川義元の調停で両軍とも兵を引くのである。

この後、信玄は敵方の内部崩壊を企み謙信についていた豪族を取り込むが、思うように成果は得られなかった。

それどころか、その行為は謙信の怒りを買い1557年には第3戦が勃発する。善光寺に陣をとった謙信軍に対し、迎え撃った甲斐軍は大将の信玄が不在。結局はこの戦いも決着をみることはなかった。

第3戦の後、再び外交戦略に出た信玄は、足利将軍に信濃の守護職を懇願した。つまり謙信との雌雄を決する前に、信濃支配の大義名分を手に入れたのである。

一方の謙信も足利将軍に実力を評価され、それに乗じて北条氏を攻め込んだ。さすがに小田原城を崩すことはできなかったが、ほどなくして謙信は関東管領の職を相続した。

1560（永禄3）年には桶狭間の戦いにおいて今川義元が亡くなったため、信玄が結

● 1560年頃の勢力図

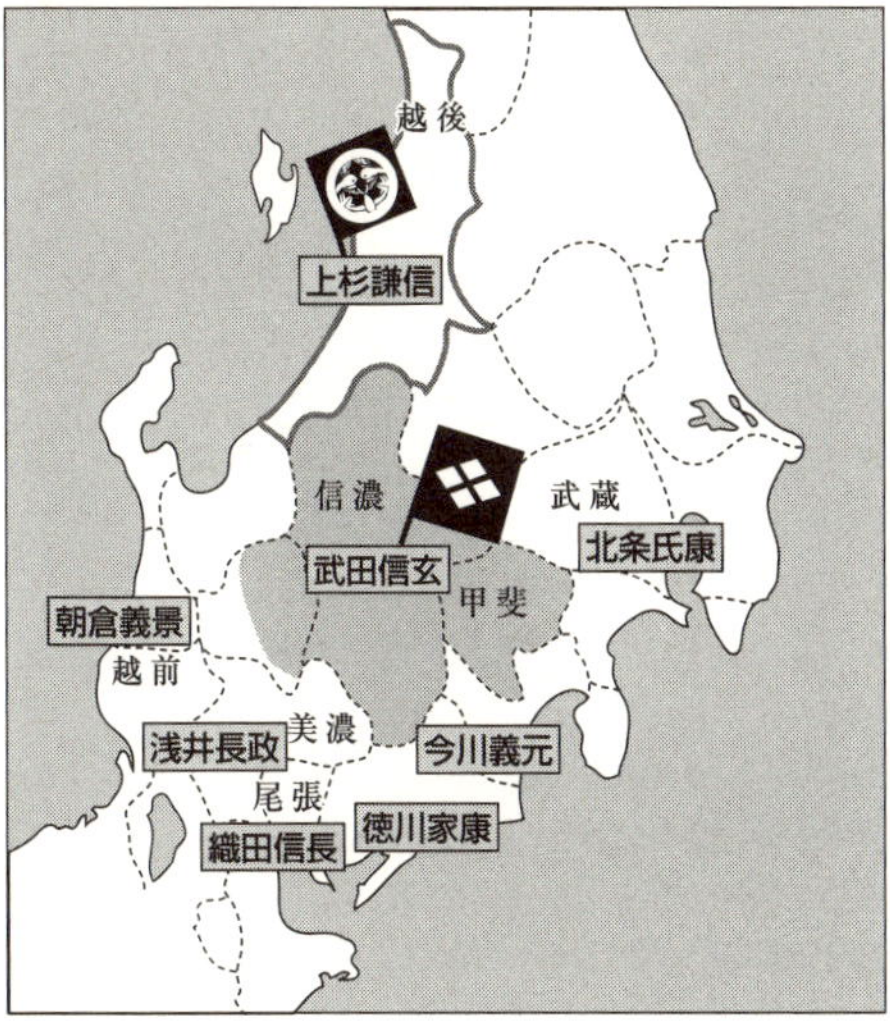

● 五度にわたる川中島の戦い

五度にわたる川中島の戦い

第一回～一五五三
信玄に追われた村上義清らを謙信がかくまったことにより交戦

第二回～一五五五
犀川を挟んで長時間にらみ合った後、両軍退陣

第三回～一五五七
小競り合いで終わる

第四回～一五六一
両軍入り乱れての大激戦となるも決着つかず

第五回～一五六四
両軍対峙するも戦わず川中島の戦いは終結した

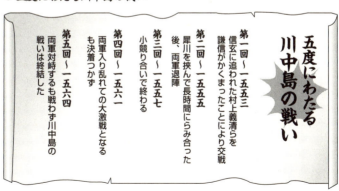

んでいた三国同盟が消滅する。

そして両者ともに勢力拡大の機が熟した1561年、信玄40歳、謙信31歳。真の武将として名を挙げた2人が、まさに〝両雄並び立たず〟とばかりに、歴史に残る戦いを繰り広げるのである。

■死者続出の激闘の果て

一般に川中島の戦いといえば、この第4戦を指すことが多い。それほどこの1561年の戦いは凄まじかったようだ。

数少ない資料である『甲陽軍鑑《こうようぐんかん》』によれば、謙信は8月に1万3000の兵を率いて妻女山に陣取った。これに対して信玄は1万7000の兵を挙兵し、茶臼山を経て海津城へ入る。海津城とは、その前年に信玄が築いた出城である。

そして9月10日未明、開戦以来、初めて両軍が正面から激突した。信玄軍は軍師・山本《やまもと》勘助《かんすけ》の進言で軍を二手に分ける「啄木鳥戦法《きつつきせんぽう》」で攻め込み、謙信軍は「車懸《くるまがかり》」と呼ばれる陣形で立ち向かった。

両軍入り乱れての攻防は、最終的に死者8000人とも1万人ともいわれ、信玄の弟・

第四回川中島の戦い布陣

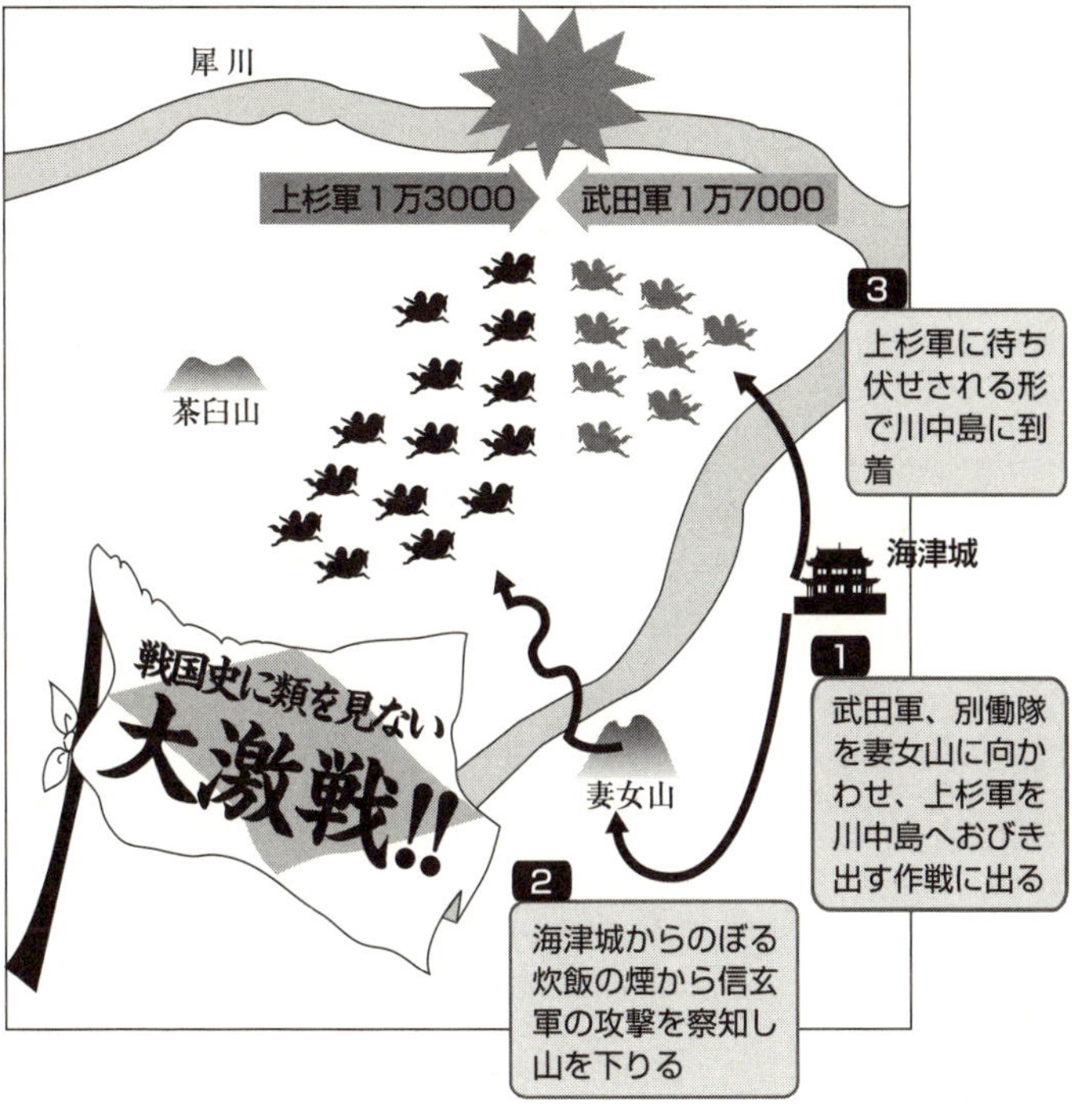

信繁《のぶしげ》、山本勘助など名のある人物も多く戦死したとされている。

また、有名な信玄と謙信の一騎打ちもこの戦いにおけるエピソードだが、こちらは残念ながら史実ではないというのがもっぱらの定説だ。

いずれにせよ、この戦いに勝敗はつかなかった。1564年には第5戦が勃発するが、やはりこれも睨み合いに留まり、こうして川中島の戦いは勝者の居ぬまま幕を下ろす。

しかし、実質的にはのちに信濃を掌握して野望を果たした信玄が勝利したといえる。一方の謙信はといえば、長引く戦いでかねてから狙っていた関東侵攻が手薄になり、当初の宿願は果たせなかった。

結局、今もこの戦いにおける両者の真の思惑は定かではない。ただひとつ言えるのは、2人が北信濃の支配をめぐって10年以上も牽制し合っている間に、次代の覇者となる人物が虎視眈々と上洛を狙っていた。それが織田信長だったのである。

2

覇王・信長の登場

全国統一まであと一歩という時、家臣・明智光秀の裏切りによってその人生に幕を閉じた織田信長。一介の戦国大名だった信長が覇王と呼ばれるようになるまでには、傀儡政権を立てて自らが全国の頂点に立つという周到な計画が立てられていた。その標的となったのが足利義昭である。信長は義昭を第15代将軍に就任させると入京を果たし、今度は義昭を攻めて室町幕府を滅亡させる。そして数々の合戦を行い、近畿から中部、東海、北陸までを支配圏に収めるのだった。

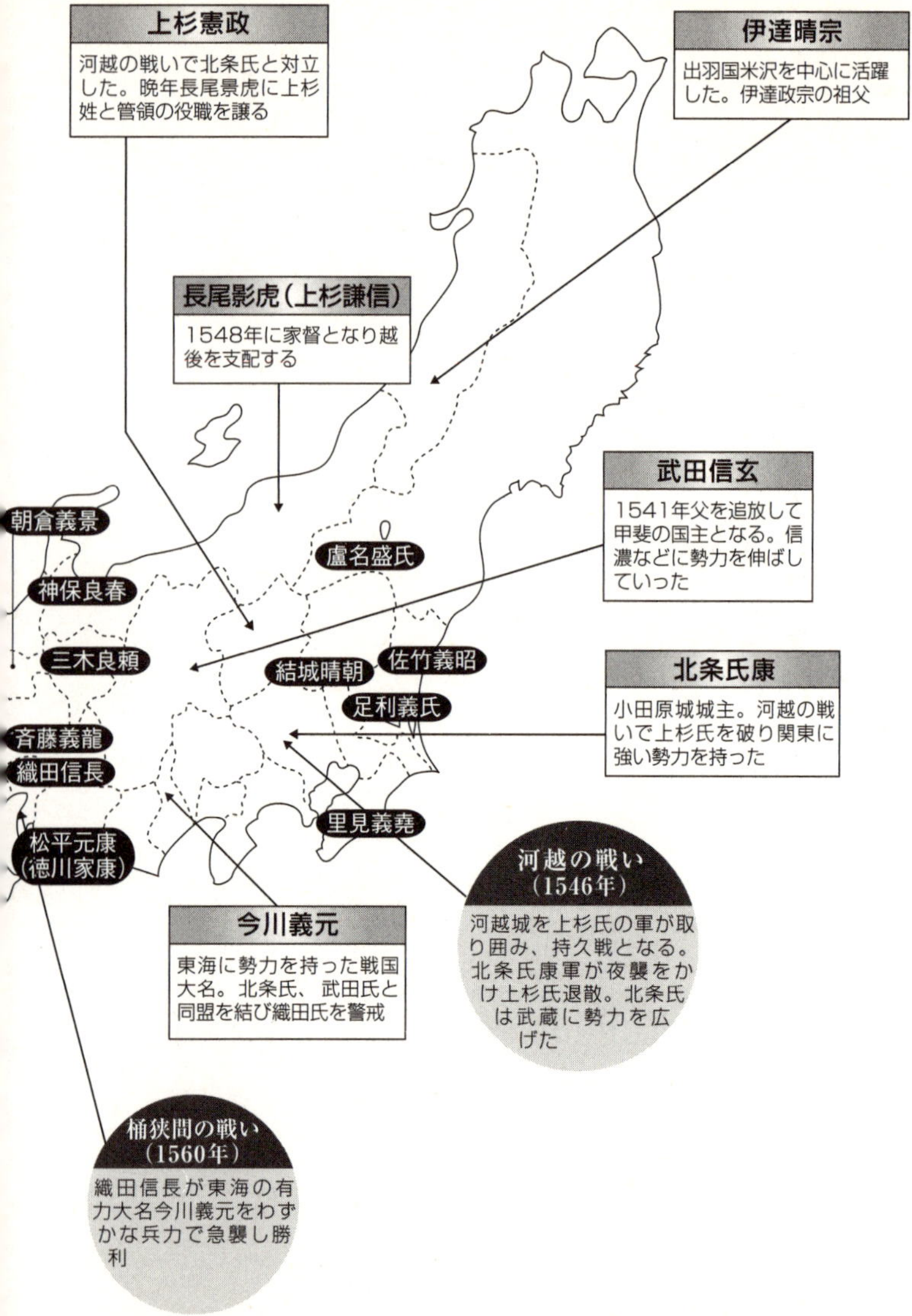
上杉憲政
河越の戦いで北条氏と対立した。晩年長尾景虎に上杉姓と管領の役職を譲る
伊達晴宗
出羽国米沢を中心に活躍した。伊達政宗の祖父
長尾影虎（上杉謙信）
1548年に家督となり越後を支配する
武田信玄
1541年父を追放して甲斐の国主となる。信濃などに勢力を伸ばしていった
北条氏康
小田原城城主。河越の戦いで上杉氏を破り関東に強い勢力を持った
朝倉義景
神保良春
三木良頼
斉藤義龍
織田信長
松平元康（徳川家康）
蘆名盛氏
結城晴朝
佐竹義昭
足利義氏
里見義堯
今川義元
東海に勢力を持った戦国大名。北条氏、武田氏と同盟を結び織田氏を警戒
河越の戦い（1546年）
河越城を上杉氏の軍が取り囲み、持久戦となる。北条氏康軍が夜襲をかけ上杉氏退散。北条氏は武蔵に勢力を広げた
桶狭間の戦い（1560年）
織田信長が東海の有力大名今川義元をわずかな兵力で急襲し勝利

戦国大名地図(1560年当時)

氏名　大名

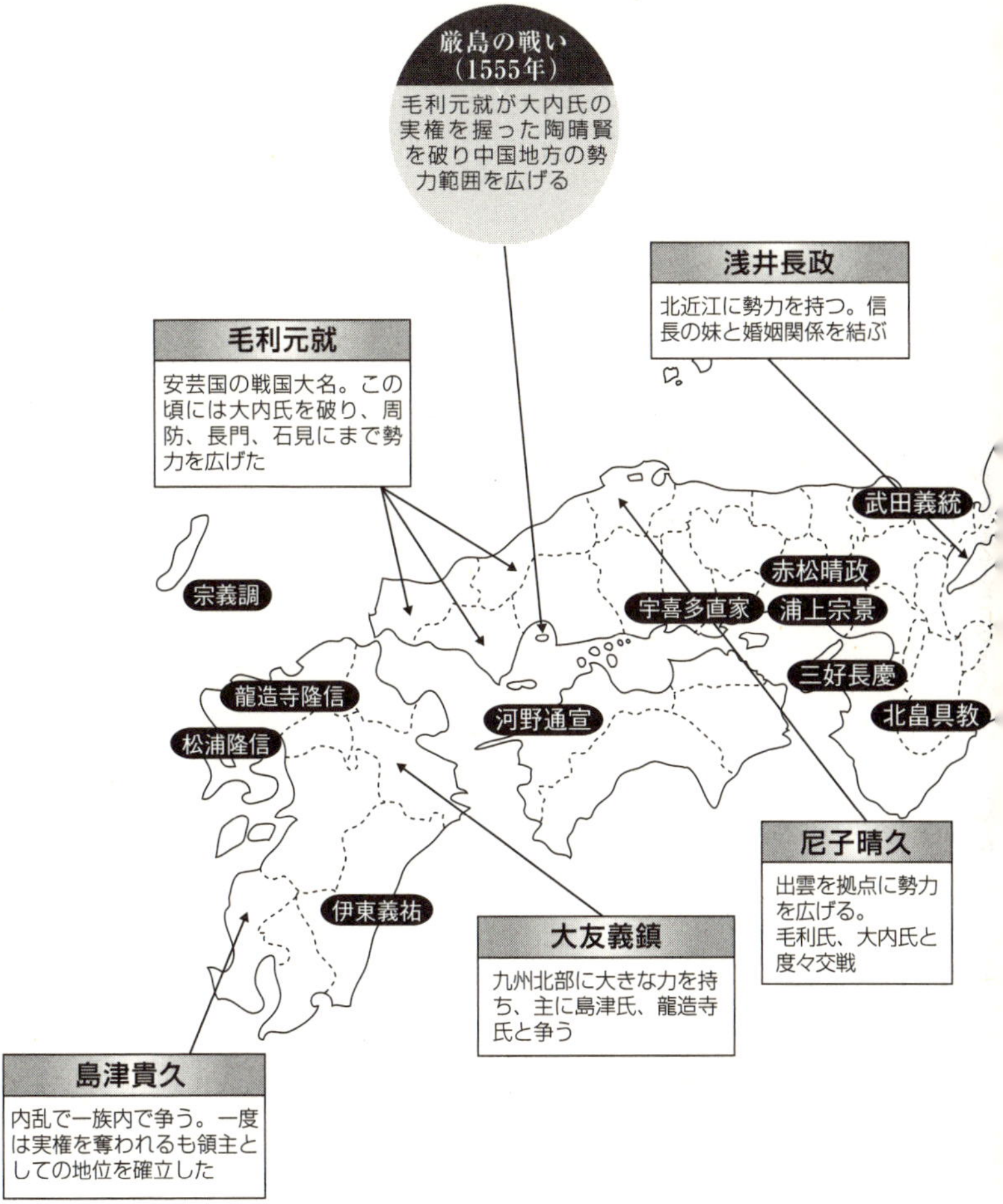

厳島の戦い
(1555年)
毛利元就が大内氏の実権を握った陶晴賢を破り中国地方の勢力範囲を広げる
浅井長政
北近江に勢力を持つ。信長の妹と婚姻関係を結ぶ
毛利元就
安芸国の戦国大名。この頃には大内氏を破り、周防、長門、石見にまで勢力を広げた
武田義統
赤松晴政
宇喜多直家
浦上宗景
宗義調
三好長慶
北畠具教
龍造寺隆信
松浦隆信
河野通宣
伊東義祐
尼子晴久
出雲を拠点に勢力を広げる。
毛利氏、大内氏と度々交戦
大友義鎮
九州北部に大きな力を持ち、主に島津氏、龍造寺氏と争う
島津貴久
内乱で一族内で争う。一度は実権を奪われるも領主としての地位を確立した

1560年

桶狭間の戦い

今川義元を討ち破った若き信長の知略

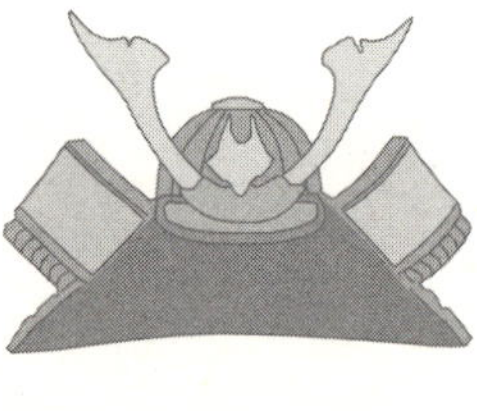

■不可解な上洛の目的

戦国時代も中盤に差しかかった1560（永禄《えいろく》3）年。今の東海地方の大半にあたる駿河、遠江、三河を支配していたのは今川義元《いまがわよしもと》だった。

今川氏は応仁《おうにん》の乱以降、駿河・遠江の守護から政治力を発揮して成り上がった戦国大名で、義元の父親にあたる今川氏親《うじちか》が家臣団を編成して基礎を固めていた。

それを継いだのが兄の氏輝《うじてる》で、彼は甲斐の武田《たけだ》氏と戦うと国の支配体制を確立し、そして次に主となった義元が三河に新たに勢力を伸ばそうとしていた。ただ、尾張には清洲に居城を構える織田信長《おだのぶなが》がいた。織田氏も守護代から成り上がった戦国大名だったが、軍事力は今川氏と比べものにならないほど弱小だった。

戦国の世の倣いを見れば、尾張の領有を考えた義元がすぐに攻め込んでもいいのかもしれない。しかし、いくら弱肉強食とはいっても、そこには周辺の戦国大名たちが納得するような大義名分が必要だった。では、義元はどのような手を使ったのか。従来、彼が大義としたのは朝廷に向かう上洛だったとされていた。戦国時代に入ると室町幕府は有名無実となり、さらに将軍の足利義輝《あしかがよしてる》も暗殺されていたため、上洛すれば朝廷になり代わって、全国の大名に号令をかけることができたからである。

しかし、最近では、たんに国境をめぐる争いだったのではないかともいわれている。

■信長が勝てた本当の理由

１５６０年5月12日。義元は上洛のための進軍を開始し、尾張に侵攻した。今川軍の兵２万５０００人に対して迎え撃つ織田軍は兵２０００人だった。

今川軍は懸川から引馬《ひくま》へと兵を進め、三河岡崎城を経由して18日に沓掛《くつかけ》城に本陣を構えると、尾張領内の丸根砦と鷲津砦を陥落させる。

信長は領国の砦が敵の手に落ちたことを知るとすぐに行動を起こした。急いで支度をすませると善照寺砦へと向かい、そこから精鋭2000の兵とともに態勢を固めると敵陣にほど近い中島砦へと進むのである。

中島砦は義元が本陣を構えている「桶狭間山」と呼ばれる小高い丘の正面に位置していた。信長はここから正面突破の攻撃を仕掛けるのだ。この時に利用したのが突如起こった暴風雨だった。

5月19日。激しい雨と風が敵の軍勢の視界をさえぎっているのに乗じて、信長は総攻撃の指令を下すと、総大将の義元の首だけを狙って襲い掛かった。これが桶狭間の戦いの始まりだった。

激しい雨の中から忽然と敵兵が目の前に現れたことで義元の軍勢は慌てて撤退を始め、義元はあえなく首を討ち取られてしまうのである。

■武将の力関係にあたえた大変化

桶狭間の戦いは信長の圧倒的な勝利に終わった。さらにこの合戦は、のちに天下を治め

●三河をめぐる勢力図

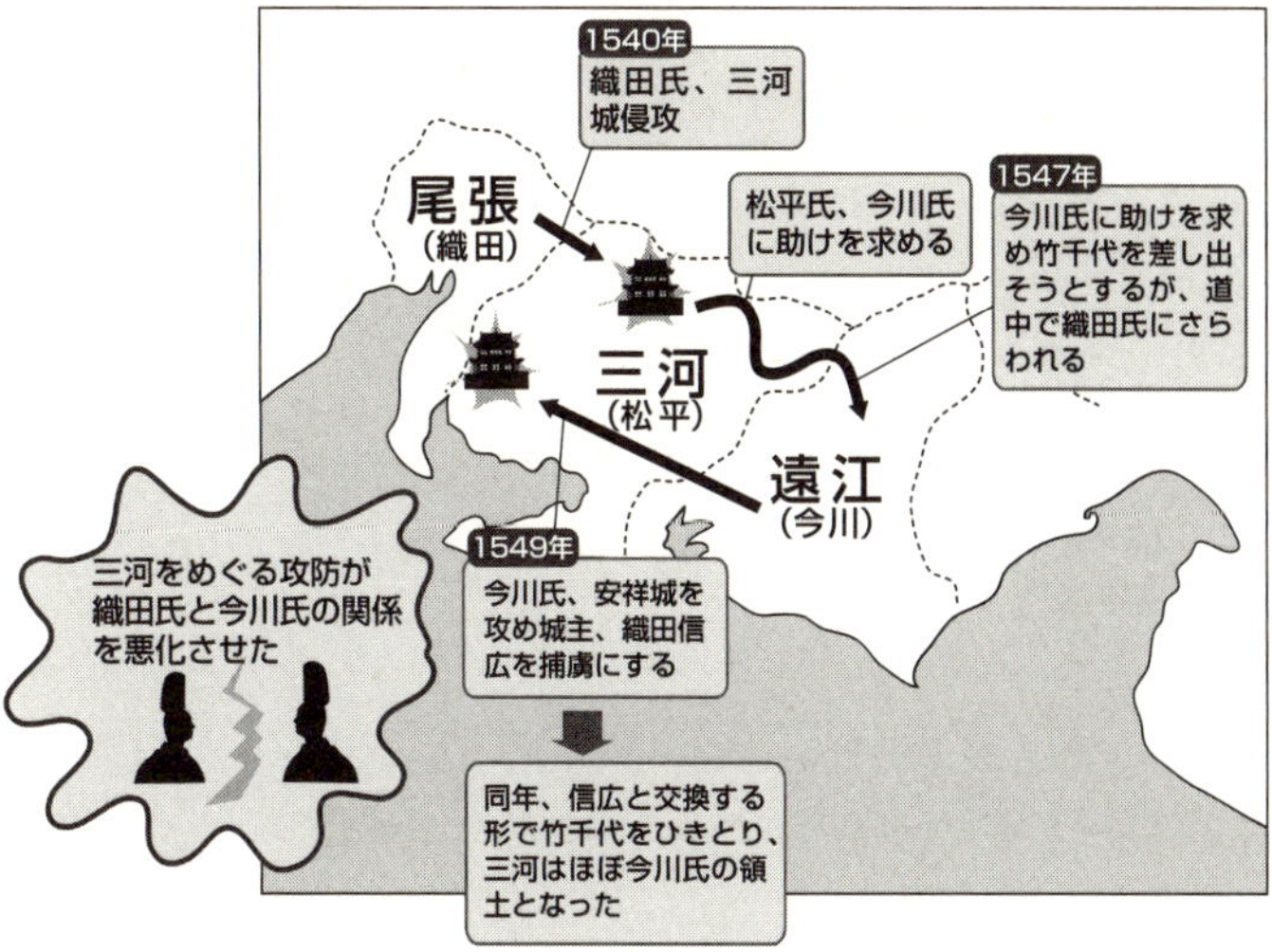

●織田氏の進軍ルート

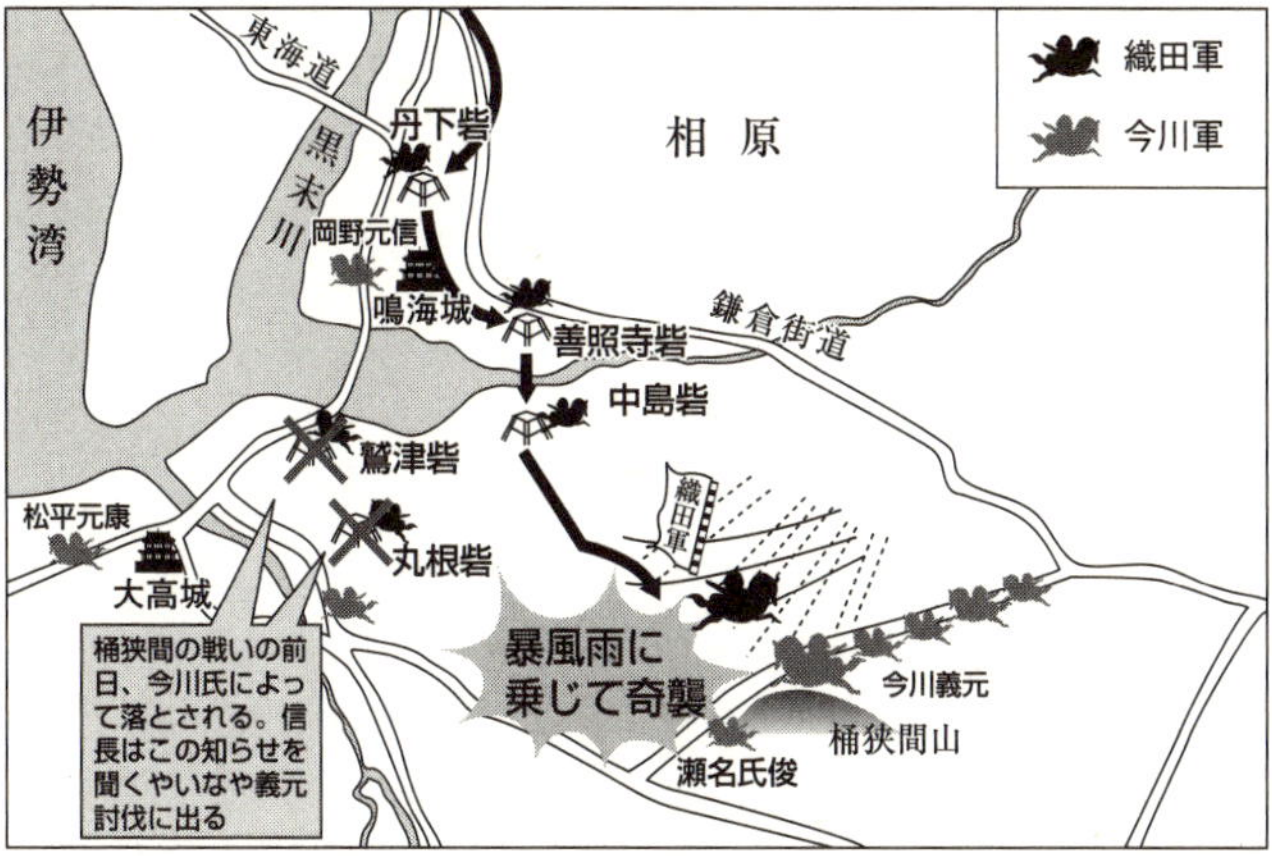

出典:「クロニック戦国全史」(講談社)、「地図で訪ねる歴史の舞台」(帝国書院)などをもとに作成

ることになる戦国大名を誕生させていた。それは徳川家康《とくがわいえやす》（松平元康《まつだいらもとやす》）である。

当時の家康は義元が勢力を持つ三河・岡崎城主の松平広忠《ひろただ》の嫡男だったことから、父親の広忠によって人質として義元に差し出されており、桶狭間の戦いでは今川氏の武将として、合戦に参加していたのである。

義元が敗れたことで、家康はそれまでの人質という身分から開放されると、合戦までの信長との敵対関係を解消して和睦する。そして今川氏が領有していた三河を取り戻すと、信長と「清洲同盟」を結んで互いの関係を強化し、その8年後には滅亡した今川氏から遠江の一部を手に入れるのだった。

桶狭間の奇襲作戦の成功は、信長を大勝させただけでなく、その後の日本に大きな影響を与えるものだったのである。

1568年

信長の上洛

足利義昭を奉じた信長の真の狙いとは

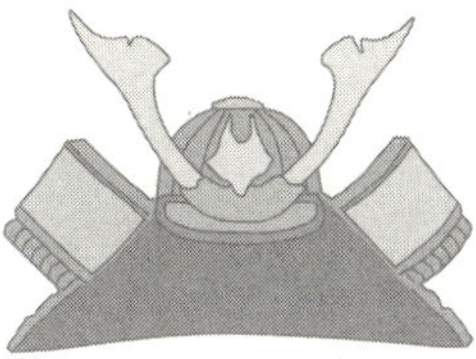

■稲葉山城の攻略

戦国大名にはさまざまな伝説が残されているが、美濃《みの》の斎藤《さいとう》氏もそのひとりだろう。

斎藤氏は戦国大名のなかでもひときわ異彩を放つ家系で、なかでも油売りから身を起こし、下剋上によって美濃一国を手に入れた斎藤道三《どうさん》と、その父はよく知られている。

斎藤氏の実力は周辺の戦国大名も認めるところで、それは隣国尾張の織田信長も同じだった。彼は道三と同盟を結ぶため、その娘の濃姫《のうひめ》を妻にするのである。

ところが、それほど畏怖されてきた道三も自分の子供の義竜《よしたつ》に殺されて主の座を奪われてしまうと、織田氏と斎藤氏の関係は振り出しに戻り、信長と義竜は互いに勢力を競い合う敵対関係になった。

義竜は下剋上をする器量があるだけに軍才に恵まれており、その後信長が何度か美濃に進軍して合戦を挑んでも勝敗はつかなかった。

しかし、そこに思わぬチャンスが訪れる。この義竜が死去するのだ。信長はその知らせを聞くや否やすぐに兵を挙げて進軍を始め、本城の稲葉山城の攻略を開始した。

この時、信長は墨俣《すのまた》に攻撃の橋頭堡《きょうとうほ》となる櫓《やぐら》を築くが、これを木下藤吉郎《きのしたとうきちろう》（のちの豊臣秀吉《とよとみひでよし》）が短い間でやってのけ、「墨俣の一夜築城」と呼ばれるようになった話は有名だ。

ただ、戦いそのものには時間がかかり、義竜の死から稲葉山城の陥落までには6年間もの歳月が必要だったのである。

■六角氏を駆逐し、近江を攻略

信長はなぜそれほどの時間をかけてまでも稲葉山城を陥落させようと思ったのだろうか。

実は、信長にとって美濃攻略はただの勢力争いではなかったのだ。信長は室町幕府の新しい将軍に足利義昭《よしあき》を就けようとしており、そのために上洛を考えていた。ところが、斉藤氏はそれを妨げようとしており、信長にはじゃまな存在だったのだ。

1568（永禄11）年。信長はいよいよ義昭とともに、総勢6万もの兵を連れて上洛を開始した。

ただ、これには問題もあった。京に行くには近江を通って行かなければならないのだが、その近江の南部は義昭を将軍に就かせたくない六角《ろっかく》氏の領国だったのだ。

六角氏は、将軍義輝を殺害して阿波にいる義栄《よしひで》を傀儡将軍にした三好《みよし》三人衆（三好氏の3人の家臣）らと通じているため、信長に上洛してもらっては困るのである。

そこで、信長はとりあえず義弟の浅井長政《あざいながまさ》がいる近江の北部まで兵を進めると、上洛に協力するよう六角氏を説得する。だが、六角氏は聞く耳を持たなかった。そこで信長は最後の手段として武力に訴えるのだ。

信長は六角氏の主城である観音寺城を落とす前に、まずその奥にある箕作《みつくり》城を陥落させた。

すると、その圧倒的な戦力に驚いたらしく、六角氏は城を捨てると夜逃げ同然に逃げ出してしまうのである。

■上洛で手にした畿内5カ国

こうして信長は無事上洛を果たすが、義昭を将軍に就けても信長の仕事は終わらなかった。

次に信長は畿内を勢力圏に取り込むべく兵を進めた。畿内とは大和、山城、河内、和泉、摂津の5カ国のことをさす。

信長は朝廷から「畿内平定」の命を受ける形でそれまで義栄を傀儡将軍に立て、政治の実権を操っていた三好三人衆の一掃を始めるのである。

信長が彼らの根城である摂津と山城を陥落させると、残りの大和、河内、和泉の3カ国は怖気づいて信長に忠誠を誓い、軍門に降るのだった。

上洛に名を借り、近江から畿内一円までも勢力下に入れてしまう信長はやはり軍事の天才だったのである。

●信長の上洛経路

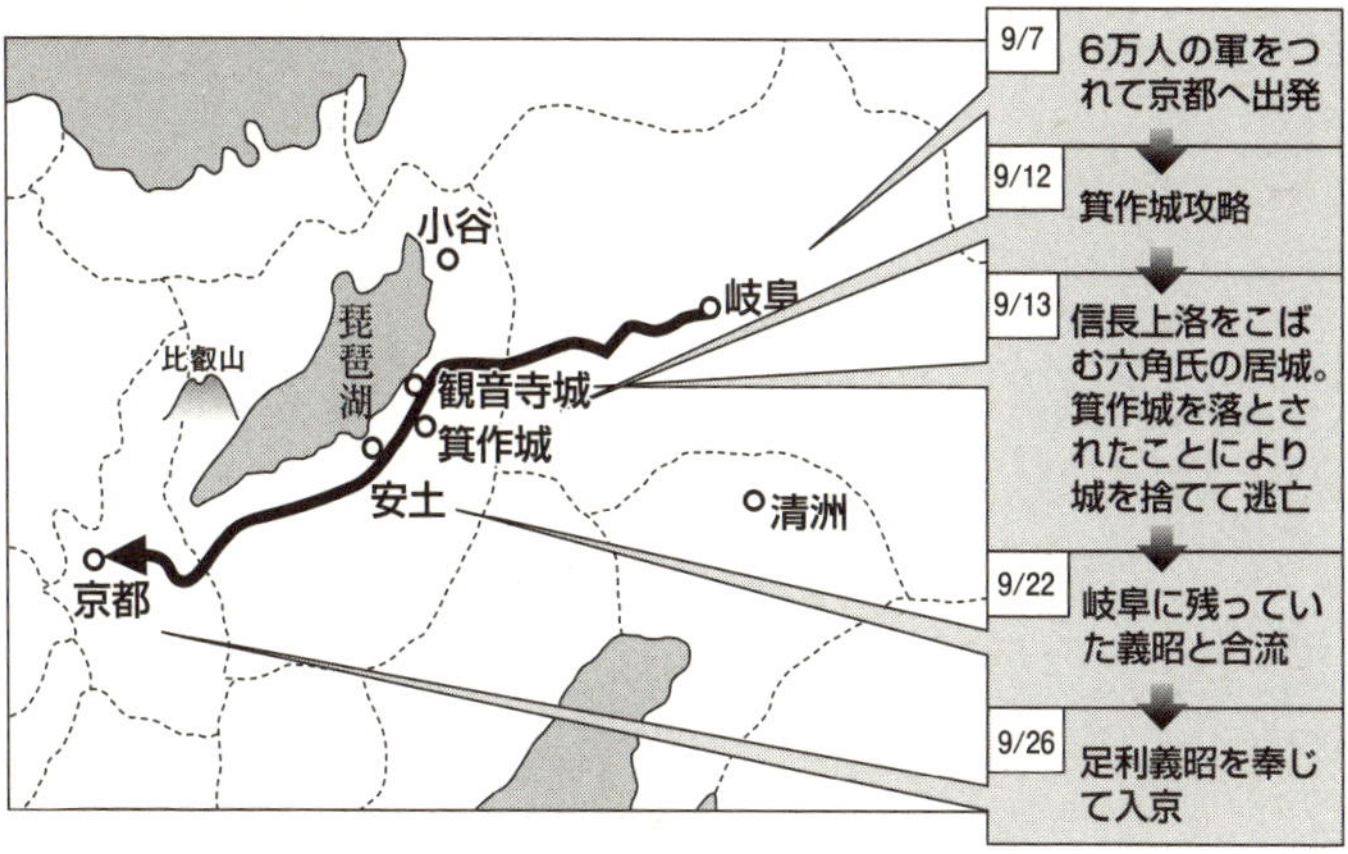

●足利氏系図

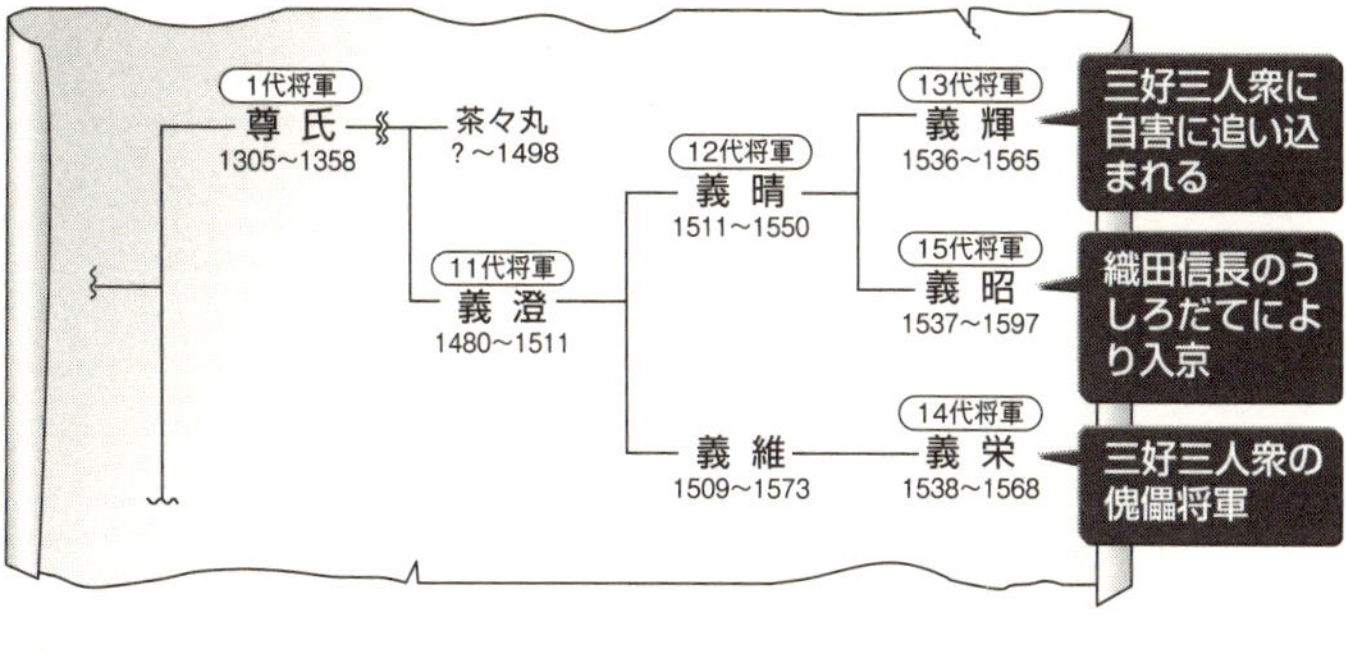

1570年

姉川の戦い

権謀うずまく大激突の真相

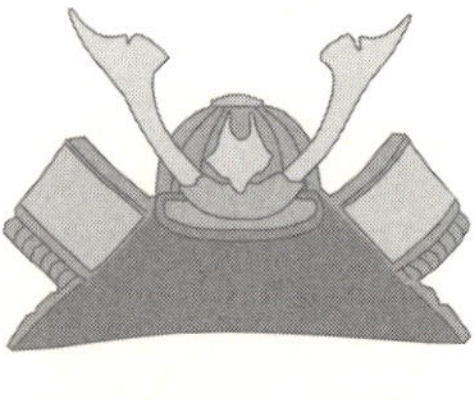

■浅井長政の「裏切り」

戦国の世は、隣国同士が互いに反目しあっている時代だった。しかし、そこには打算だけでは計れない信義もあったのである。越前の朝倉《あさくら》氏と北近江の浅井氏の関係はまさにその代表例にちがいない。

守護大名・京極《きょうごく》氏の家臣だった浅井氏は、主人を討つことで戦国大名になったが、この時浅井氏を支援したのが越前の朝倉氏で、両者はこれを契機に同盟を結んでいた。

ところが、世代が代わると両者の関係に暗雲が立ち込める。それは浅井長政が政略結婚で織田信長の妹・お市《いち》を妻として迎え、信長と同盟関係を結んだことに始まった。

実は、信長は越前に勢力を広げることを狙っており、長政の意向とはまったく関係なく朝倉氏攻略の口実を探していたのである。

そして、念願の上洛を果たすと信長は朝廷をバックにつけ、朝倉義景《よしかげ》討伐の軍を挙げた。

理由は義景が朝廷の命に背いたというものだった。これは信長の言いがかりに過ぎなかったが、討伐の大義とするには充分だった。これに長政は驚いた。信長と同盟を結ぶ際に、「朝倉攻めの場合は自分を調停役に立てること」を条件としていたからだ。信長は長政に何の相談もなく朝倉攻めを開始したのである。

この出兵に長政の父の久政《ひさまさ》が激怒した。久政は朝倉氏に義理を感じていたのだ。そして久政に引きずられるように長政は反信長の姿勢を鮮明に打ち出すことになり、これが信長への裏切りという形になって現れた。

■姉川は血で真っ赤に染まった

長政は突然行動を起こす。信長の朝倉攻めは、若狭から越前に入るコースのため、まず越前の手前にある朝倉氏の金ヶ崎城を攻略するのだが、この時長政は兵を挙げ、信長の背後を突く形で進撃を始めるのだ。

まさかのできごとに信長は慌てた。正面には朝倉勢がいるからこのままでは挟み撃ちにあってしまう。信長はやむなく木下藤吉郎にしんがりを任せると、一目散に京に逃げ帰った。

それから2カ月後、再び体勢を整えた信長と徳川家康の連合軍は、今度は報復のために長政の居城・小谷城の攻略に向けて進撃を開始する。

ただ、小谷城は難攻不落といわれており、そのまま攻めたのでは有利に戦いを運ぶことが難しかった。

このため、信長は浅井・朝倉の連合軍を姉川まで誘い出すと合戦に持ち込んだ。これが1570（元亀《げんき》元）年の「姉川の戦い」だった。この時、信長・家康軍の兵は2万9000人、浅井・朝倉軍は1万8000人である。

戦いは朝の5時から昼の2時過ぎまで行われたが、やはり兵力の差は歴然としており、最初は浅井・朝倉軍が有利にたっていたものの午後には形勢は逆転し、ついに大敗を喫するのである。

●姉川の戦い布陣図

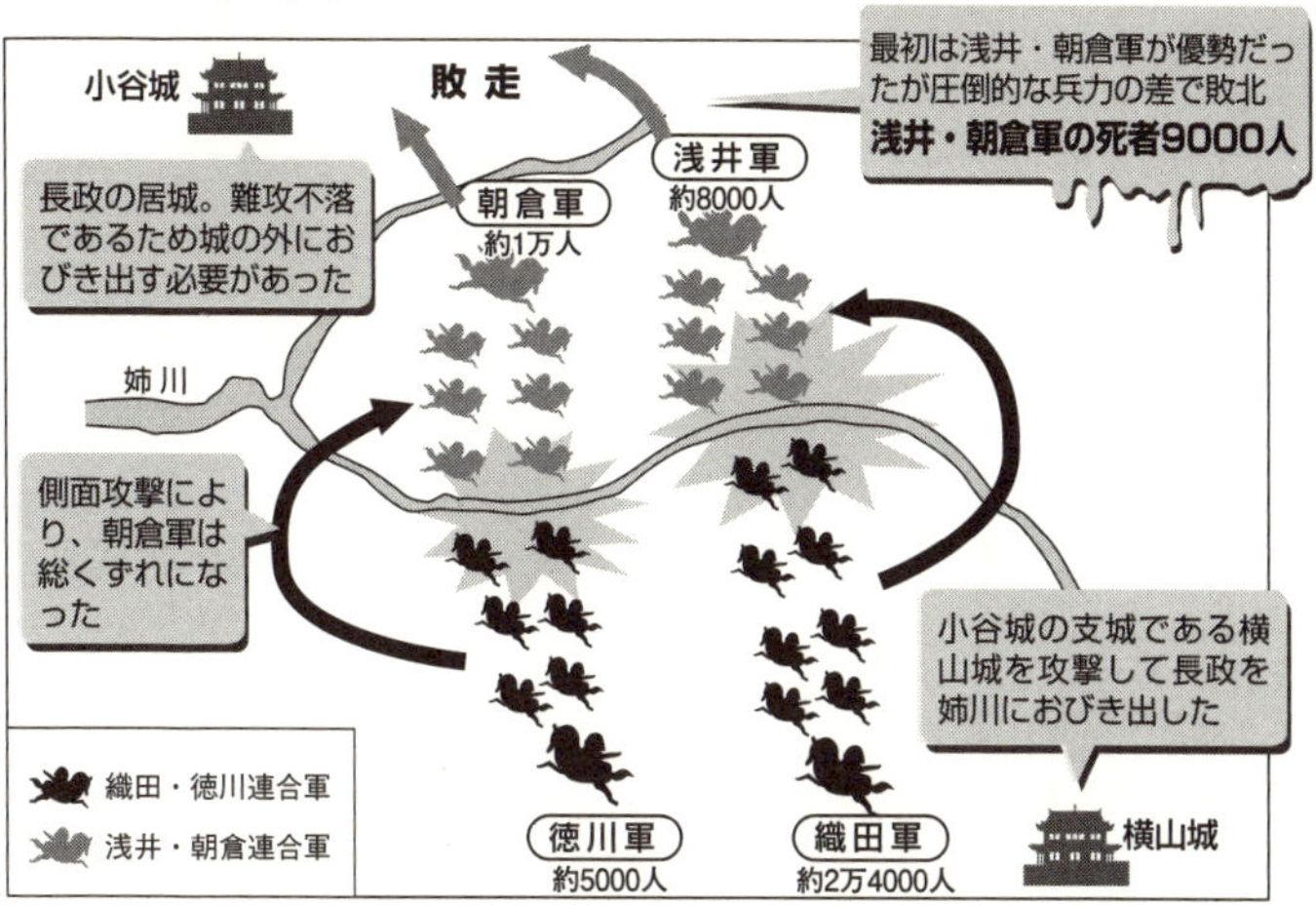

出典:「3日でわかる戦国史」(武光誠監修、ダイヤモンド社)、「日本の合戦66の謎」 (佐伯清人著、日本文芸社)などをもとに作成

●姉川の戦い関係図

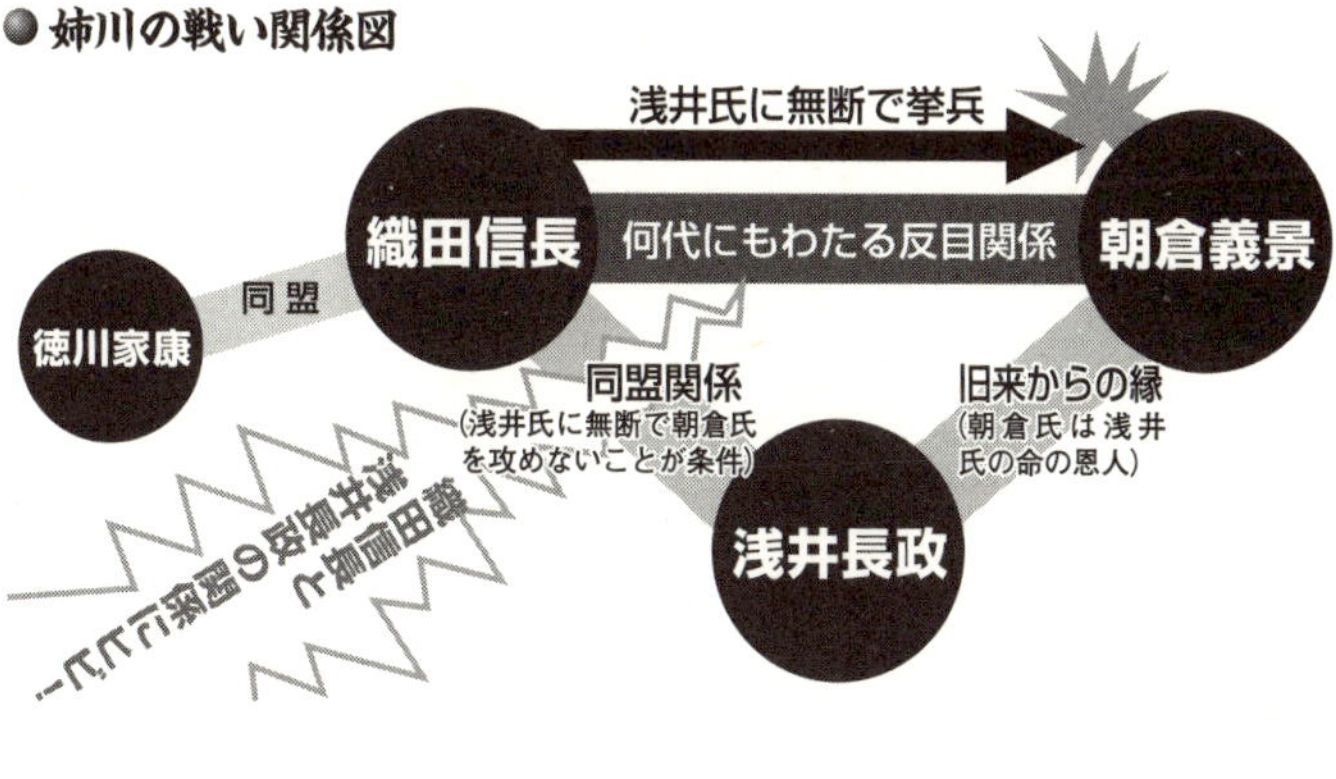

この時の浅井・朝倉軍の死者は合計9000人以上にものぼり、姉川は兵士の血で赤く染まったといわれている。

■浅井・朝倉攻めの結末

信長の浅井・朝倉攻めは姉川の戦いから3年間続く。しかし、1573(天正《てんしょう》元)年に戦況は一変した。信長は浅井攻めで援軍として駆けつけた義景の軍を撃退すると、そのまま義景の本拠地である一乗谷へと攻め込むのだ。

信長から逃れようと義景は一乗谷からの撤退をはかるが、途中で身内に殺害されてしまう。

一方、小谷城に攻め込まれた長政も防戦はするものの、やはり信長には歯が立たず、ついに命運が尽きたとして自害して果てるのだった。

こうして長きにわたった浅井・朝倉攻めは幕を下ろすが、信長を信じて同盟を結んだ義弟の長政の心境ははたしてどのようなものだったのだろうか。

1571年

延暦寺の焼き討ち

大殺戮の知られざる裏側と信長の近江支配

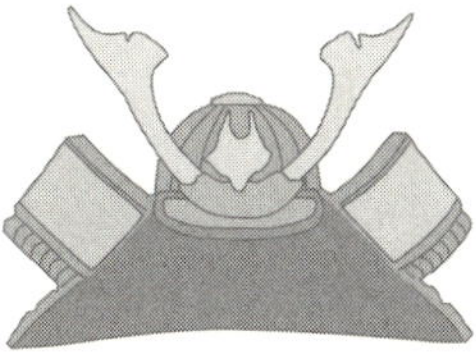

■仏教の最大拠点・延暦寺

1571（元亀2）年9月12日、織田信長は比叡山延暦寺を焼き討ちにし、僧俗の老若男女を問わず1000人近くを殺害した。

延暦寺といえば、788（延暦《えんりゃく》7）年に最澄《さいちょう》によって開闢《かいびゃく》された古刹《こさつ》で日本の仏教界最大の拠点である。

なぜ、信長はそれほど重要な所を焼き払ってしまったのであろうか。

実は、そこには戦国時代ならではの寺の姿があったのだ。

当時の延暦寺は仏教界の拠点として巨大な勢力となっており、その活動は寺の領有地の拡大や軍事力の増強など、まるで戦国大名さながらだった。

このため、全国支配をもくろむ信長にとって、延暦寺は敵対する戦国大名と何ら変わるところがなかったのである。

さらに、これを決定的にしたのは、延暦寺が比叡山に陣を張った敵の浅井・朝倉勢を支援して、これを討伐しようとする信長を最後まで阻んだことだった。

信長はこのまま敵対する延暦寺を放ってはおけないと、断固とした戦いを決意する。それが延暦寺の焼き討ちだったのである。

■近江の完全支配をもくろむ

そうはいっても、信長が焼き払った延暦寺は民衆が信仰の対象にしている寺である。これに火を放つことは、結果的に全国の信者や民衆を敵に回し、かえって敵を増やす結果になるのではないだろうか。

また、政治力や軍事力を持ち、信長に敵対していたのは延暦寺だけではなかった。石山

●延暦寺と有力寺

信長
浅井
朝倉
同盟求める
支援
延暦寺
戦国大名並みの力を持っていた
仏教界最大の拠点
老若男女
1000人以上が
殺された……
延暦寺は信長に最後まで抵抗し、焼き討ちにされる
石山本願寺
各地で起こった一向一揆の総本山。1570年から10年もの間、信長と争った
坂本
比叡山延暦寺の門前町。信長は3万の兵を連れて坂本の町を火の海にし、延暦寺へと進む
朝倉
浅井
織田
高野山金剛峰寺
石山本願寺、比叡山延暦寺と並ぶ、強力な宗教勢力

本願寺や高野山金剛峰寺、それに軍事拠点となる寺こそないものの「法華宗」もあるのである。なぜ延暦寺だったのだろうか。

実は、信長が延暦寺を選んだのは、浅井・朝倉攻めを妨げて敵対しただけではなく、もうひとつ別の狙いがあった。

それは、延暦寺が近江各地に所有していた寺領《じりょう》と社領《しゃりょう》である。

信長はこの寺領や社領を没収し、そこに配下の武将を配置することで、近江の支配体制を完全なものにしたかったのである。

信長は勢力圏を拡大すればするほど、その地域の支配力の確立が必要であった。ことに京に近い近江はどうしても完全支配をしたい地域だったが、それを阻んでいたのが延暦寺などの仏教勢力だったのだ。

■死骸が比叡山を埋めつくした

焼き討ちの日は早朝から小雨が降っていたといわれている。

信長は3万人の兵を比叡山麓の坂本まで進めると、迷うことなく町に火を放つ命令を下した。

坂本は今でこそ観光地として有名だが、当時の坂本は近江の中心で陸上と湖上の交通の重要拠点だったのである。

激しく商家や民家が燃え盛ると火の手は延暦寺の堂舎などへも移り、坂本の町はあっという間に火の海に包まれてしまった。

この地獄のような猛火を背にしながら信長の軍団は延暦寺への道を駆け上ると、そこで出会う人々を僧俗の区別なく片端から切り殺していった。文字どおりの皆殺しである。

さらに、火は根本中堂を始めとして開闢以来の建物にも放たれ、延暦寺は灰燼《かいじん》に帰してしまう。この時の死者は1000人近くになったものとされており、まさに死骸が比叡山を埋め尽くしたかのようだった。

この神をも恐れぬ行為には家臣さえもとまどったようだが、近江での支配体制を確立するため、信長にとっては避けて通れないものだったのである。

仏教勢力が強力な政治力と軍事力を持っていたというのは、今では想像することすら難しいが、強いものしか生き残れない戦国の世は仏教集団とて同じだったのかもしれない。

1572年

三方ヶ原の戦い

徳川家康を蹴散らした信玄の悲運とは

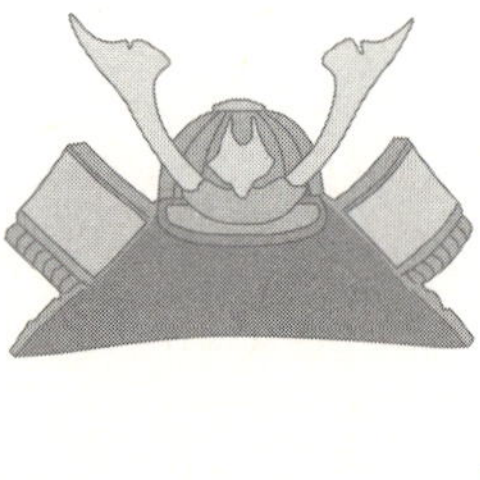

■家康がはまった「罠」

戦国大名として数々の戦いに勝ち残り、最後に天下を統一した徳川家康が、生涯でたった一度だけ合戦に完敗したことがある。

それが1572（元亀3）年に起きた「三方ヶ原《みかたがはら》の戦い」だった。

この時、敵となったのは甲斐の武田信玄《しんげん》で、信玄の狙いは家康と同盟を結んでいる尾張の織田信長の首を取ることにあった。

まず信玄は兵を挙げると南に下り、家康を叩くことから始めた。武田軍は精鋭の兵2万5000人。それに対して徳川軍は、信長からの援軍である3000人の兵を加えても、半分以下の1万1000人の兵にしかならなかった。この兵力の違いが、家康の判断を誤らせてしまう。

実は、信玄は家康の居城である浜松城まで兵を進めてくると、城を攻めることなく、そのまま素通りしてしまうのだ。

それはあたかも「戦うに足らない相手」というような行動だった。家康はこれを見て「信玄に舐められた」と思ったらしい。

だが、それは罠だった。家康が城を出て追撃を始めると、信玄は三方ヶ原で「待ってました」とばかりに反転し迎撃の態勢に入ったのである。

合戦は多勢に無勢で、完全に徳川軍の完敗だった。信玄は城攻めによって家康を落とそうとすると何日もかかると考えていたのだ。もし、そうなったら、態勢を整えた信長が何万もの兵を連れて支援に駆けつける恐れがあった。

そこでわざと信玄は無視するように城の前を通り、家康をおびき出す作戦に出たのだった。

■武田信玄の思惑と計算

ところで、なぜ信玄は信長討伐の兵を挙げたのだろうか。一般的には室町幕府の将軍、足利義昭の命によるものといわれている。

義昭が勢力を持ち始めた信長に脅威を感じ、信玄に命じて攻め滅ぼしてしまおうと考えたのだという。

しかし、信玄には義昭からの命だけでなく、そこにはもっと周到な計算があった。

実はこの時、信長は四面楚歌の状態になっていた。合戦に次ぐ合戦で尾張、三河、美濃、伊勢、畿内と着々と勢力圏を広げていった信長だったが、それはまた敵を増やすことにつながり、いつしか周囲を敵に取り囲まれていたのである。

信長の包囲網を見ると、北には加賀の一向一揆が反信長のノロシを上げ、それを南に下った越前には朝倉義景がいた。

さらに、その隣の北近江には朝倉氏と同盟を組んだ浅井長政がいる。南近江や畿内には、信長が上洛する際に駆逐したはずの六角氏や三好三人衆、また軍門に降ったはずの松永久《まつながひさ》秀《ひで》らも反信長勢力として反撃のチャンスを狙っていた。

武田信玄の進路

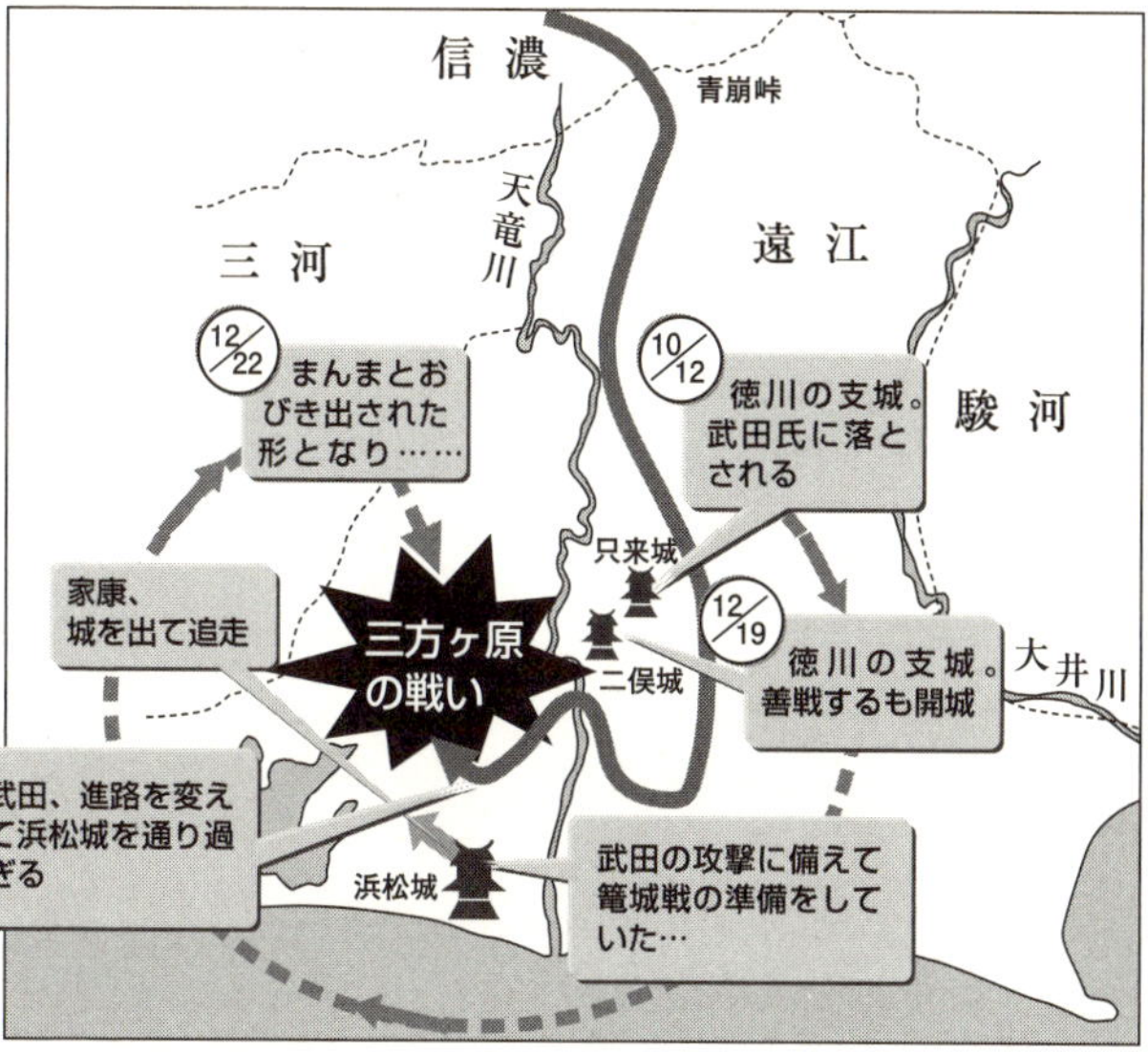

家康と信玄の対比

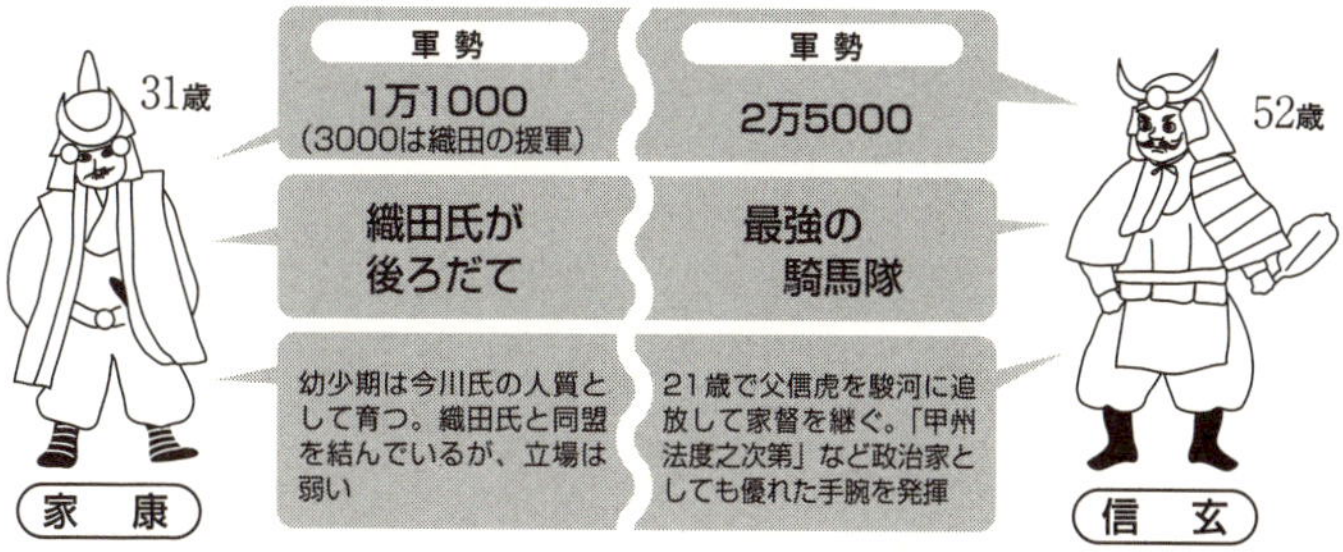

いわば信長は絶対絶命の危機を迎えており、これを信玄は信長討伐のチャンスと捉えたのだ。つまり、義昭の命令は信長攻めにちょうどよい大義になったのである。

■信長を救った信玄の死

ところで、三方ヶ原の戦いで家康に完勝した武田軍は、そのまま勢いづいて信長の軍に襲いかかるかに見えたが、なぜかその後の行軍のスピードが落ち、軍に勢いがなくなってしまう。

この時、信玄は悲運にも大病を患っていたのである。おそらく挙兵そのものも病をおしてのものだったのだろう。このため過酷な進軍を続けるうちに病気が思わしくなくなったにちがいない。

そして信玄はついに信長と一度として刀を交えることなく、無念にも行軍の途中で息を引き取ってしまうのだ。

信玄は合戦には勝てたかもしれないが、病にだけは勝てなかったのである。

１５７３年

室町幕府の滅亡

最後の将軍が果たせなかった「信長包囲網」の裏側

■傀儡にはなれなかった将軍

足利尊氏《たかうじ》が１３３８（暦応元）年に開き、その後２３５年間にわたり勢力を誇っていた室町幕府は１５７３（天正元）年に消滅する。その最後の将軍となったのが足利義昭だった。

義昭は１５３７（天文６）年に12代将軍・足利義晴《よしはる》の次男として生まれ、幼少の頃に興福寺に預けられた。

本来なら、ここで13代将軍となった兄の義輝を影で支える僧侶として一生を送るはずだったろう。

しかし、1565(永禄8)年に松永久秀や三好三人衆らが義輝を暗殺し阿波の義栄を将軍に就けたことから、その人生は大きく狂い始める。

興福寺にいた義昭(覚慶《かくけい》)は久秀によって幽閉されるが、辛くも近江に脱出すると還俗して、再起を図るため朝倉義景などのもとに身を寄せていた。

そして1568(永禄11)年に義昭は織田信長とともに上洛すると、義栄一派を追い払い15代将軍に就くのである。

しかし、問題はそこからだった。信長は義昭を傀儡将軍にしたかったのだが、逆に臣下になることを求められ、もはや義昭に利用価値がないことを知ると室町幕府を消滅に追い込んでしまうのだ。

まず、信長は1569(永禄12)年に将軍の権限を制限する「殿中《でんちゅう》の掟」を認めさせ、さらに翌年には「5カ条の条書」、1572(元亀3)年には「十七カ条の異見書」を義昭に送りつけた。

この異見書は、義昭が将軍になってからの怠慢ぶりを十七カ条にしてあげたもので、信

足利義昭の信長包囲網

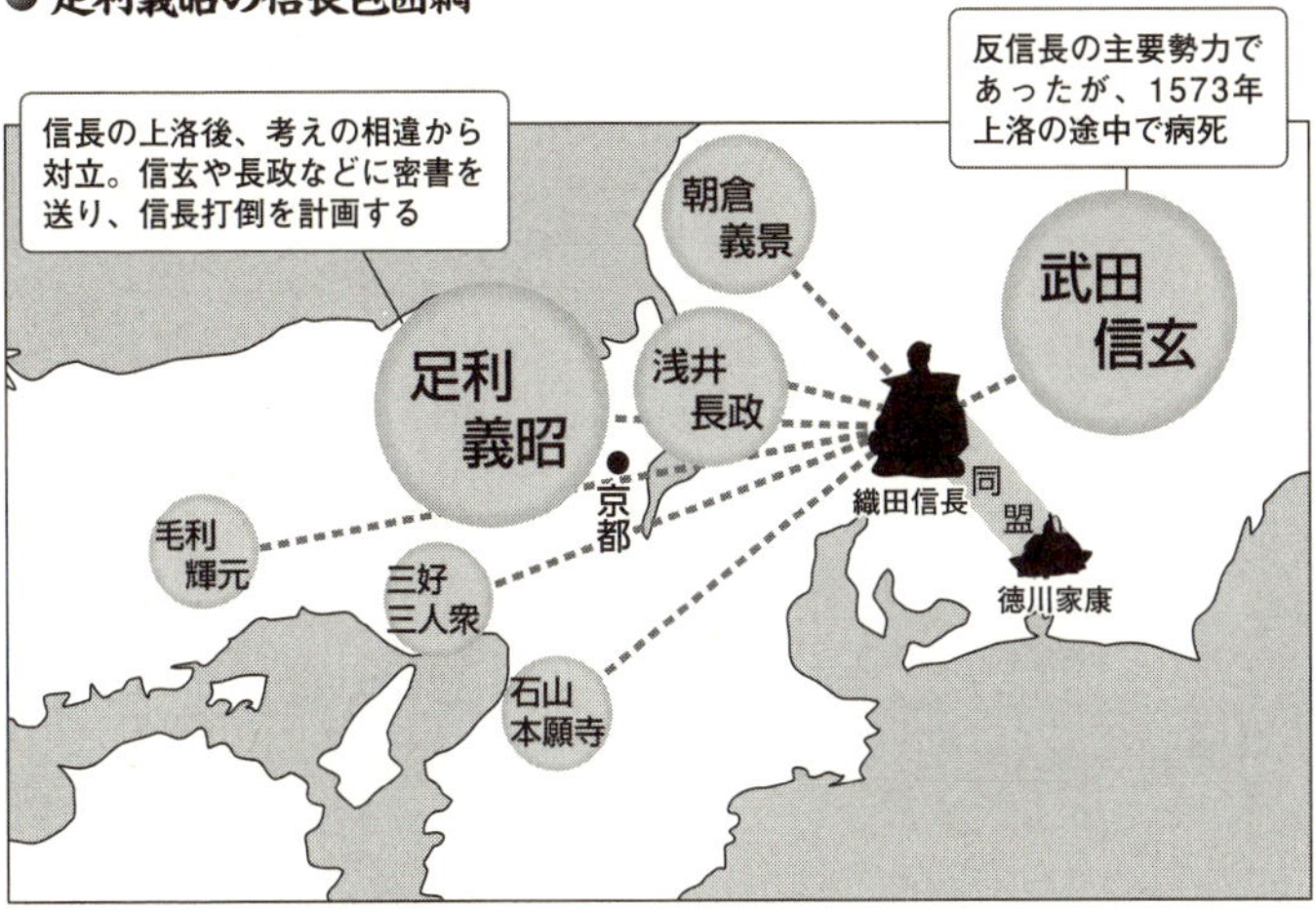

上洛から室町幕府滅亡まで

1568年

義昭とともに上洛

義昭、信長包囲網を拡げていく……。朝倉氏、浅井氏、武田氏、三好三人衆、石山本願寺などに密書を送る

1572年

信長は、十七カ条の異見書を義昭および幕府以外の関係者に送り、将軍の怠慢を責めた

1573年

2月　義昭、信長討伐開始

4月　信長、上京を焼き討ちする

和睦

7月　義昭、信長に再び反旗をひるがえすも2歳の長男を人質に差し出し降伏

義昭追放。室町幕府滅亡

長はこれを幕府打倒の大義名分とし、また念には念を入れるために公家に影響力を持つとされる吉田神社に、義昭を討った場合の朝廷の反応まで打診するのだった。

■楯突く京の街を焼き払う

もちろん、義昭も信長を倒そうと考えていた。そこで甲斐の武田信玄、越前の朝倉義景、北近江の浅井長政らの戦国大名らを味方につけると、戦いの機が熟したとばかりに兵を挙げ、1573（天正元）年に近江石山と今堅田《いまかたた》（ともに大津市）に砦を築くのである。

信長はすぐに家臣の軍団を両砦の攻撃に向かわせると数日も待たずして落としてしまう。

この合戦で信長は義昭を朝廷への反逆者として決め付け、一挙に討伐に乗り出した。

実は、この時信長が敵として討伐しようと思っていたのは義昭だけではなかった。反信長勢力のひとつとして、将軍の味方についていた上京（京都の北部で御所周辺の町）も、そのターゲットのひとつに入れていたのである。

信長の軍団は京に入ると、まっすぐ義昭のいる御所に向かわず、自分に楯突いてきた上京に火を放ち、町を焼き払ってしまうのだ。

義昭は上京を焼かれて驚き慌てたが、徹底抗戦の姿勢は崩さなかった。しかし、この上京の焼き討ちを重く見た朝廷が説得に乗り出したことで、ようやく和睦が成立するのである。

■幕府所有地の再配分

そうはいっても義昭が信長の軍門に降っていたのは束の間のことだった。3カ月もすると再び反旗をひるがえし、今度は槙島城《まきしま》（宇治市）に移り信長に挑んできたのである。信長はすぐに上京の御所を落とすと軍勢を槙島城に回して、あっけなく落城させてしまう。降伏した義昭はそのまま追放され、この時室町幕府は名実ともに消滅してしまうのだった。

その後信長は幕府が所有していた土地を没収すると、それを分割する。そして、自分の支配力が及ぶように再配分して、その一部を信長が直轄地として治めることにした。

幕府を消滅させる信長の周到な計算を義昭はどこまで知っていたのだろうか。

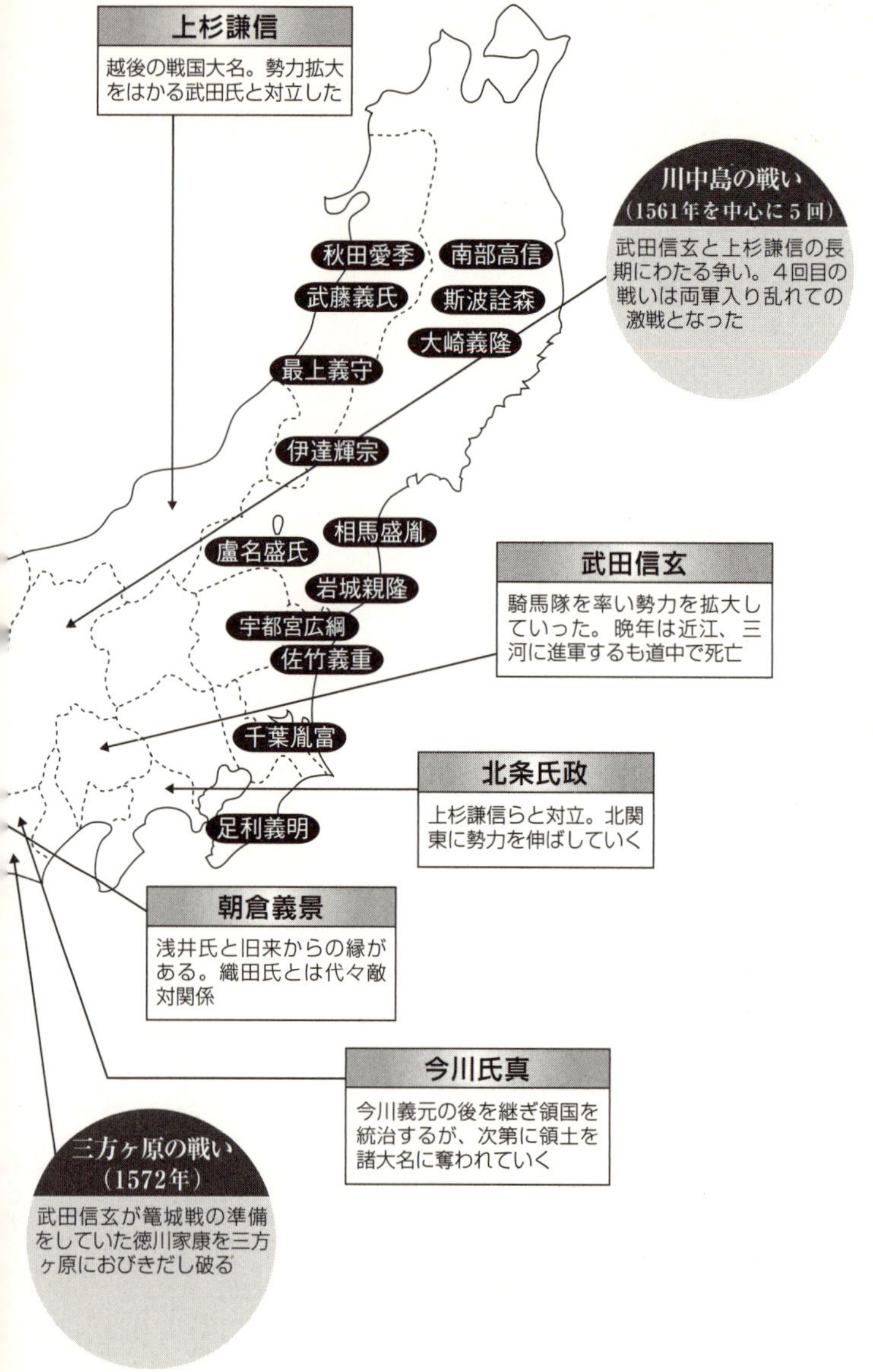

上杉謙信
越後の戦国大名。勢力拡大をはかる武田氏と対立した
川中島の戦い
（1561年を中心に5回）
武田信玄と上杉謙信の長期にわたる争い。4回目の戦いは両軍入り乱れての激戦となった
秋田愛季
南部高信
武藤義氏
斯波詮森
大崎義隆
最上義守
伊達輝宗
相馬盛胤
蘆名盛氏
岩城親隆
宇都宮広綱
佐竹義重
千葉胤富
足利義明
武田信玄
騎馬隊を率い勢力を拡大していった。晩年は近江、三河に進軍するも道中で死亡
北条氏政
上杉謙信らと対立。北関東に勢力を伸ばしていく
朝倉義景
浅井氏と旧来からの縁がある。織田氏とは代々敵対関係
今川氏真
今川義元の後を継ぎ領国を統治するが、次第に領土を諸大名に奪われていく
三方ヶ原の戦い
（1572年）
武田信玄が篭城戦の準備をしていた徳川家康を三方ヶ原におびきだし破る

群雄割拠図(1572年頃)

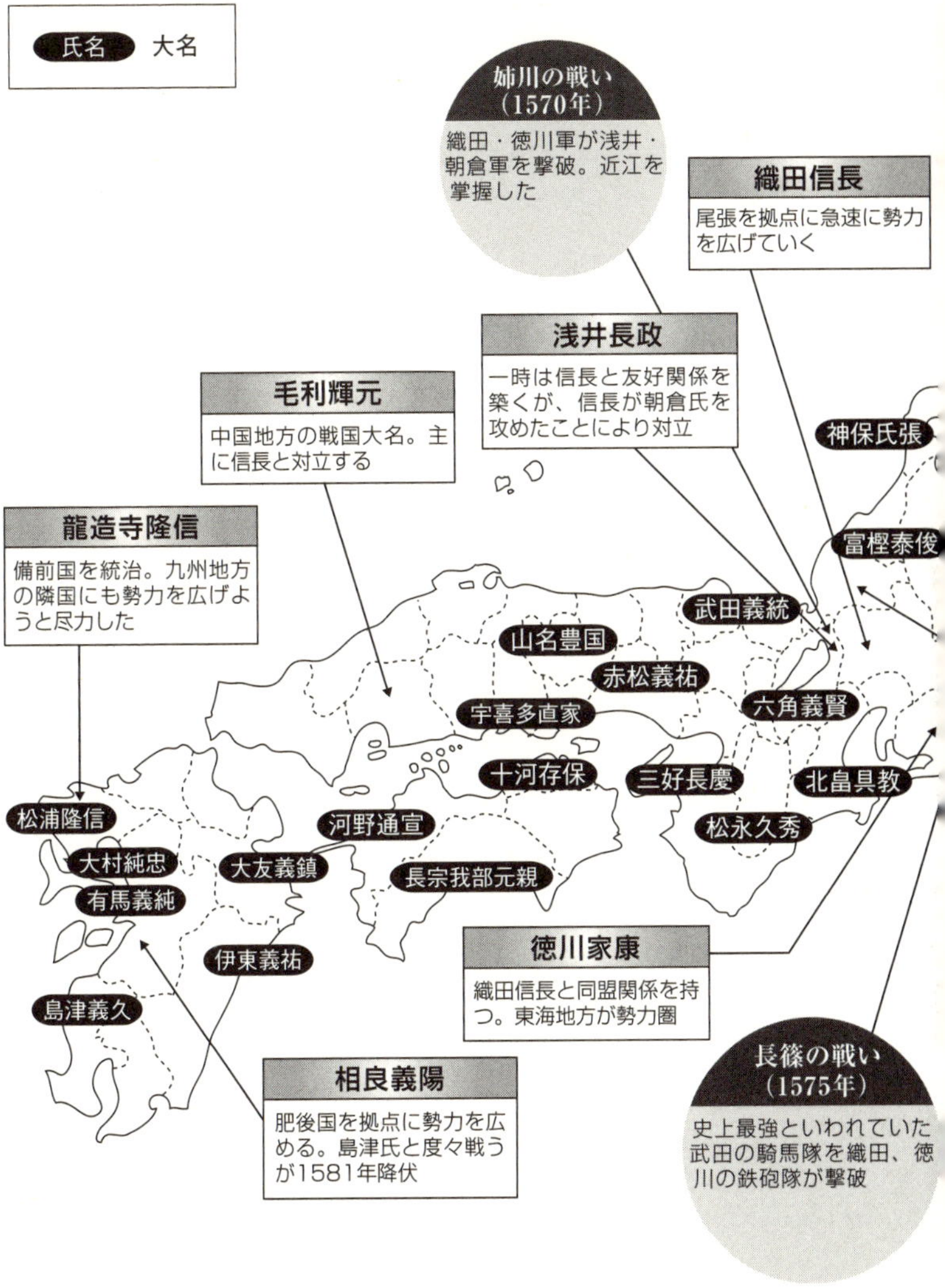

1575年

長篠の戦い

武田勝頼の野望を打ち砕いた織田信長の戦略

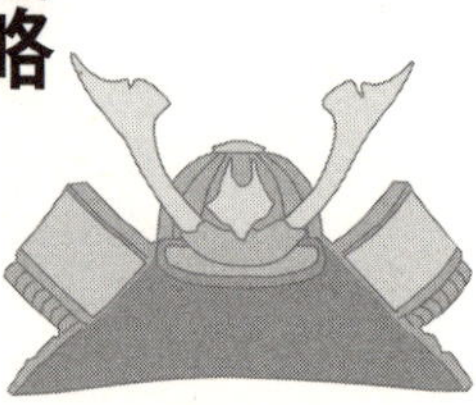

■高天神城の攻略

戦国時代に最強の軍事力を誇っていた大名といえば、甲斐の武田信玄は間違いなくそのひとりだろう。その騎馬軍団は全国に名をとどろかせるほどの強さだったという。

この武田氏は守護大名からの成り上がりだった。信玄の父で守護大名の流れを継ぐ信虎《のぶとら》が甲斐の国を統一し、信玄が武田氏の全盛期を作り上げていた。

しかし、その武田氏も信玄の跡を継いだ勝頼《かつより》の代になると凋落を始める。そのきっかけとなったのは、1575（天正3）年に織田信長と戦った「長篠の戦い」だった。長篠の戦いは銃撃戦が戦いの勝敗を決めたことで有名だが、その始まりは信長と同盟を組む家康の浜松城に近い遠江の高天神城《たかてんじん》を攻略したことだ。

高天神城といえば信玄が大軍を持ってしても攻略できなかった城で、駿河から攻め込む武田氏を防ぐための要害として重要な役割を担っていた。その高天神城を勝頼は兵2万余りの大軍で取り囲んだのである。

城主の小笠原長忠《おがさわらながただ》はすぐに家康に援軍の要請をしたが、家康の軍とて兵は1万程度しかない。勝頼との戦に勝つためには信長の援軍がぜひとも必要だった。

しかし、信長の援軍が到着する前に高天神城の一部が敵の手に落ちてしまい、長忠は勝頼に投降すると城を明け渡してしまうのである。

■窮地に陥った長篠城

勝頼は明知、高天神の両城を陥落させたことで、三河攻略を具体的に考えるようになっていた。そこで次にターゲットに選んだのが長篠城だったのである。

もし長篠城を落とせば、家康の浜松城を高天神城で挟む形となる。そうなれば三河侵攻が非常に有利になるはずだった。

そこで勝頼は1575年4月、再び兵を挙げると三河に向けて進軍し、長篠城を1万5000の兵で囲んだ。落城は時間の問題と思われていた。なぜなら、長篠城には500の兵しかいないのである。

だが、城主の奥平信昌《おくだいらのぶまさ》は武田側から寝返った武将だった。おそらく開城しても許されないと思っていたのだろう、わずかな手勢ながら城を死守することに腹を決めていた。

■戦の意味を書き換えた戦

三河の危機を知った信長はすぐに兵をまとめて出兵し、家康と合流すると長篠城へと急いだ。

信長は、長篠城を取り囲む勝頼の軍を城から少し離れたところに誘い出すつもりだった。そこで信長と家康の兵3万の軍は設楽原《したらがはら》に陣を張ると、連子川の西に武田の騎馬隊から防衛するための柵をめぐらせた。

実はこの陣地の作り方は攻めるよりも守ることを考えての陣地だった。これを見た勝頼は何を思っただろうか、もしかすると信長軍が防戦に入っていると見たのかもしれない。

●長篠の戦い布陣図

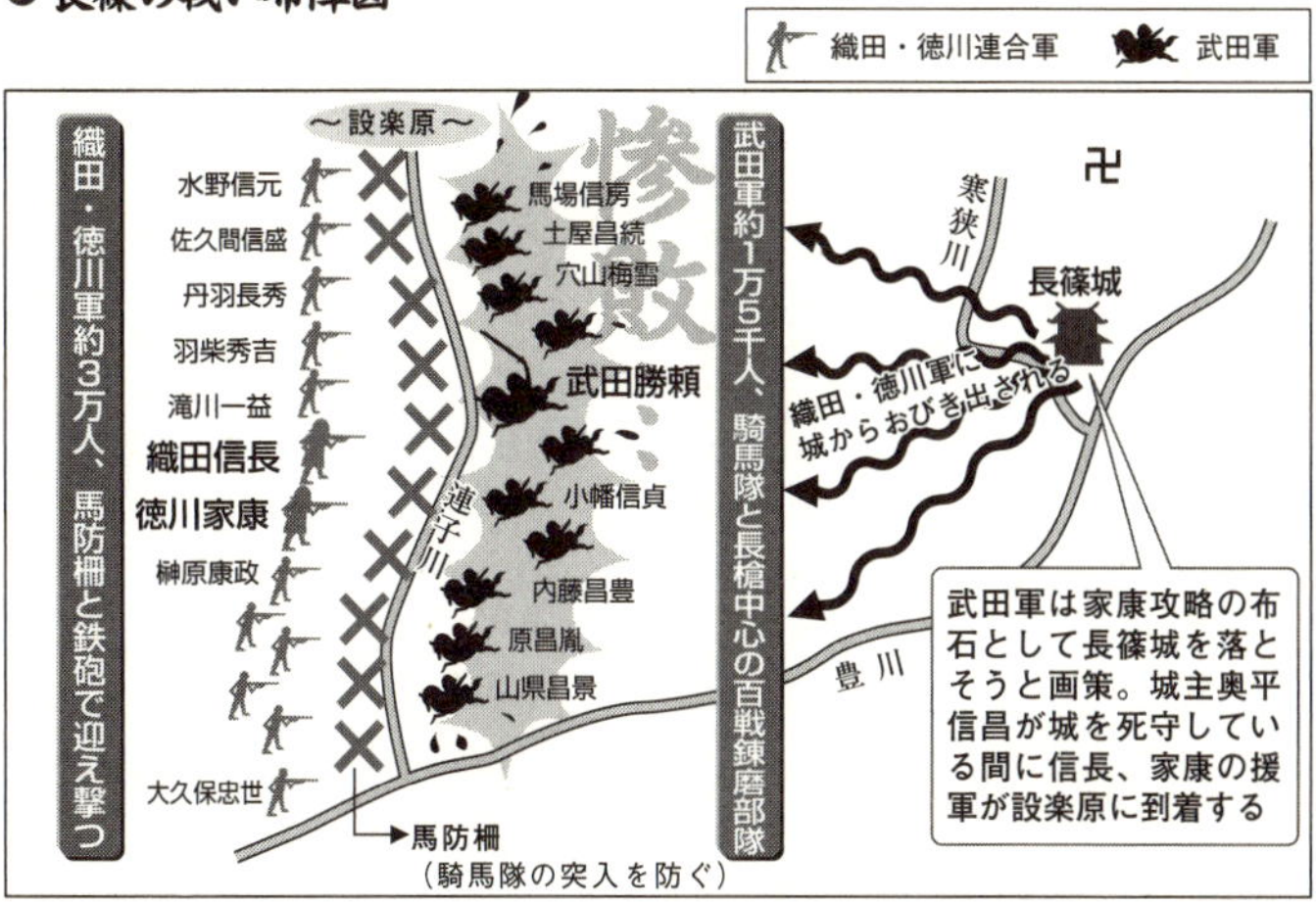

出典:「戦国合戦事典」(小和田哲男、PHP研究所)などをもとに作成

●武田勝頼年表

1546年（天文15）	信玄の第４子として生まれる
1565年（永禄8）	兄の失脚により、武田家の嗣子となる
1573年（天正元）	信玄死亡
1575年（天正3）	長篠の戦い（織田・徳川軍に大敗）
1576年（天正4）	武田家の家督となる
1581年（天正9）	本拠地を新府（現在の山梨県韮崎市）に移す
1582年（天正10）	家臣の離反が相次ぎ天目山の戦いで自害（武田氏滅亡）

勝頼は戦国時代で最強といわれた騎馬隊に命じると、一挙に信長軍に襲いかかった。だが、それは信長の作戦だった。武田の騎馬隊が柵にひるむことなく大挙して攻め込んでくると、それを迎え撃ったのが横一列に並んだ数限りない鉄砲だった。

一説によると、３０００挺もの鉄砲が撃たれたということになっているが、これには異説もあり、詳しいことは定かではない。ただこれが史上初めての本格的な「銃撃戦」であることは間違いない。

この長篠の戦いで武田側の死者は1万人にも達し、勝頼はわずかな数名の騎馬武者とともに敗走した。

これを機に武田氏は急速に衰えると家臣の離反が続き、戦いから7年後の１５８２（天正10）年、天目山の戦いに破れて武田氏はついに滅亡する。

鉄砲に対する信長の先見の明が、最強の騎馬隊を降したのである。

1570年〜1580年

石山合戦

10年の歳月をかけても信長が手に入れたかったもの

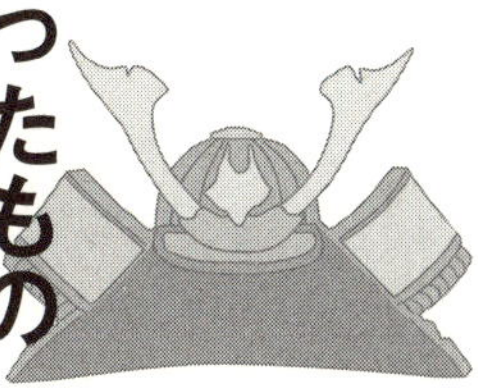

■信長が出した要求

戦国大名にとって城は重要な戦略拠点だった。どこに、どんな城を築くのかによって、合戦の勝敗が分かれることすらあったからだ。

たびたび居城を代えたといわれる織田信長もそのひとりである。その彼が眼をつけたのが、川に囲まれ自然の要害となっている石山本願寺（大坂）の土地だった。

しかもこの本願寺は、三好三人衆などの反信長勢力と同盟関係を結ぶ可能性も秘めており、上洛した信長が畿内支配を確実なものとするためには排除しなければならない存在だったのだ。

そこで信長は本願寺の顕如《けんにょ》にその場所からの立ち退きを要求する。しかし、この横暴とも言うべき要求を顕如は当然のことながら拒否すると1570(元亀元)年9月、本願寺は早鐘を鳴らし信長を敵とする合戦を開始した。これが和睦まで10年もの歳月がかかる「石山合戦」だった。

戦いを長引かせた原因は、本願寺が仏教勢力として大きな力を持っていたことにあった。本願寺は信長の手を焼かせていた一向一揆の黒幕的存在であり、経済力も信徒からの多額の献金で戦国大名並みだったのである。

■一揆勢を焼き殺す

打倒信長の檄を飛ばした顕如に応えて、伊勢長島で一向一揆が起きる。一揆は信長の弟の信興《のぶおき》がいる尾張の小木江《こきえ》城を襲い、信興を自害させた。

この一揆には信長によって滅ぼされた美濃・斎藤氏の浪人なども含まれており、戦闘集団としては手ごわい相手だったのである。

●主な一向一揆と石山合戦

出典：「本願寺と一向一揆」（辻川達雄、誠文堂新光社）、「地図で訪ねる歴史の舞台」（帝国書院）などをもとに作成

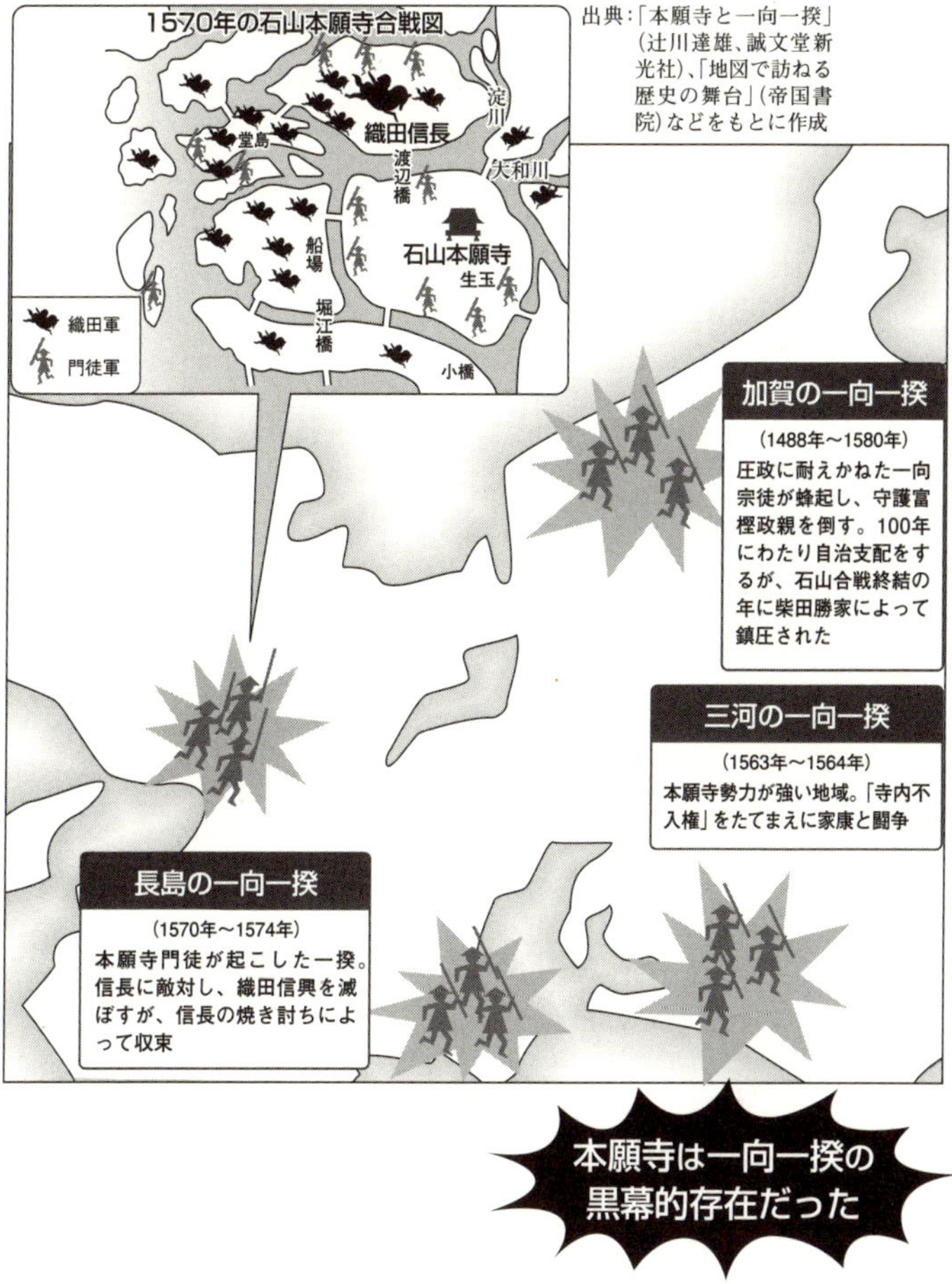
1570年の石山本願寺合戦図
堂島
織田信長
淀川
渡辺橋
大和川
船場
石山本願寺
生玉
堀江橋
小橋
織田軍
門徒軍
加賀の一向一揆
（1488年～1580年）
圧政に耐えかねた一向宗徒が蜂起し、守護富樫政親を倒す。100年にわたり自治支配をするが、石山合戦終結の年に柴田勝家によって鎮圧された
三河の一向一揆
（1563年～1564年）
本願寺勢力が強い地域。「寺内不入権」をたてまえに家康と闘争
長島の一向一揆
（1570年～1574年）
本願寺門徒が起こした一揆。信長に敵対し、織田信興を滅ぼすが、信長の焼き討ちによって収束

本願寺は一向一揆の黒幕的存在だった

さすがの信長の軍も一向一揆には思うようには勝ち進めず、逆に追撃までされて大敗を喫してしまうことすらあった。

そこで信長は、3年後の1573（天正元）年に伊勢長島に再度進軍すると、今度は一揆勢約2万人を追い詰め、火を放って焼き殺してしまうのである。

そして信長は全国に広がっている各地の一向一揆を抑えると、いよいよ本願寺の攻略へと取り掛かった。

■水軍が呼び込んだ信長の勝利

信長は本願時を包囲して兵糧攻めに持ち込むつもりだった。しかし、本願寺は河川に面しているため陸上で取り囲んでも、船を使えばいくらでも食糧や武器を寺の中に運び込むことができた。

このため、輸送路にあたる大坂湾から木津川への船の交通を遮断しなければ兵糧攻めは意味がなかった。

そこで信長は本願寺の食糧の運搬を行っている毛利水軍の撃破を試みようとするのだが、海上戦は相手のほうが一枚上手だった。

信長が討伐に派遣した九鬼《くき》水軍に対して、彼らは「ほうろく火矢」と呼ばれる火薬を使った兵器を使い、九鬼水軍の木造船を炎上させてしまうのである。

敵の手ごわさを知った信長は、火災が起きないように鉄板で覆った船を建造し、再び合戦を挑み今度は完勝する。

こうして本願寺を完全に孤立化させると、信長は攻め滅ぼすよりも和睦を選んだ。条件は本願寺の立ち退きだから、最初の条件とは変わっていない。とにかく信長はその土地にこだわっていたのである。

結局、一向一揆を抑えられ敗北を悟った顕如は朝廷からの和議を受けて、1580（天正8）年に信長に本願寺を明け渡す。

ただ、これを不服とした顕如の子・教如《きょうにょ》は、本願寺を離れる時に最後の対抗のつもりか寺に火をつけて焼いてしまうのだ。

それにしても、これだけ本願寺の土地にこだわった信長は、本願寺勢力を一掃した後どのように活用するつもりだったのだろうか、興味深いところである。

1582年

本能寺の変

天下統一に王手をかけた「覇王」信長の最期

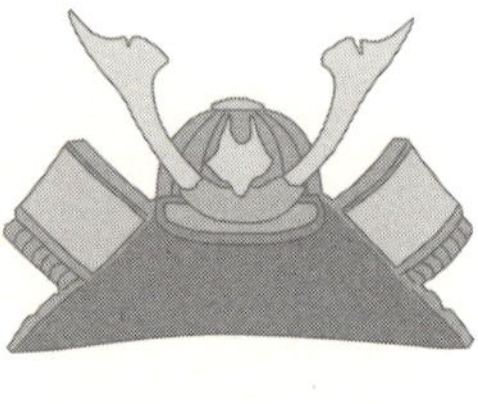

■自信が裏目に出た信長

戦国武将にとっての真の敵は〝油断〟だった。一時の気の緩みが大きな敗因になることがあるからである。それは織田信長も同じだった。

信長は尾張一国の戦国大名から身を起こし、次々と勢力圏を広げるものの全国制覇の一歩手前で家臣の明智《あけち》光秀《みつひで》に討たれてしまうのだ。

それにしても強運と才覚に恵まれた信長がなぜ、家臣に殺害されてしまったのだろうか。

実は、信長はこの時わずか20～30名の小姓しか連れずに上洛をしていたのである。その目的は武田氏滅亡の凱旋だったといわれている。

未だ戦国時代が終わりを告げていないにもかかわらず、これだけの従者で行動していたということは、数々の合戦に勝利した支配者としての自信の表れだったのだろうか。

だが、この自信は裏目に出る。上洛して4日後の未明、信長は宿所にしていた本能寺で光秀に急襲されるのだ。これが「本能寺の変」である。

光秀は信長討伐をその直前まで家臣に打ち明けてはいない。本能寺の変の前夜、光秀は1万3000の兵とともに出陣しているが、これは信長の命を受けて中国へと向かう進軍だった。それが途中で行く先を突然本能寺へと変更すると、信長を急襲するのである。これには兵たちも驚いたにちがいない。

信長は本能寺に攻め込んできた光秀を知ると、弓と槍での応戦をするが、もとよりかなうわけもなく、やがて御殿の奥に篭ると自ら火を放ち、49歳の生涯を閉じるのだった。

■織田幕府の可能性

信長が光秀に殺害された「本能寺の変」は、戦国時代の歴史に大きな謎を残した。

そのひとつは、信長が天下統一の後にめざしていたものである。

信長はこの時の上洛で、朝廷に対し「太政大臣」か「関白」、あるいは「征夷大将軍」のどの地位に就くか返事をすることになっていた。

もし、信長が征夷大将軍となり織田幕府を開くのならば、天下統一後の姿をうかがうことができたかもしれない。ただ、この3つの地位について、信長はずっと明確な回答を避けていた。つまり、どれも辞退する可能性があったのである。

ポルトガルの宣教師ルイス・フロイスも「信長は日本の王をめざしていた」と記していることから、もしかすると、信長は天皇に代わって日本の国王として君臨しようとしていたことも考えられるのだ。

いずれにしても戦国地図を塗り上げつつあった信長にとって最後に夢見たものが何であったのか、もはや知ることはできない。

■謀叛で囁かれる噂の真相

ところで、光秀はなぜ反逆を起こしたのだろうか。これには専門家がさまざまな仮説を立てている。

● 明智光秀の進路

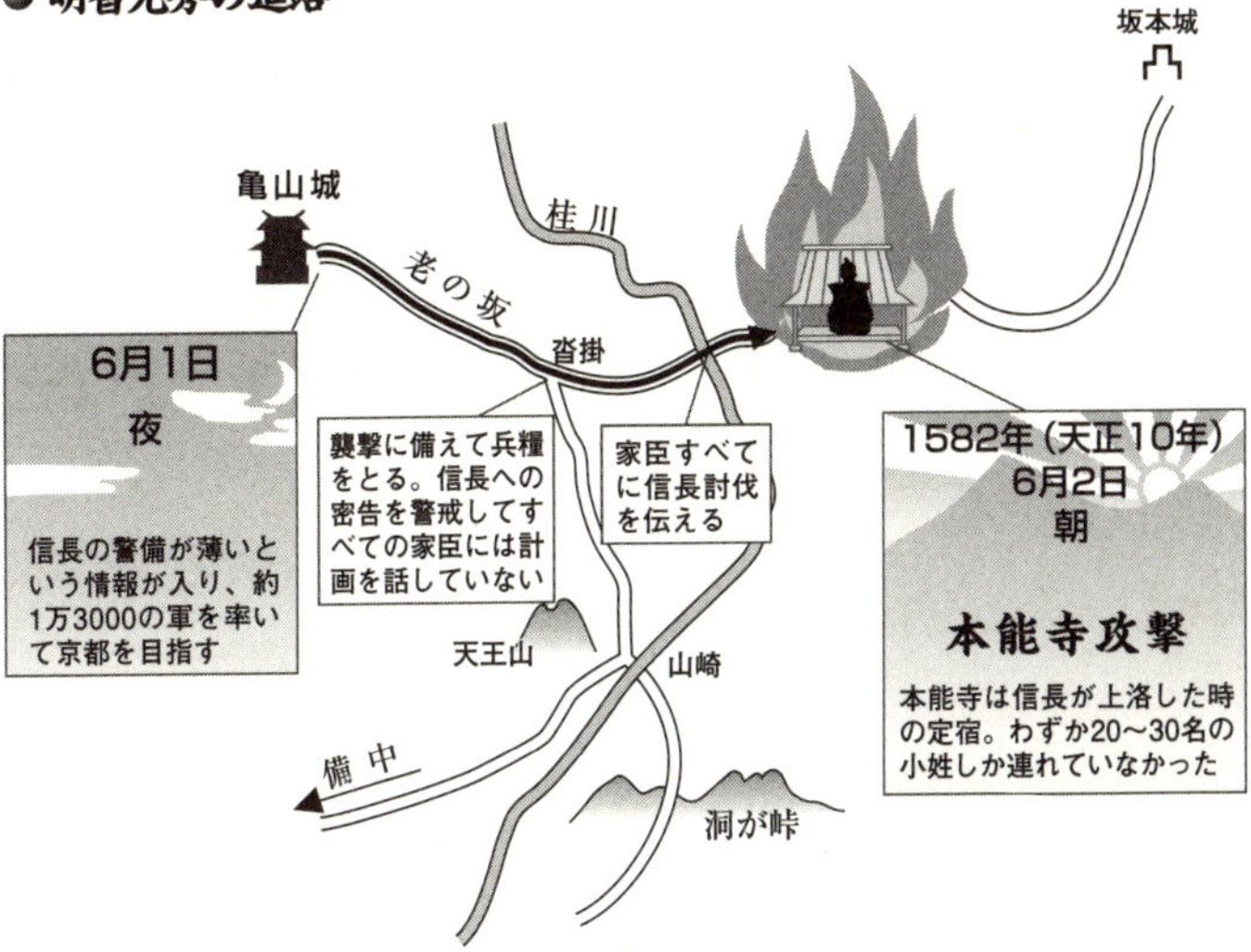

● 明智光秀のあゆみ

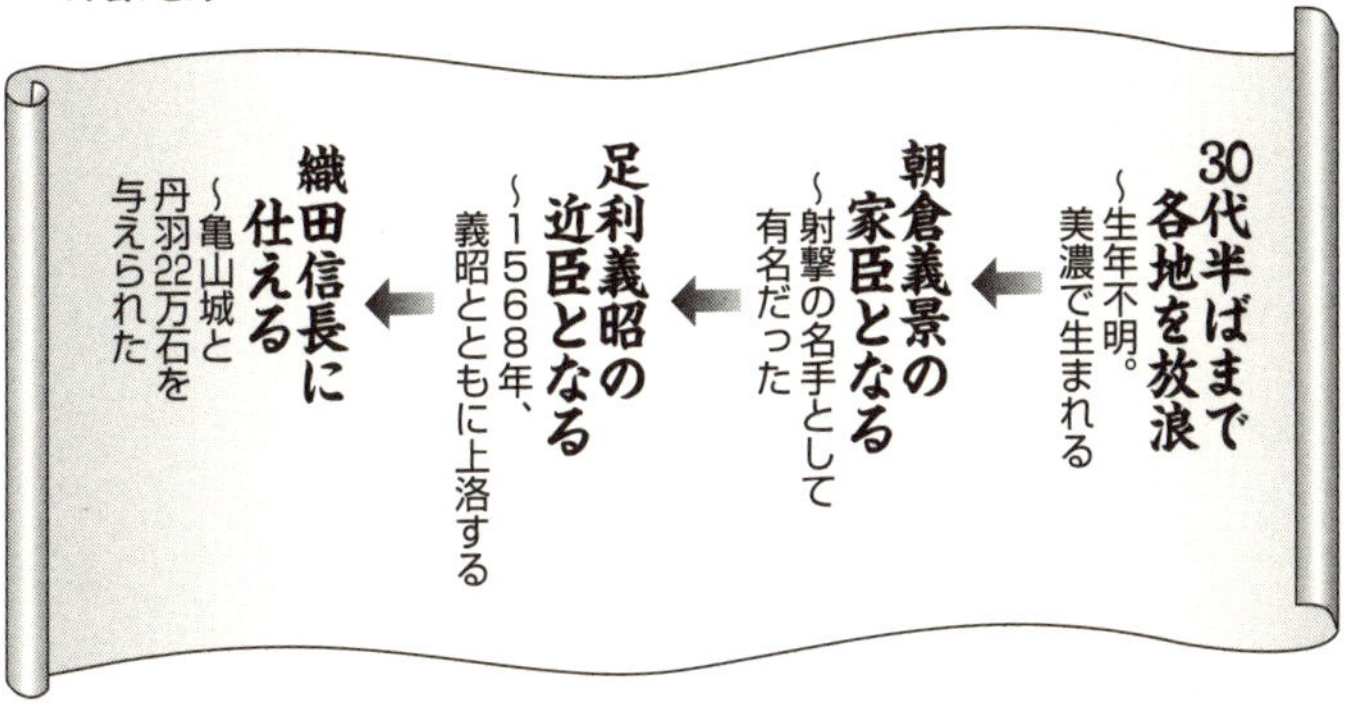

まずいわれているのは信長への怨恨説だ。信長が急に光秀への態度を変えて、彼を冷遇し始めていることがその理由だという。

また、いかに優れた武将であっても信長を倒すだけで、その席に座れるわけではない。そこには支援者や協力者がかならず必要である。

それを考えると、光秀の反逆には共謀者がいてもおかしくはない。その頃の信長は、自分を神格化して行動に常軌を逸するものがあったともいわれている。そうであるならば、このまま信長が天下を統一することに危機感を持っても不思議ではない。

では誰が共謀者になりうるかというと、そこには秀吉や朝廷、それに家康や足利義昭の名前も出てくる。それぞれに疑えばそれなりの理由があるのである。もちろん真偽の程は藪の中だ。ただ、天下取りに王手をかけた信長には、反逆されるだけの隙が生まれていたことだけは否めない事実なのである。

■優れた行政力が裏目に出た？

それにしても明智光秀とはどういう人物だったのだろうか。実はその半生は謎に包まれているのである。

●信長が天下統一でめざしたもの

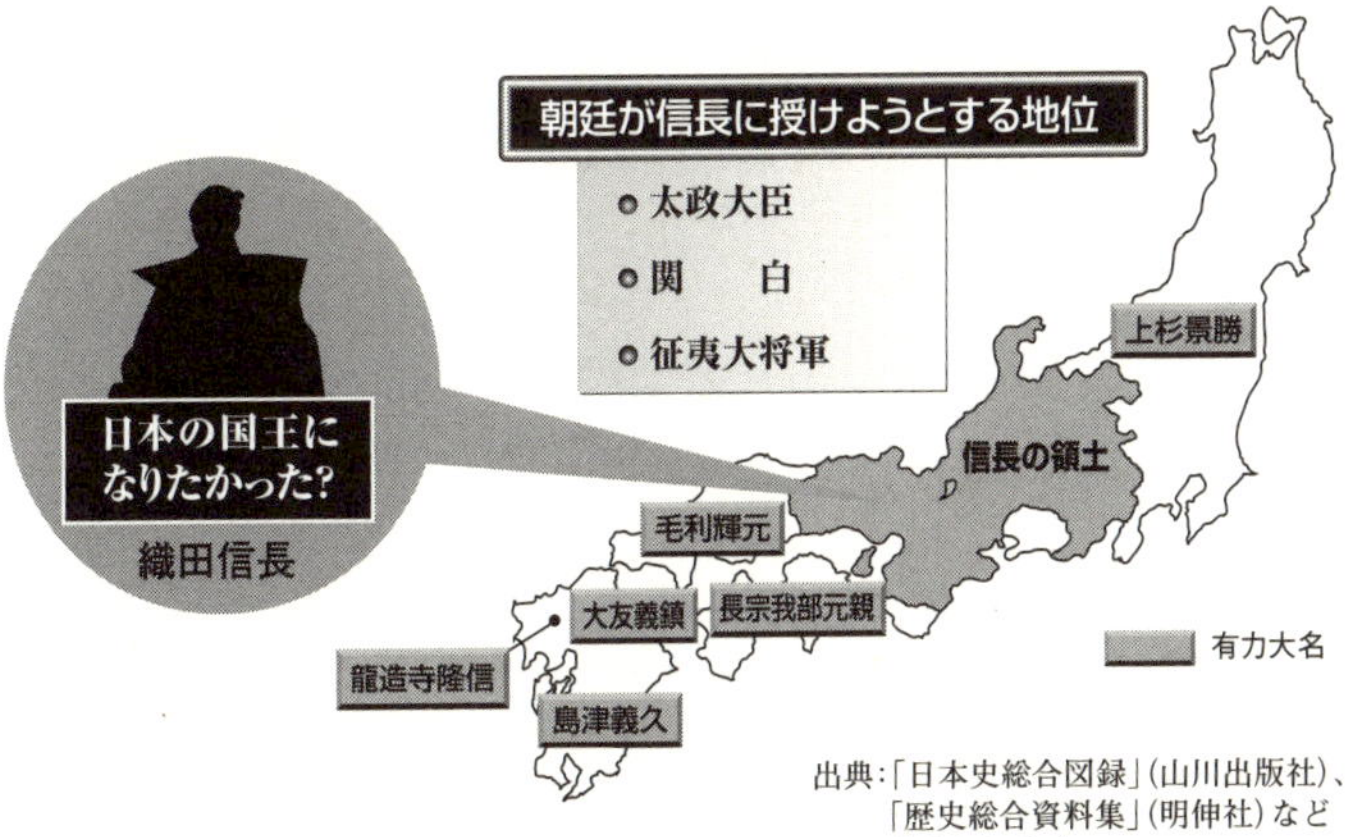

出典:「日本史総合図録」(山川出版社)、「歴史総合資料集」(明伸社)などをもとに作成

●明智光秀の反逆にはさまざまな説がある

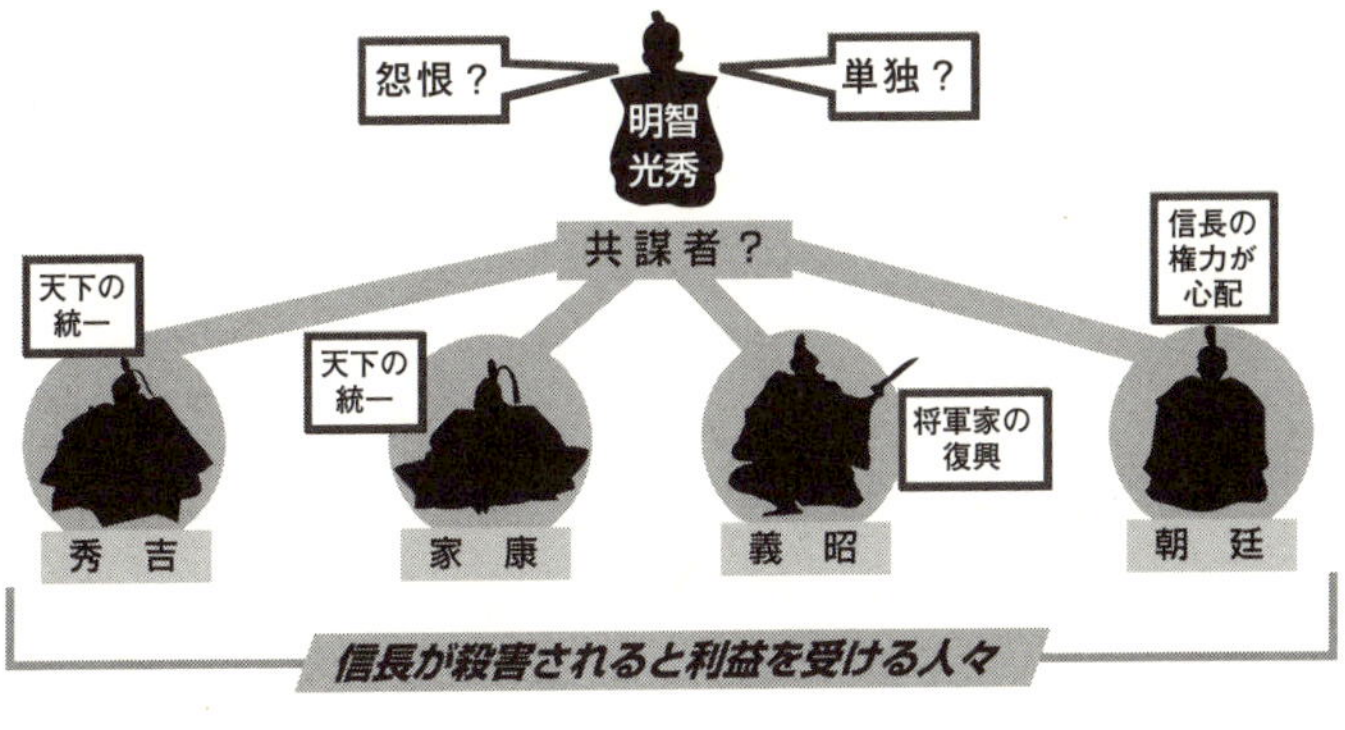

伝えられているところによれば、光秀は土岐《とき》氏の氏族で、30代の半ばまで各地を放浪したことになっているが、その間、何をしていたのか皆目わかっていない。

歴史の表舞台に登場するのは、後に信長と争うことになる朝倉義景に仕えてからである。この時義景は光秀の射撃の腕を高く評価したらしい。

そして、足利義昭の側近だった細川藤孝《ほそかわふじたか》と知り合うと、彼に見込まれて義昭の近臣となり、それが上洛を通じて信長の家臣へとつながっていったのである。

光秀は戦国武将としての才に恵まれており、それは信長が彼の行政能力に注目したことが裏付けている。

光秀が信長の家臣として重要なポジションを占め、出世の階段を上っていけたのは、上洛後の京で朝廷との交渉ごとなど、行政をしっかりできたからにほかならず、信長が光秀を疎ましく思った理由がはたして何だったのかはわからないが、あるいはこの行政力に脅威を感じたからなのかもしれない。

3

秀吉の天下統一

日本史上初めて天下統一を果たしたのが、農民出身の豊臣秀吉である。合戦では常に周囲を驚愕させる奇策を駆使して勝利を飾っている。その優れた戦術は信長がなし得なかった四国と九州を平定し、また東国最大の勢力を持つ徳川家康を臣下にすると小田原城を兵糧攻めにし、関東以北の戦国大名を無血で軍門に降すのだ。全国統一を成し遂げた秀吉が次に目を向けたのは隣国・明である。しかし、朝鮮に出兵する最中、62歳の生涯を終えるのだった。

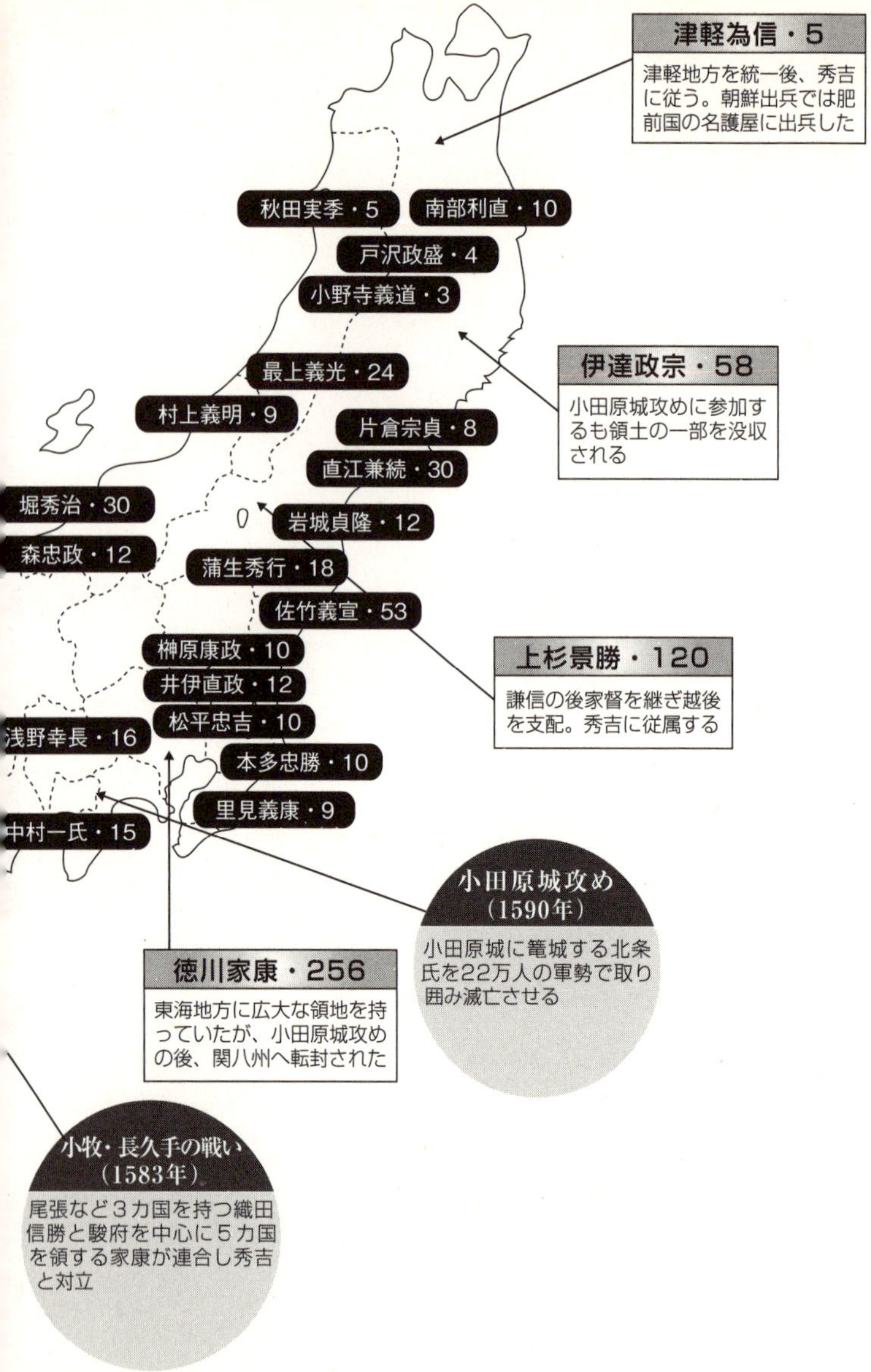

津軽為信・5
津軽地方を統一後、秀吉に従う。朝鮮出兵では肥前国の名護屋に出兵した
秋田実季・5
南部利直・10
戸沢政盛・4
小野寺義道・3
伊達政宗・58
小田原城攻めに参加するも領土の一部を没収される
最上義光・24
村上義明・9
片倉宗貞・8
直江兼続・30
堀秀治・30
岩城貞隆・12
森忠政・12
蒲生秀行・18
佐竹義宣・53
上杉景勝・120
謙信の後家督を継ぎ越後を支配。秀吉に従属する
榊原康政・10
井伊直政・12
松平忠吉・10
浅野幸長・16
本多忠勝・10
里見義康・9
中村一氏・15
小田原城攻め（1590年）
小田原城に篭城する北条氏を22万人の軍勢で取り囲み滅亡させる
徳川家康・256
東海地方に広大な領地を持っていたが、小田原城攻めの後、関八州へ転封された
小牧・長久手の戦い（1583年）
尾張など3カ国を持つ織田信勝と駿府を中心に5カ国を領する家康が連合し秀吉と対立

天下統一の完成地図

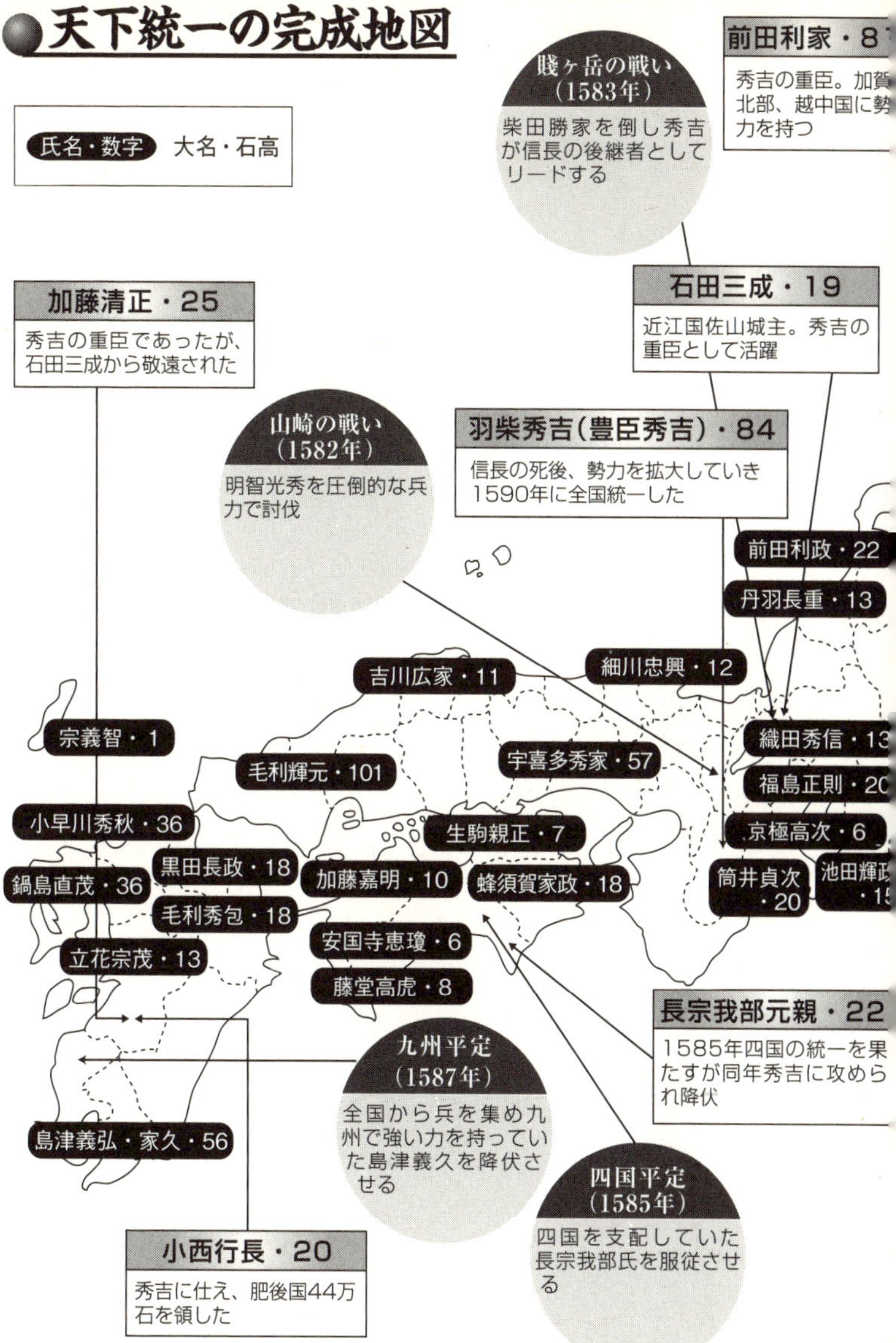

氏名・数字　大名・石高
賤ヶ岳の戦い（1583年）
柴田勝家を倒し秀吉が信長の後継者としてリードする
前田利家・8
秀吉の重臣。加賀北部、越中国に勢力を持つ
石田三成・19
近江国佐山城主。秀吉の重臣として活躍
加藤清正・25
秀吉の重臣であったが、石田三成から敬遠された
山崎の戦い（1582年）
明智光秀を圧倒的な兵力で討伐
羽柴秀吉（豊臣秀吉）・84
信長の死後、勢力を拡大していき1590年に全国統一した
前田利政・22
丹羽長重・13
細川忠興・12
吉川広家・11
宗義智・1
毛利輝元・101
宇喜多秀家・57
織田秀信・13
福島正則・20
京極高次・6
小早川秀秋・36
生駒親正・7
黒田長政・18
加藤嘉明・10
蜂須賀家政・18
鍋島直茂・36
筒井貞次・20
池田輝政
毛利秀包・18
安国寺恵瓊・6
立花宗茂・13
藤堂高虎・8
長宗我部元親・22
1585年四国の統一を果たすが同年秀吉に攻められ降伏
九州平定（1587年）
全国から兵を集め九州で強い力を持っていた島津義久を降伏させる
島津義弘・家久・56
四国平定（1585年）
四国を支配していた長宗我部氏を服従させる
小西行長・20
秀吉に仕え、肥後国44万石を領した

1582年

山崎の戦い

「中国大返し」が天王山決戦で果たした意味

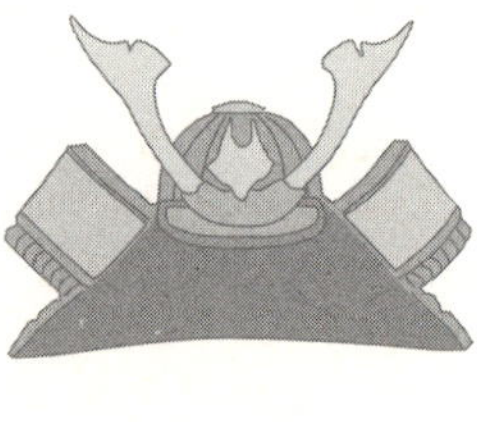

■「中国大返し」の真相

戦国時代の合戦を見てみると、その勝敗をわけた理由のひとつに〝スピード〟がある。敵に先んじて速やかにさまざまな先手を打ててこそ、戦国武将は生き残ることができた。なかでも豊臣秀吉《とよとみひでよし》と明智光秀《あけちみつひで》が戦った「山崎の戦い」は、その象徴的な戦いといっていいだろう。

戦いの原因は、光秀が主君の織田信長《おだのぶなが》を京都・本能寺において殺害したことだった。光秀は1582（天正《てんしょう》10）年6月2日という日を周到に計算していたのだろう。信長を殺害したこの日、敵となる信長の家臣たちのほとんどが遠方で戦をしており、すぐに駆けつけてくることができなかったのである。

おそらく光秀はその間に、京都周辺の主だった武将を味方に引き入れてしまうつもりだったにちがいない。

ところが、そこに大きな誤算があった。中国の毛利攻めを行うために備中（岡山）にいた秀吉が、わずか6日間で光秀のいる京都に引き返してくるのである。なぜ、これほど素早く秀吉は兵を京都に向けられたのだろうか。

この時、秀吉は毛利《もうり》氏側の高松城を攻めていた。しかし、信長殺害の報を受けるや否や毛利氏側との和睦を結び、追撃がないことを確かめると、その2日後には兵を引き上げて光秀討伐に向かったのである。

姫路城に戻った秀吉は2日間兵士と馬を休息させると、再び京都に向かった。姫路を出陣したのが6月9日で、3日後の12日には富田《とんだ》（高槻市）に早くも陣を構えている。

高松城から富田まで距離にして約175キロ。これをわずか6日間で踏破したことになる。これはのちに「中国大返し」と呼ばれるようになり、秀吉は大いに自慢したという。

■先手を打った秀吉

「本能寺の変」のあと、光秀はすぐに味方につく武将たちを集め出したが、予想以上に秀吉の進軍が早く、これを知った者たちは誰も光秀の援軍要請には応えなかった。

攻め込んでくる秀吉軍の兵は総勢4万人の規模となっており、それを迎え撃つ光秀軍は兵1万7000人と圧倒的に兵力に格差があった。

そのまま戦ったのでは、とても勝ち目がない。そこで光秀が合戦の場所として考えたのが京都南部の山崎だ。

そこは天王山と淀川に挟まれた狭い場所で、大軍が動きづらいことから兵力の少ない光秀軍でも互角に戦えるはずだった。

ところが、秀吉はこの敵の戦略を読んでいた。彼は光秀より先に山崎に兵をむけると天王山を占領し陣を構えてしまうのである。

山崎の戦いは夕方4時頃から始まった。しかし、やはり力の差は歴然としており、天王山に陣を取った秀吉軍は戦いを有利に進め、ほぼ2時間後には光秀軍を完敗させて決着がついた。

そして光秀は態勢を立て直そうと、居城のある坂本（大津市）に向おうとするのだが、

天王山への秀吉軍と秀光軍の進軍の模様

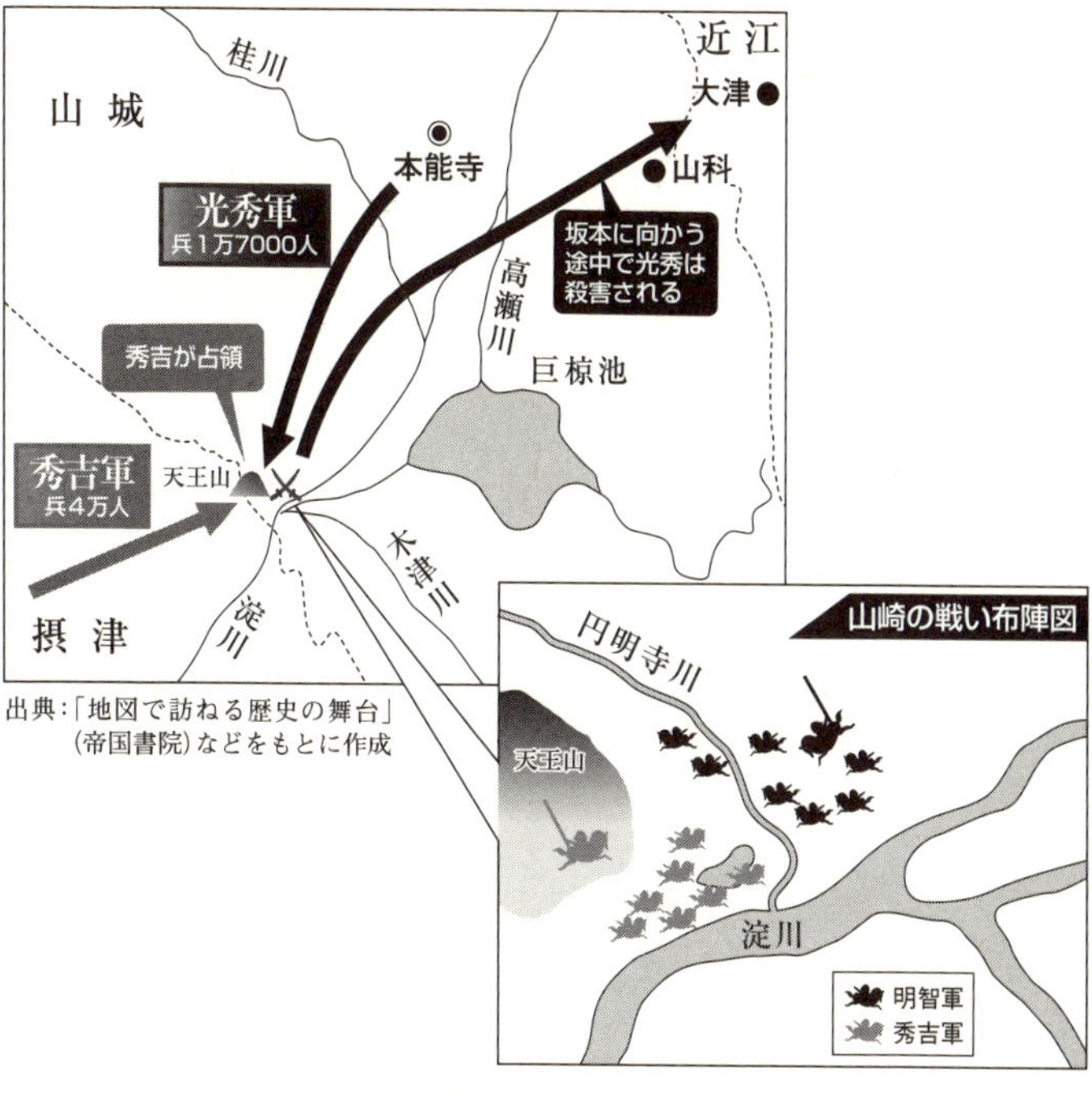

出典:「地図で訪ねる歴史の舞台」
（帝国書院）などをもとに作成

秀吉の「中国大返し」の全行程

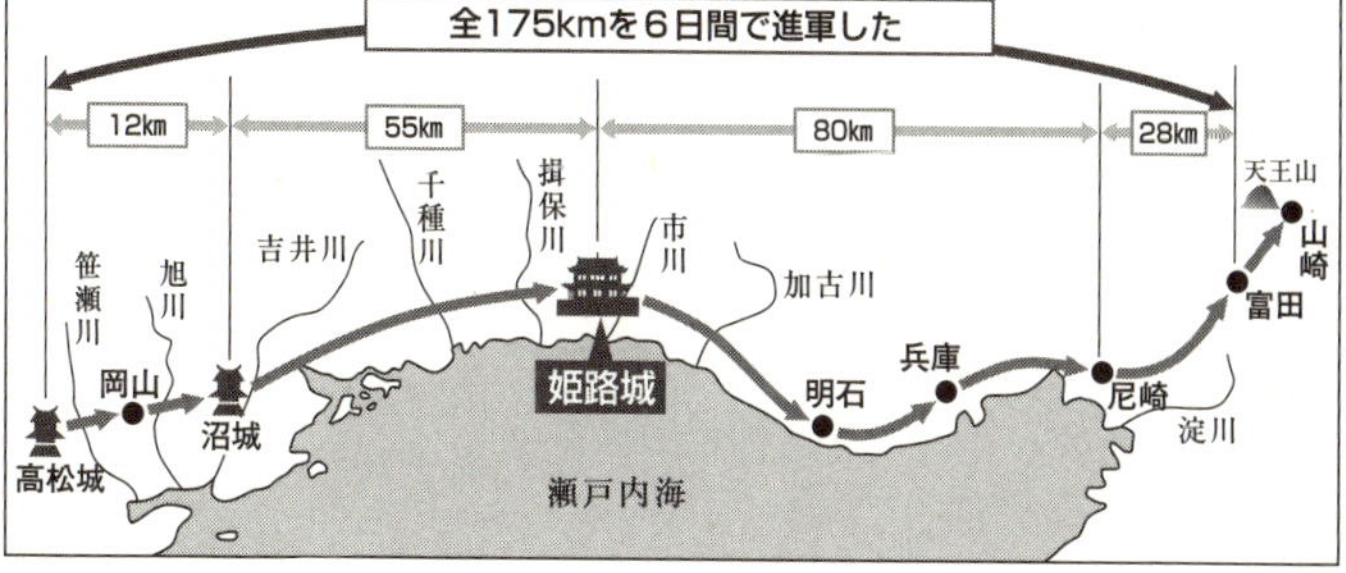

戦場を離れた彼に待ち受けていたのは農民の竹槍だった。

途中、伏見の小栗栖《おぐりす》まで来たところで、光秀は農民の竹槍によって刺し殺されてしまうのである。

■秀吉の土地支配の構図

秀吉は主君の仇を討ったことで織田家の中で政治的立場が強まると、次に「検地」を始める。これは秀吉が支配下においた土地をすべて米の予想生産量の「石高《こくだか》」で表わしてしまおうというもので、全国の土地に統一の基準を作ることで全体を一元的に管理しようとしたのである。

また、農地の耕作者を明確にして農民の自立を促進させると、これまで続いてきた「荘園制」を消し去ってしまった。

こうして先手必勝で戦いに勝った秀吉の土地支配は、米の生産量を管理する方式でより細かく、かつ正確に行われるようになるのだった。

1583年

賤ケ岳の戦い

秀吉が摑んだ天下への足がかり

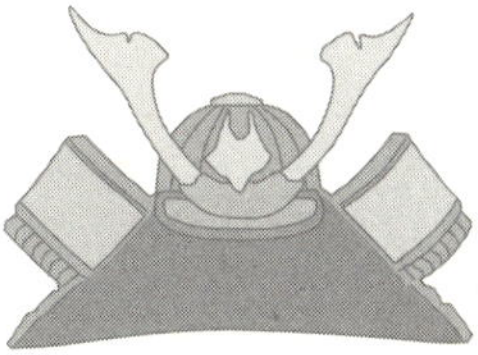

■信長の後継をめぐって

世襲制とはいえ戦国大名にとって後継者選びは、領国の盛衰に大きく関わる重要な問題だ。

ましてそれが全国制覇を目前にしていた織田信長の後継者選びの場合、それは天下を治める人物を決める大問題だった。

やがてこの後継者をめぐり、ふたつの勢力が戦うことになる。

信長の後継者として3男の信孝《のぶたか》を推したのが柴田勝家《しばたかついえ》で、これに対し本能寺の変で自害した嫡男信忠《のぶただ》の子、秀信《ひでのぶ》（三法師）を推したのが秀吉だった。

勝家は家臣のなかでも数々の功績を上げ、その実力は誰もが認めるところだったが、一方の秀吉は何より主君の仇である明智光秀を討っており、家臣の中で発言力があった。

勝家と秀吉が一歩も譲らぬまま、１５８２（天正10）年6月に信長が居城としていた清洲城で後継者を決めるための会議を開き、秀吉は思惑どおり秀信を信長の後継者として押しきってしまう。

これによって秀信をかついだ秀吉は事実上織田家の実権を握ることになったが、これに激しい憤りを隠せなかったのが勝家だった。彼は信長の家臣のなかではナンバーワンと目されていた人物だけに「自分こそが天下に立つべき」と考えていたにちがいない。

こうして勝家と秀吉との関係は急速に悪化していくのである。

■秀吉の挟み撃ちを狙った柴田勝家

信長の後継者が秀信に決まった翌年の4月、秀吉と勝家の争いはついに軍事衝突することになる。これが「賤ケ岳《しずがたけ》の戦い」だった。

●賤ヶ岳の戦いの秀吉と勝家の動き

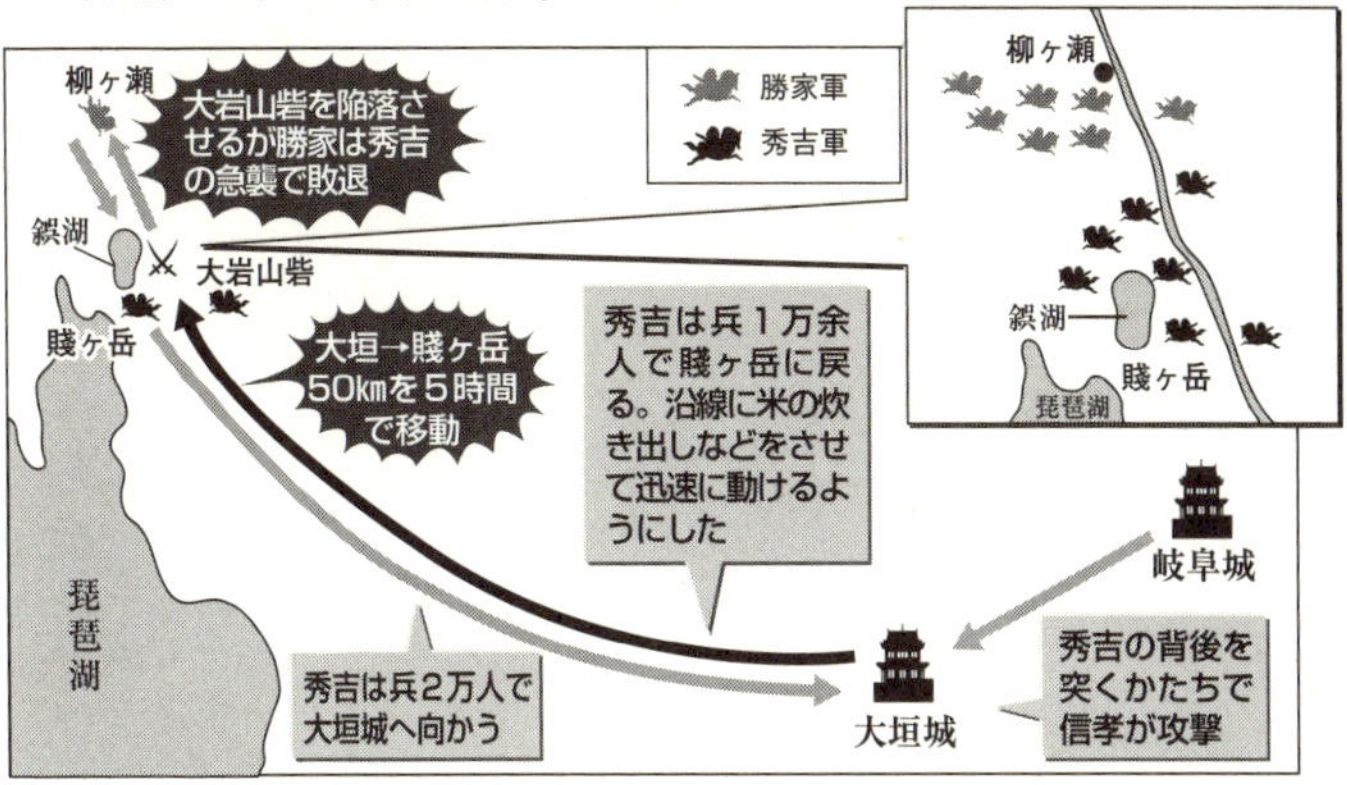

●信長の後継者選びの相関図

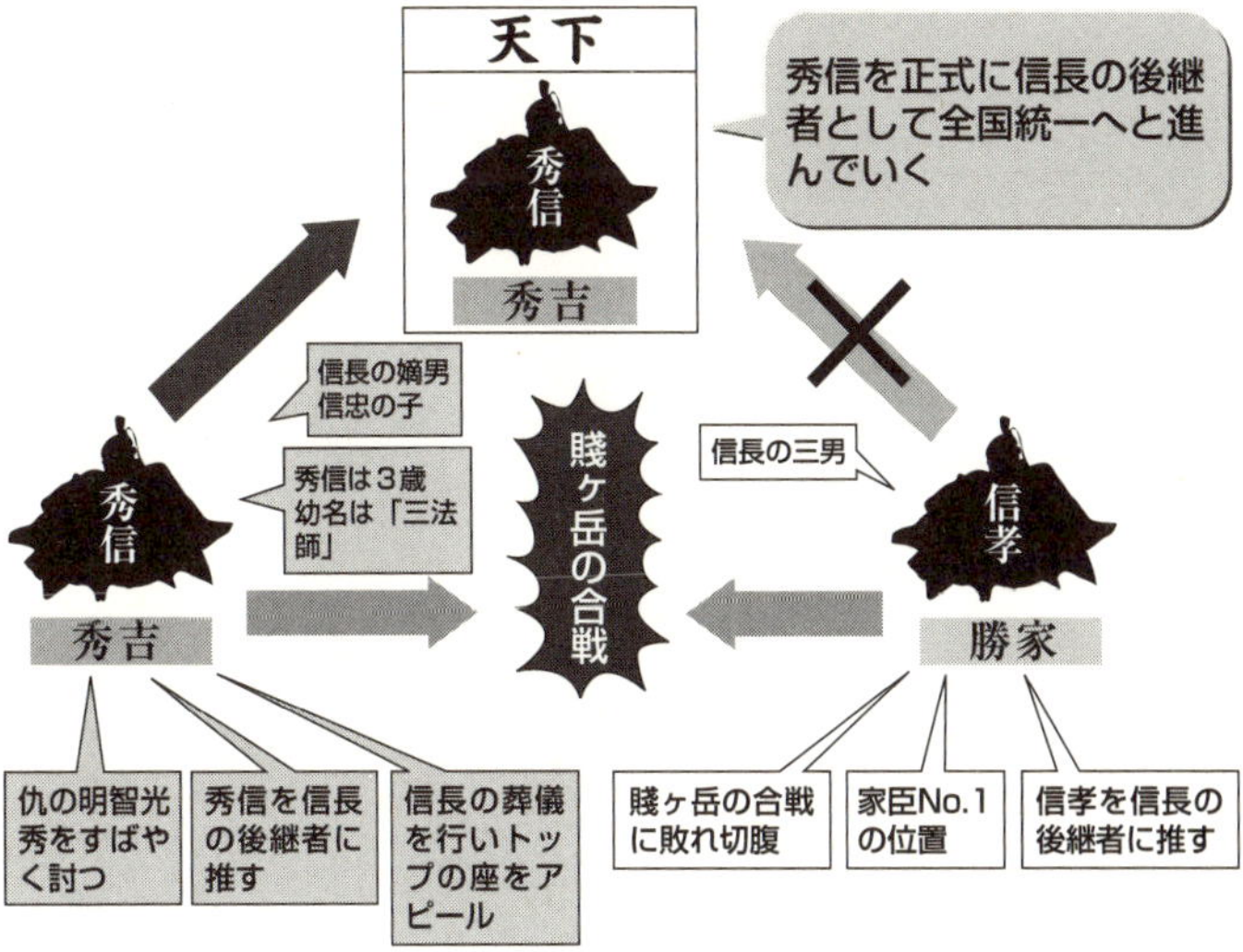

合戦の端緒はすでにその前年の冬から始まっていた。秀吉は、北ノ庄《きたのしょう》城が雪に閉ざされて勝家が出兵できなくなるのを見計らい、勝家が勢力下に置いている近江と美濃それに北伊勢を攻撃し、合戦を少しでも有利に運ぼうとしたのである。

3月の雪解けを待ち勝家は2万数千人の兵を出陣させた。これを迎え撃つ秀吉は7万人の兵を向かわせると、両軍とも賤ヶ岳（滋賀県）付近でにらみ合いの形となった。

勝家の戦略は後継者に推していた3男の信孝に兵を挙げさせ、秀吉の背後にある大垣城を攻略することだった。

秀吉は信孝出陣の知らせを聞くと慌てた。もし大垣城が落ちたら、敵に挟み撃ちされかねないのである。彼はすぐに2万の兵とともに大垣城に向かった。

この動きをチャンスと見たのが勝家だった。彼は主が不在となった秀吉軍に配下の佐久《さく》間盛政《もりまさ》を使って奇襲攻撃を仕掛けさせると、秀吉軍の一部がいた大岩山砦を陥落させてしまうのだ。

■動かなかった前田利家

だが、この勝家の奇襲こそ秀吉が待ち望んでいたものだった。

奇襲攻撃によって敵の兵力が分散したことを知ると、秀吉軍は大垣城から布陣している賤ヶ岳まで50キロも離れているにもかかわらず、わずか5時間というスピードで行軍し、勝家軍に挑みかかるのだ。

勝家軍は予期せずして現れた秀吉の大軍に意表を突かれ、さらにあらかじめ秀吉が味方につけておいた前田利家《まえだとしいえ》が戦線を離脱すると、勝家軍は総崩れとなった。そして、秀吉はそのまま勝家を北ノ庄城まで追い詰め自害させてしまうのである。

こうして勝家を倒して名実ともにトップの座に着いた秀吉は、大坂城の築城を開始する。普請には職人や人夫など5万人が動員されたともいわれているが、その規模は本丸から三の丸まであるもので、本丸の天守閣は金色と青色で彩られた、きらびやかなものだった。秀吉にとって賤ヶ岳の合戦は天下を治める第一歩だったのである。

1584年

小牧・長久手の戦い

秀吉と家康の直接対決の意外な結末

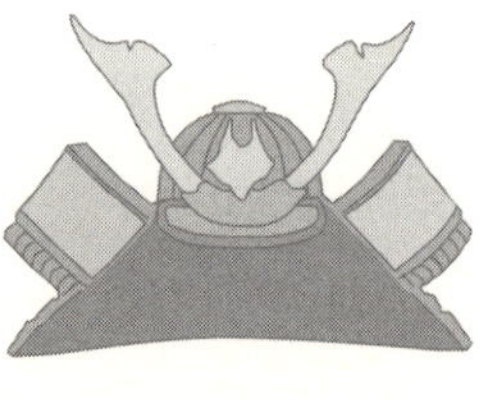

■織田信雄が抱いた不満

戦国時代も終盤に差し掛かった1584（天正12）年当時、度重なる合戦で全国の勢力地図は大きく塗り替えられつつあった。

なかでも東国は、徳川家康が5カ国（三河、遠江、駿河、甲斐、信濃）を手中に収めて大きな勢力となっており、名目上は秀吉が織田信長の嫡男秀信をかついで天下を治めてはいたが、隙あらば自分が成り代わって天下を治めようと考えていた。「小牧・長久手《ながくて》の戦い」

は、まさにそんな両者のパワーバランスのなかで起きた戦だった。

1582（天正10）年に開かれた織田家の会議で、「本能寺の変」で横死した信長の後継者が秀信に決まると、養子に行っている次男の信雄《のぶお》は不満を募らせた。

さらに、秀吉がそんな信雄を懐柔するために3人の家老たちと内通していることを知ると彼は激しく憤り、その家老たちを切腹させて、秀吉を滅ぼして自分が信長の家督を継ごうと考えるのだ。

■打倒秀吉に立ち上がる

3人の家老を切腹させたことで、秀吉は信雄討伐の兵を出陣させた。そこで信雄は家康に救援を求めるのだが、いうまでもなく家康も秀吉を倒して全国制覇のチャンスを狙っていたため、これはまさに渡りに船だった。

家康は快く引き受けるとすぐに3000の兵を挙げ、信雄の居城である清洲城で軍議を開いた。

秀吉が信雄の支配下にあった犬山城を攻略したことで、そこが拠点となると考えた家康と信雄は、尾張平野を一望できる小牧山に布陣した。

この時、秀吉軍で功を焦ったのが猛将として知られる森長可《もりながよし》らだった。兵を挙げた長可は果敢にも家康・信雄の連合軍に戦いを挑むのだが、逆に急襲されあっけなく敗北してしまうのだ。

森長可が破れて敗走したことを知って衝撃を受けたのは秀吉だった。それまで大坂城で悠然と構えていた秀吉はすぐに支度をすると、自らが兵を挙げて犬山城をめざした。

■戦に勝って政治に負けた家康

秀吉は家康・信雄連合軍が陣を張る小牧山と5キロほど離れた楽田《がくでん》に本陣を構えると、両軍はにらみ合いに入った。

秀吉も家康もともに合戦上手の人物だ。互いに早計な行動は取らないため戦いはそのまま膠着状態に入っていった。

最初に痺れを切らしたのは秀吉軍のほうだった。

この時秀吉の兵は10万で、家康・信雄連合軍と比べて有利だったこともあり、秀吉側は家康が不在となっている三河に別働隊を送って城を攻め落とし、小牧山を背後から突き崩すことで家康たちを誘い出そうとしたのである。

● 1584年の勢力図

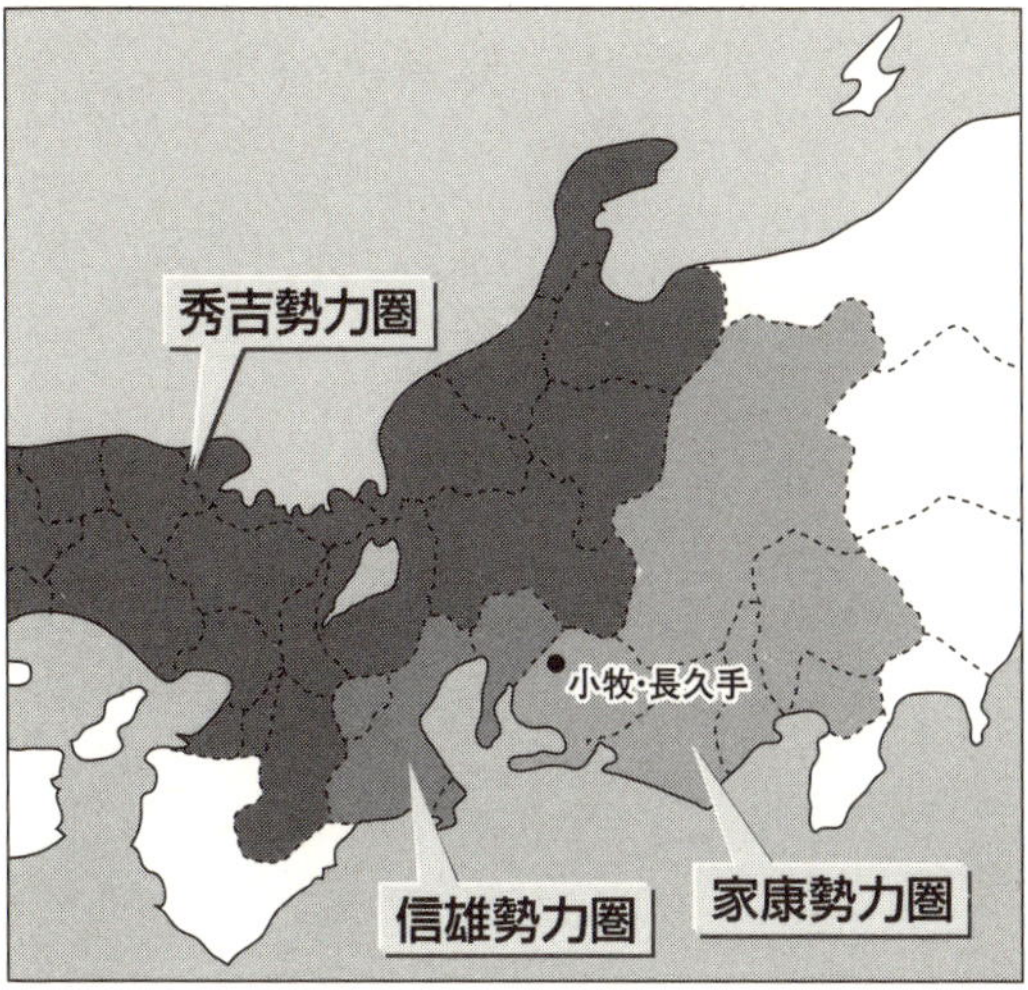

● 小牧・長久手の戦い進路

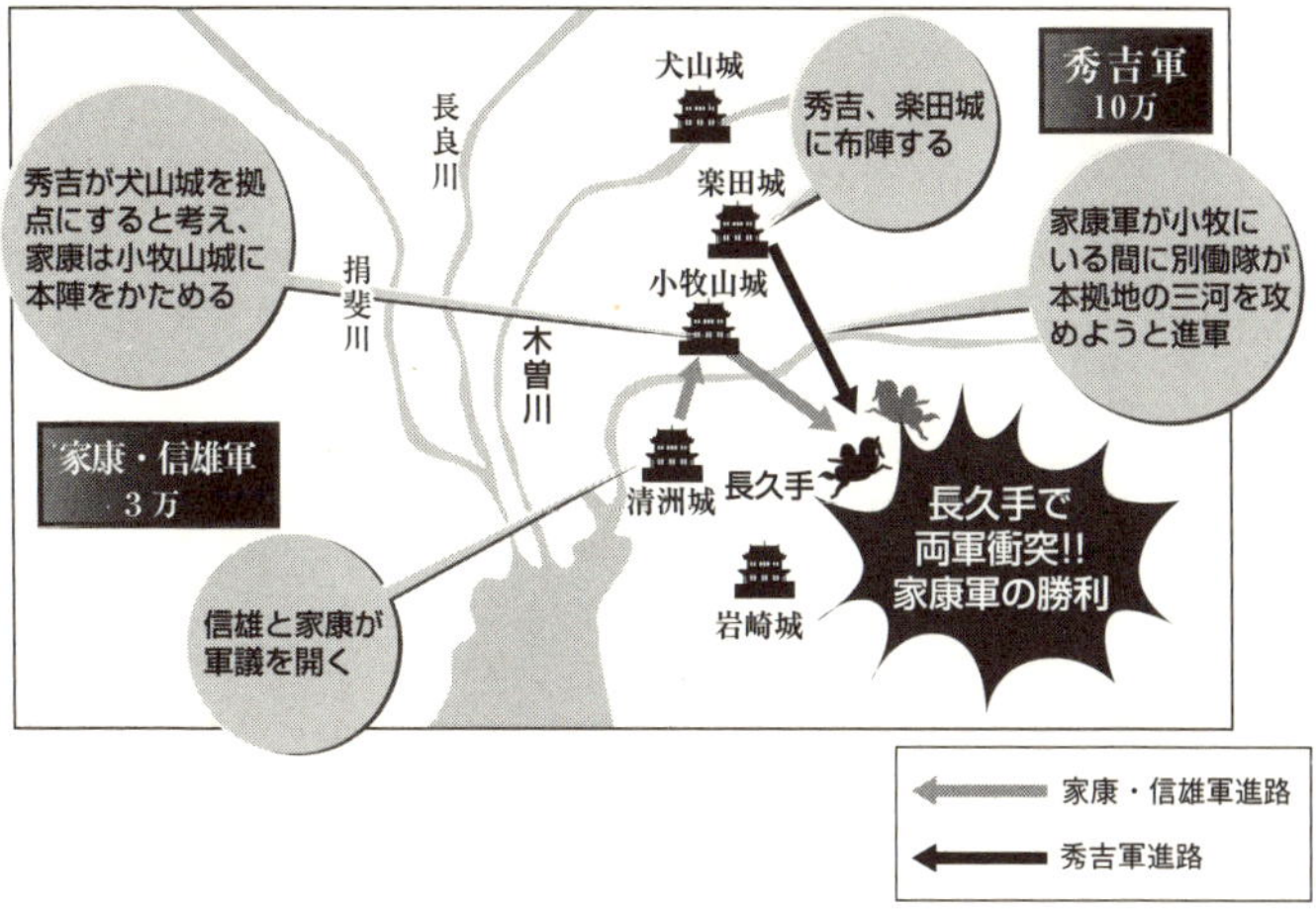

しかし、この動きはすぐに家康の知るところとなり、彼は自ら指揮を取ると密かに1万4000の兵を出し、三河に向かう秀吉の兵1万6000の別働隊に長久手で奇襲攻撃をかけるのだ。

この襲撃はみごとに成功を収め、長久手の戦いは家康・信雄連合軍の圧勝となった。

家康の強さが身に染みた秀吉はすぐに兵を挙げると大坂城に引き上げてしまい、今度は得意の外交戦術で信雄との和議に入った。

家康に秀吉の討伐を誓ったはずの信雄だったが、外交の強者である秀吉の懐柔策にはあらがえず、結局家康に無断で和議を受け容れてしまう。

こうして戦いの大義名分がなくなってしまった家康は仕方なく戦いを終わらせ、秀吉との決着は見送られるのだった。

家康は戦には勝ったのかもしれないが、秀吉の政治力の前には兜を脱ぐしかなかったのである。

1585年

秀吉の関白就任

最高権力者に登りつめた秀吉の次の一手

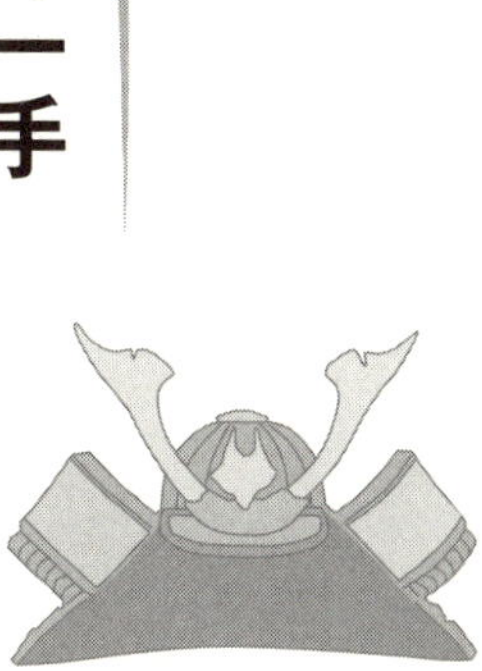

■武力以上だった関白の威力

下剋上の世の中は、常に合戦に勝ち残ることが求められる〝力〟の世界だった。そのため、天下を統一できる者は合戦に一番強い者だろうと考えるかもしれないが、実はそうではなかった。

下剋上の世界に最初のピリオドを打ったのは、武力ではなく肩書きの力だったのだ。

それを実現させてみせたのが豊臣秀吉で、彼は1585（天正13）年に朝廷から「関白」

に命じられると、全国に「惣無事《そうぶじ》」（平和）を呼びかけ、大名から農民に至るまですべての争いごとを禁止して、乱世を収めてしまうのである。

関白とは天皇の政治を補佐する役職のことで、もともとは藤原氏が平安時代につくったものだった。

もちろん、これは為政者側の勝手な言い分だと捉えることもできるが、少なくとも戦国大名たちから合戦の大義名分を取り上げることには効果があった。

だが、秀吉が関白になったもうひとつの理由は別のところにあった。当時の秀吉は、信長の後を継ぐ者として認められてはいたものの、それはあくまで織田家内部のことで、反織田勢力の大名からみれば、ただの戦国大名のひとりでしかなかった。

また、同じ織田家でもライバルの徳川家康は自分を追い落としてトップの座に就くことを狙っており、秀吉は地位を政治的に揺るぎないものにするためには官位の力を利用する必要に迫られていたのである。

■「官位」で序列を知らしめた

そこで秀吉が自らの立場を強固なものにするために利用したのが、朝廷から授けられる

●秀吉、名前の変遷

木下藤吉郎	尾張国の農家の長男。木下は足軽だった父の姓
木下秀吉	稲葉山侵攻の際に3日で城を造って手柄を立てたあたりで秀吉と改名
羽柴秀吉	1573年室町幕府が滅亡。信長の家臣の丹羽長秀の「羽」と柴田勝家の「柴」の字から
平　秀吉	1582年に明智光秀を倒した時には「平」姓を名乗っていた
藤原秀吉	近衛正久の養子になる
豊臣秀吉	1586年、後陽成天皇から豊臣姓を与えられる

●秀吉の出世コース

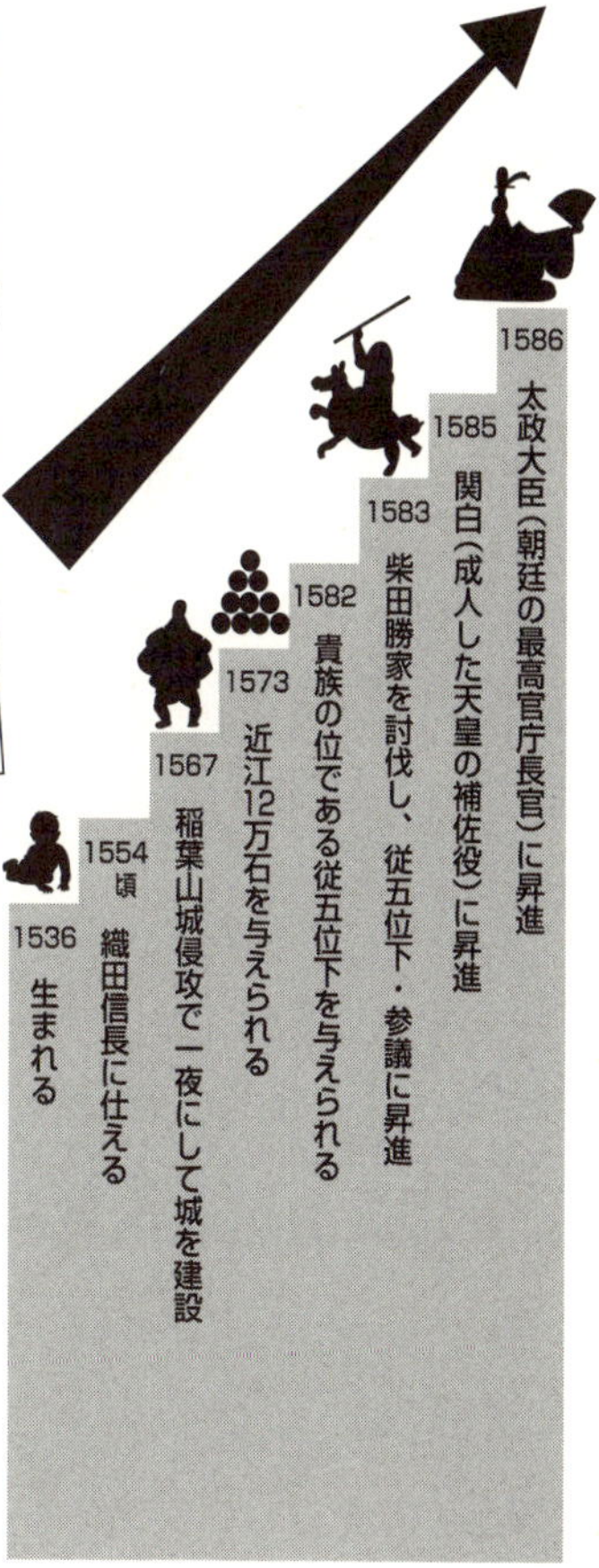

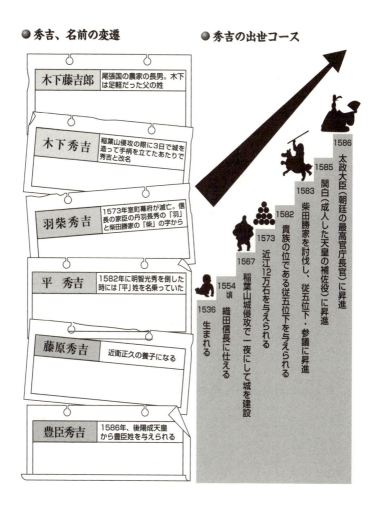

「官位」だった。

秀吉は家康と武力衝突をして敗北を喫した「小牧・長久手の戦い」以降、朝廷に急接近すると、官位の頂点を求めるようになっていた。

そして、この年から秀吉は異例の昇格を始める。11月には官位がそれまでの「筑前守《ちくぜんのかみ》」から「権大納言《ごんだいなごん》」になると、それからわずか半年後の翌年の7月には「関白」になってしまうのだ。

一説によると、秀吉は最初「征夷大将軍」に就くつもりで第15代将軍の足利義昭《あしかがよしあき》の養子になろうとしたが、それを拒否されたため、その上の関白を狙ったものともされている。

そして自らが関白になると、次に自分に従う戦国大名らを次々と朝廷に推挙して官位を与え、家康は「権中納言《ごんちゅうなごん》」に就けた。

いうまでもなく秀吉は、官位で関白を頂点とした序列をつくるのが狙いだった。

■したたかさの裏側にあるもの

ところで、戦国時代に秀吉ほど名前が変わるたびに出世していった人物もいないかもしれない。

尾張中村の貧しい農民の家の子として生まれた彼は、「サル」と呼ばれた。それが織田信長に仕えるようになると「木下藤吉郎」になり、数々の合戦でさまざまな功績をあげ、やがて「羽柴《はしば》秀吉」となっていく。そして最後は「豊臣秀吉」となり、さらにそこに関白の官位までが付くようになるのである。

ちなみにこの「豊臣」という言葉には、「万民の誰もが幸せになる」という意味が込められているそうで、それまでの由緒正しき姓の「源」や「平」などに代わる新しい姓の開祖者にもなりたかったようだ。

おそらく、それまで中央で権力を持つ者が、その家系に平氏や源氏の流れを汲んでいるため、それに対抗しようとしたのだろう。

ただ、かつての主君で戦国大名を代表する織田信長が朝廷の授けようとした官位を最後まで拒否したことを考えると、そこには戦乱の世を生きた秀吉のしたたかな処世術が見えてきそうである。

1585年、1587年

中国・九州の平定

史上空前の兵力で成し遂げられた西国平定

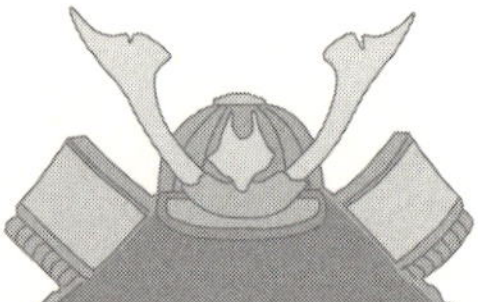

■10万人の兵力を投入

1560（永禄《えいろく》3）年頃から始まった織田信長による天下統一の動きは「本能寺の変」で幕を降ろすが、その遺志を継いだ豊臣秀吉は1585年に朝廷から「関白」の最高官位を授かり、再び天下統一に向けて動き出した。

まず手をつけたのは、まだ西日本で支配下に入っていない四国と九州だった。そこで秀吉は両地域の平定に乗り出した。当時、四国は土佐の長宗我部《ちょうそかべ》元親《もとちか》が制覇していたが、彼にはライバルらしいライバルがいなかったことから、かつて信長は元親のことを「鳥なき島の蝙蝠《こうもり》」と呼んで揶揄したことすらあった。

しかし、何と呼ばれようと元親は信長のことを戦国武将として認めていたらしく、信長が生きている間は友好関係を築くための努力を続けていた。ところが、その跡を秀吉が継ぐようになると、手の平を返したように態度を変え、ことあるごとに秀吉に対決の姿勢を見せてくるようになっていったのである。

秀吉は戦いを長引かせることなく、一息に元親を攻め落とそうと考えていたようだ。彼は阿波（徳島）と讃岐（香川）、さらに伊予（愛媛）の3方向から総勢10万人規模の兵を一挙に投入すると猛進撃を始めるのである。

最初は戦意を見せていた元親もこの兵力の前には手も足も出ず、結局講和する道を選ぶしかなかった。こうして1585年8月、四国は秀吉のものとなり、彼は四国を臣下に再配分すると元親には土佐一国のみを与えたのだった。

■関白の名の下、九州へ出兵

四国を平定した年の10月、秀吉は九州に「惣無事」を発令した。惣無事とは「平和」のことで、天皇のためにすべての争いを止めろ、というものだった。

惣無事を出した九州は領土争いのただなかにあり、もっとも勢力を持っていたのが薩摩（鹿児島県）の島津義久《しまづよしひさ》だった。義久は3人の弟と結束して全土に支配圏を広げようとしていたのである。

島津氏の九州制覇は日向（宮崎）の伊東《いとう》氏を駆逐することから始まり、次に豊後（大分）の大友《おおとも》氏への侵攻を始めていた。これに危機感を持ったのは大友氏で、彼は秀吉に救いを求めると発令された惣無事をすぐに受け容れるのだ。

しかし、九州全土を我が物としたい島津氏は惣無事を無視して、大友氏への戦いを止めようとはしなかった。そこで秀吉はいよいよ関白の名の下に兵を挙げるのである。

翌1586（天正14）年の8月に中国の毛利氏と、四国の長宗我部氏の軍をそれぞれ豊後に送ると、大友氏の援護を行った。ところが、島津軍のあまりの強さに毛利・長宗我部両軍が合戦で負けてしまうのだ。

■島津氏攻略でみせた秀吉の機略

これに業を煮やした秀吉は、今度は全国37カ国に対して派兵準備を行うように呼びかけ、

●秀吉の四国・九州侵攻図

秀吉の進路
九州平定
1587年
秀吉、畿内・東国以下
37カ国に出兵を命じる
島津義久
長宗我部元親
四国平定
1585年
10万人規模の兵で侵攻
島津義久
とは
1533年 薩摩の国の守護、
島津貴久の嫡子として生
まれる
1566年 家督を継ぐ
1572年 日向の伊東氏を倒す
1587年 秀吉九州攻め。奮闘するも降伏
島津氏
貴久
家久
歳久
義弘
戦陣で活躍
関ヶ原の戦いでは西軍に属す
義久
後方で指揮
長宗我部元親
とは
1538年 土佐一条家の家臣の家に生まれる
1560年 父、国親の後を継ぐ
1575年 土佐の統一に成功
1585年 四国を統一するが、同年秀吉の
四国攻めに降伏
1586年 秀吉の指示で九州攻めに加わる
織田信長とは友好関係を築くことに専念
1575年、
織田信長に使者
を派遣
明智光秀の重臣
である斎藤利三
の妹を妻に迎え
る
嫡男、弥三郎
を信長の「信」
をとって信親と
改名

また秀吉自らも兵数10万人を挙げて島津氏討伐に九州に向かった。大量の兵力の投入は四国攻めと同じだったが、九州では秀吉の奇策が勝敗を決した。

九州に渡った秀吉は島津氏側の岩石城《がんじゃく》を陥落させるのだが、敵の秋月種実《あきづきたねざね》はこの時自らの大隈《おおくま》城の城壁を破壊してから敗走してしまった。

そこで秀吉は一計を案じ、遠目で見れば、あたかも城壁が修復されたと思えるように破壊された部分に「奉書紙」を貼って隠してしまうのである。

これを見た種実は、一晩で城壁が修理されたと仰天し、想像を絶する秀吉の強さにその場で降伏してしまったと伝えられている。

そして、これを機に島津氏は劣勢となり、ついに降伏する。こうして秀吉の九州平定は終わり、四国同様に領国を再配分して支配体制を確立するのである。

1588年

刀狩令

民衆の武装解除はいかになされたか

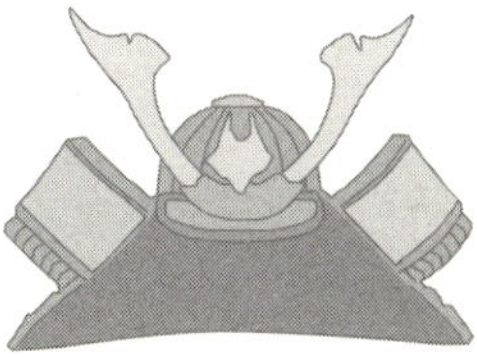

■大義名分に利用した信仰心

秀吉の天下統一の仕上げとして行われた政策のひとつが、1588（天正16）年に発令した刀狩令である。

当時、農民や寺院は自衛の目的で刀や鉄砲、槍や弓といった多数の武器を持っていた。

そこで秀吉は、必要のない道具を持っていると年貢を納めず、また一揆を起こしたり領主にも反抗しがちになるとの理由から、農民や寺院に対して刀、脇差、弓、槍、鉄砲その他の武具を持つことを堅く禁じ、これを没収したのである。

しかし、農民や寺僧がそうやすやすとこれらの武具を差し出すとは思えない。それを百も承知の秀吉は、こんなおふれを出すのだ。

「刀や脇差はただ没収するのではない。京都の方広寺《ほうこうじ》の大仏建立の際の釘、かすがいにする。そうすればこの世だけでなく来世でも救われる」

この頃の農民たちは、大名を追いまわすだけに留まらず、信長や秀吉にも抵抗するほど血気盛んであった。

しかし、その一方で仏教に深く帰依する面も持っていた。そのため、信仰心を巧みに利用したこの方法に誰もが騙され、おとなしく刀狩令に従ったのである。こうして秀吉は、自らの手を煩わすことなく民衆の武装解除を成功させたのであった。

■秩序の基盤をどこに置いたか

それまでは村落同士の争いごとを武力でもって解決することもままあったが、刀狩令が発令されて以降は、農村や寺院による武力闘争は起こらなくなった。

言い換えれば、秀吉の刀狩令は相応の成果を上げたということだが、それは単に戦う武

●秀吉の政策

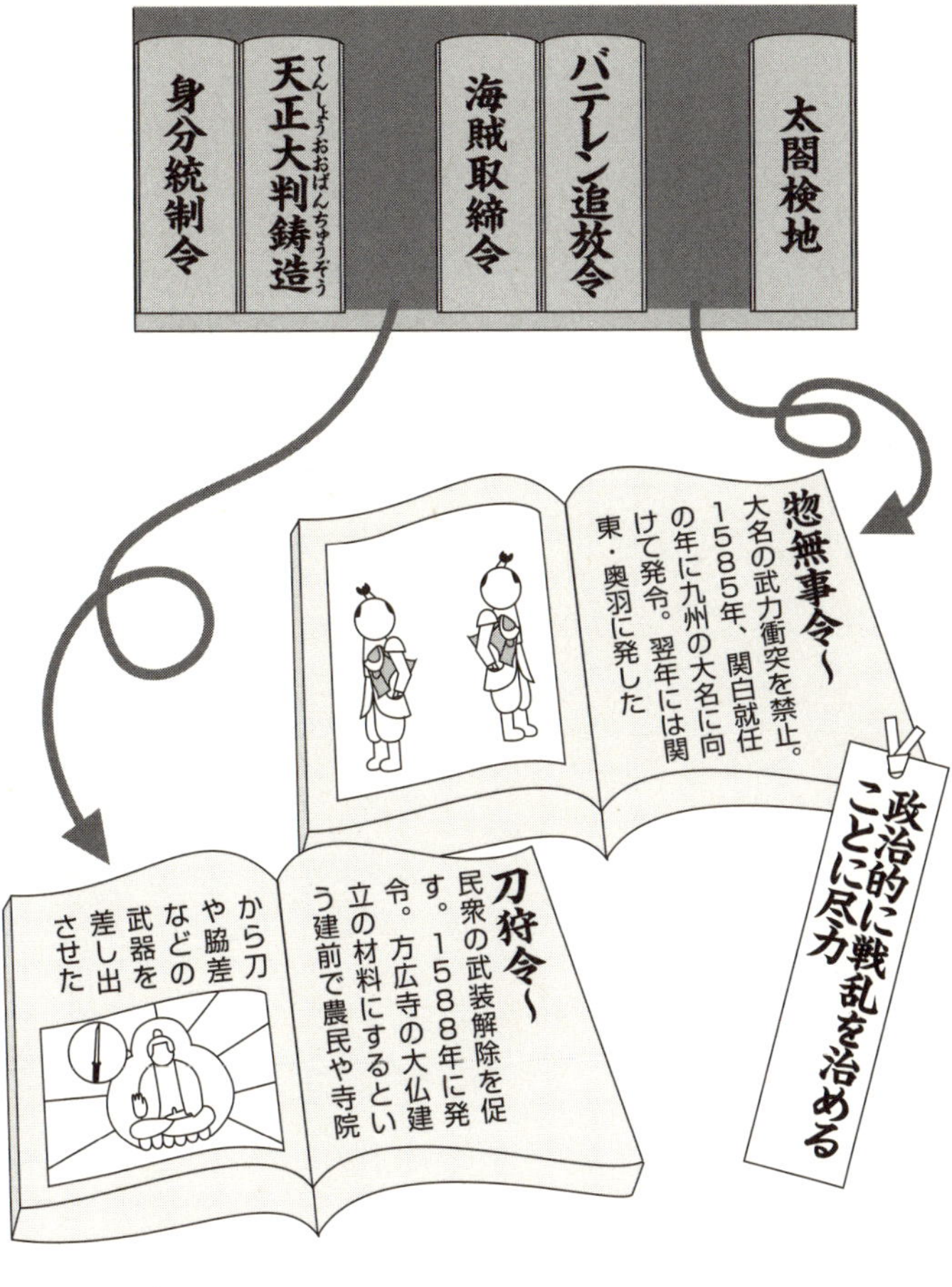

太閤検地
バテレン追放令
海賊取締令
天正大判鋳造《てんしょうおおばんちゅうぞう》
身分統制令
惣無事令～
大名の武力衝突を禁止。1585年、関白就任の年に九州の大名に向けて発令。翌年には関東・奥羽に発した
政治的に戦乱を治めることに尽力
刀狩令～
民衆の武装解除を促す。1588年に発令。方広寺の大仏建立の材料にするという建前で農民や寺院から刀や脇差などの武器を差し出させた

器を没収されたからというわけではない。

なぜなら、実際に集められた武具は刀、脇差、槍がほとんどで、鉄砲などは差し出されなかったのである。つまり、全農民、全寺僧がひとつ残らずすべての武具を没収されたわけではなかったのだ。

にもかかわらず、闘争が起こらなかったのはいったいなぜか。それは、度重なる戦乱に民衆は疲れ果て、平和な世の中を望んでいたからである。実は、これこそが秀吉のもっとも望んでいたことだった。

秀吉は刀狩令発令の3年前、1585（天正13）年に九州の戦国大名に向けて惣無事令を出している。これは「即時停戦し、その後の領土の裁定は天皇の意志を代行して秀吉に委ねるべし」というもので、秀吉はこれによって全国の戦乱を終焉に導こうとした。

要するに、秀吉はまず大名に武力衝突をやめるよう促し、次に刀狩令によって一般民衆を武装解除して争いのない秩序ある日本を確立しようとしたのだ。その秩序の維持を秀吉ひとりの権限とすることこそが、秀吉の天下統一だったのである。

そして、農民たちは鍬やくわなどの農具を持って耕作に、寺僧は仏事に専念するようになり、また、武士たちは武具を持って兵を担うというように、身分がはっきりと分かれていった。

3年後の1591（天正19）年に秀吉が発布した身分統制令の基礎は、この時に固められたのである。

■路頭に迷う雑兵たち

しかし、この兵農分離と身分制度の確立によって雑兵《ぞうひょう》と呼ばれる者たちは戦いしか仕事がなくなってしまった。当時の武士はもともと農業で生計を立てていたが、兵農分離によって農業をすることができなくなってしまったのだ。

上級の武士ともなれば領国の支配をはじめとした他の仕事があるが、雑兵すなわち下級の武士たちには何も残されていない。

しかも1590（天正18）年に全国が統一されると国内での戦いはなくなり、多くの雑兵たちは路頭に迷うことになる。

そんな状況を見かねた秀吉は、新たな戦場を求めて、次第に日本国外へと目を向けるようになっていくのだった。

1590年

小田原城攻め

北条氏を降伏に追い込んだ秀吉の奇策

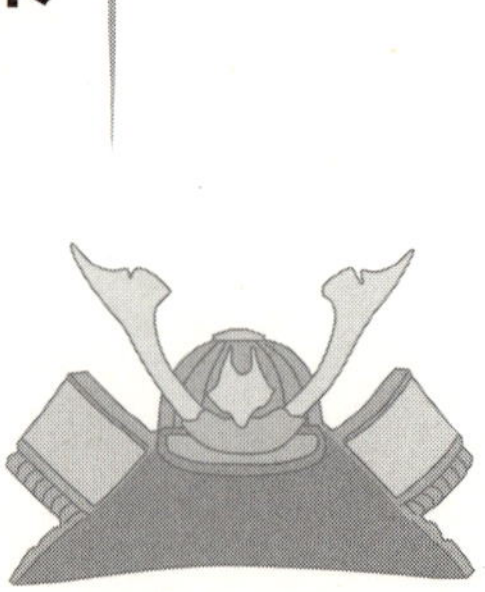

■秀吉がとった作戦

戦国史に残る難攻不落の名城をあげるとしたら、迷うことなくそのひとつに北条《ほうじょう》氏の居城・小田原城が入るだろう。

北条氏は籠城戦が上手といわれており、越後の名将上杉謙信《うえすぎけんしん》や、最強の騎馬隊を持っていた武田信玄《たけだしんげん》を見事に撤退させているのである。

小田原城は山城と平山城の特長を兼ね備え、さらに外郭は周囲10キロにも及び、その中には町まで含まれているという日本最大級の城だ。

しかし、その難攻不落の城も落ちる時が来る。それが秀吉の「小田原城攻め」である。

豊臣秀吉は九州を平定すると、次に平定しようとしたのが関東の北条氏と奥羽の伊達政宗《だてまさむね》だった。この両氏を軍門に降せば、名実ともに天下統一が実現することになる。

そこで秀吉は、1586（天正14）年に朝廷に代わって平和令である「惣無事」を関東と奥羽に発令し、進軍の機会をうかがった。

すると、北条氏が平和令に背いて真田昌幸《さなだまさゆき》の上州名胡桃城《なぐるみ》（群馬）を奪い取る事件が起きるのだ。

秀吉はこれをチャンスと捉え、すぐに北条氏の小田原城攻めを開始した。関白である自分が出した平和令に背くことは天下に背くことになるため、その軍隊は大規模だった。

兵力の内訳は秀吉軍14万、徳川軍3万、前田・上杉軍3万5000、瀬戸内海などの水軍1万弱、毛利軍1万と、合計すれば総勢22万にもなる規模だった。

ちなみに、この出兵の際に秀吉は北条氏と家康が友好関係にあったことに気を使い、家康を別格扱いにしていたことが、最近発見された家康の手紙で明らかとなっている。

迎え撃つ北条軍の兵力は、農民まで借り出しても5万6000人程度だった。いかに難攻不落の城とはいえ、あまりにも多勢に無勢である。一気に攻め込めばひとたまりもなかった。

ところが、秀吉は力で攻め込むことをせず、戦術に選んだのは兵糧攻めだった。

■忽然と姿を現わした「一夜城」

秀吉軍が出兵して小田原城を取り囲んだのは、「惣無事」の発令から4年後の1590(天正18)年4月だった。

城の北条氏政《うじまさ》・氏直《うじなお》父子も篭城戦の準備をしてきただけに最初はゆとりを持って構えていたが、秀吉軍が支城にあたる上野松井田城や、武蔵江戸城、武蔵岩槻城などをすべて攻略してしまうと、さすがに動揺の色は隠せなかった。

さらに秀吉は圧力をかけた。兵糧攻めが長期間にわたることを示すため、自ら愛妾の淀《よど》殿《どの》を呼び寄せ、ほかの大名たちにも妻を呼ぶことを勧めたのである。

そして氏政・氏直父子に決定的な打撃となったのは、城の向かいの石垣山に秀吉が築いた石垣城が忽然と姿を現したことだった。

築城を始めたのは小田原城を取り囲んだ4月だったが、秀吉は北条氏に見せられる6月

● 小田原城攻め布陣図

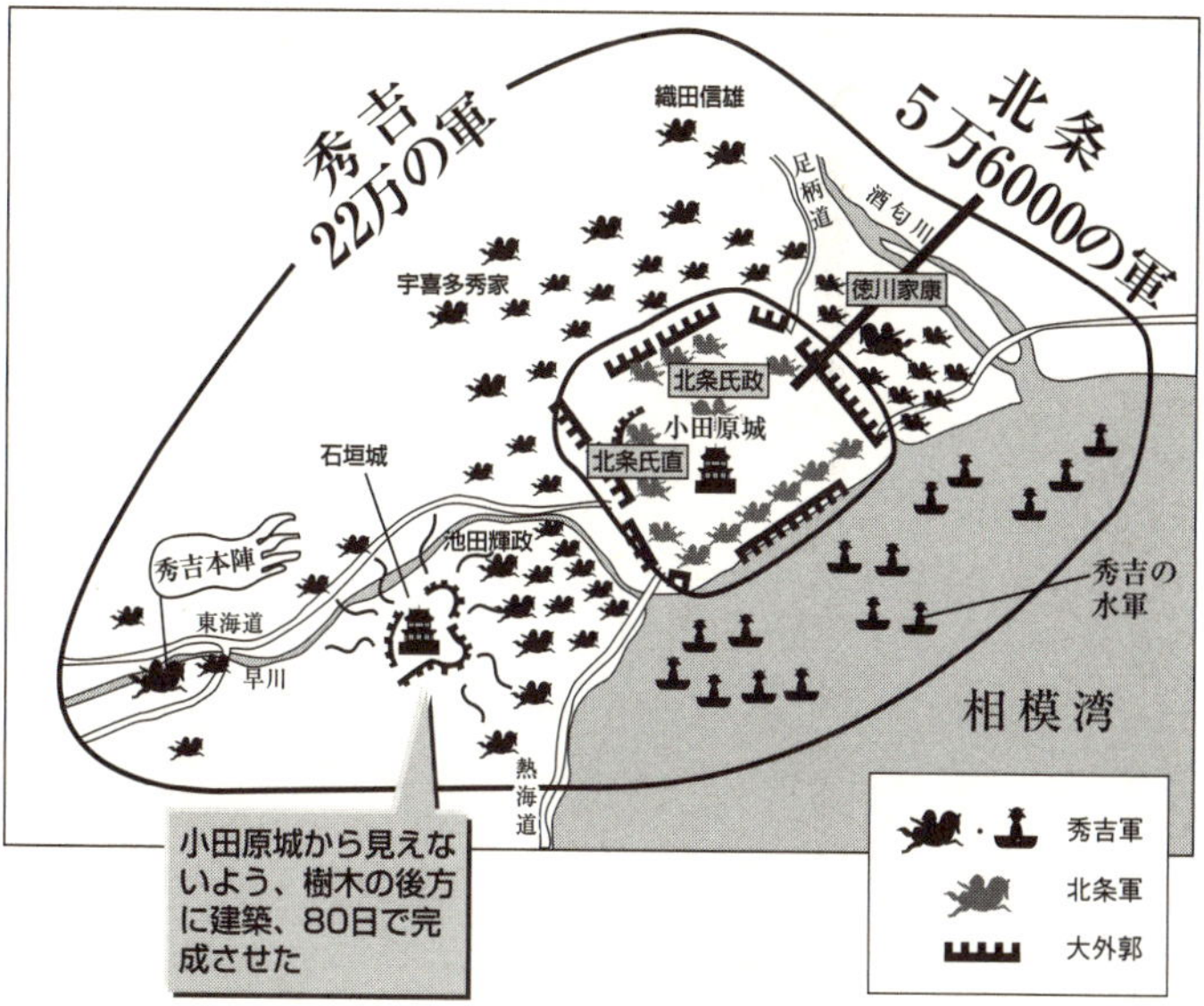

● 小田原城

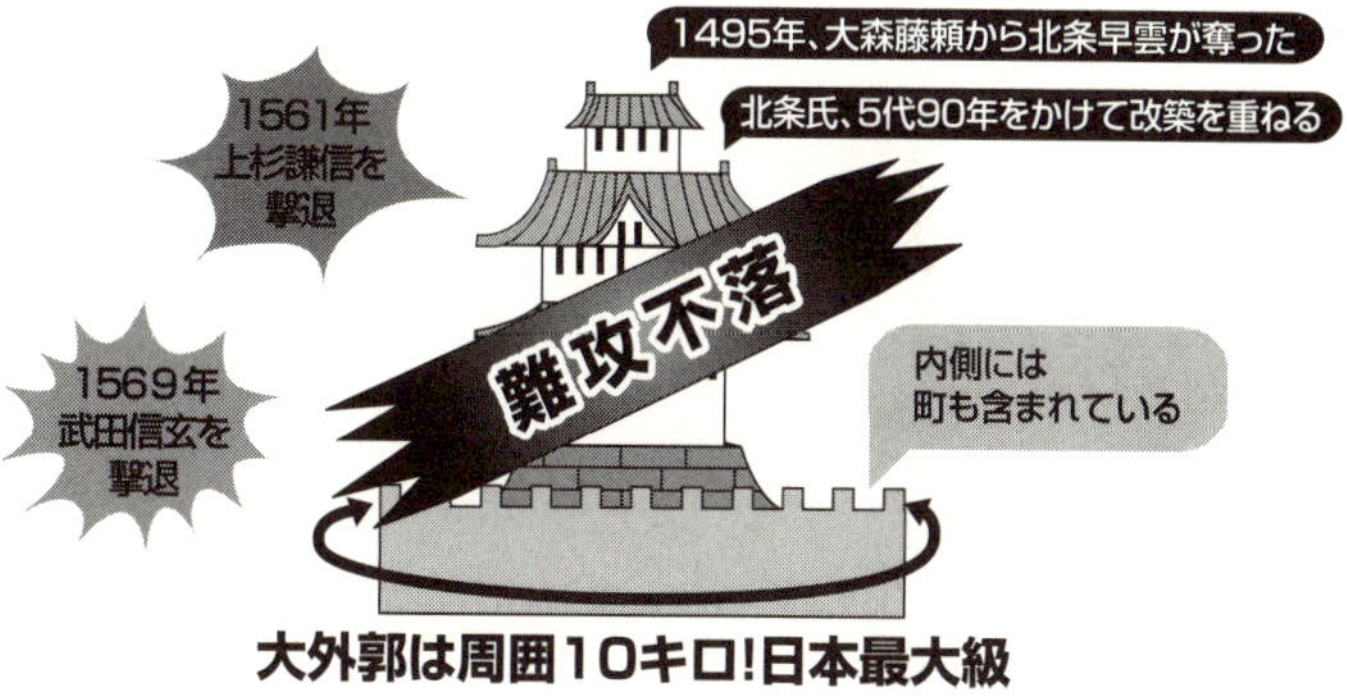

になるまで、石垣城の周囲の樹木を伐採せず隠していたのである。

■戦わずに降伏した伊達政宗

この小田原城攻めは意外なところで大きな成果を生んだ。

兵糧攻めを始めて2カ月経つと、これから平定する予定だった奥州の伊達政宗が、秀吉の圧倒的な強さを目の当たりにして全面降伏を伝えてきたのである。

そして、北条氏も7月に入るとついに観念して全面的に降伏し、最後まで敵対勢力だった関東と奥州のふたりの戦国大名が兜を脱いだことで、秀吉の天下統一がここに達成されることになった。

血で血を洗う戦国時代の合戦で、大きな血を流さずにこれほどの勝利を収めたのは秀吉が初めてだった。

1592年、1597年

朝鮮出兵

2度の出兵がもたらした意外な波紋

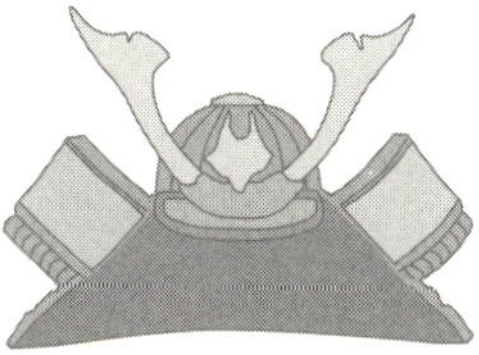

■朝鮮半島に上陸した大軍

天下統一を果たし、日本の頂点に立った秀吉が次に目論んだのは、当時の中国王朝・明の征服だった。そして、明と属国関係を結んでいた朝鮮に対して、「日本は明を征服するから朝鮮はその先導役をやれ」という征明嚮導《せいみんきょうどう》を命じるのである。

しかし、日本に服属していない朝鮮側は当然のことながらこれを拒否した。すると秀吉は朝鮮への出兵を決意し、1592（文禄《ぶんろく》元）年4月、まず第一陣として1万8000を釜山へと送り込んだ。文禄の役（第1次朝鮮出兵）の始まりである。

不意をつかれた朝鮮は、わずか2時間という早さで釜山城を陥落される。その後、第2陣から第6陣まで約14万人もの日本軍兵士が続々と上陸してくると、半月後の5月はじめには首都漢城《ハンソン》（現ソウル）も陥落されてしまった。

しかし、劣勢を強いられていた朝鮮も民衆が蜂起してゲリラ戦を開始すると徐々に挽回しはじめ、7月には名将・李舜臣《イスンシン》の率いる朝鮮水軍が日本水軍1万7000を壊滅させる。

日本水軍が敗れたのは日本側にとっては大打撃であった。なぜなら制海権を失い、補給路を断たれたため朝鮮にいる日本軍に食糧や武器の補給ができなくなってしまったからだ。

さらに、9月になると朝鮮の宗主国である明が朝鮮軍に加わり日本はますます劣勢を強いられることになる。

そして1593（文禄2）年に入ると、漢城にいた小西行長《こにしゆきなが》に対して明の沈惟敬《しんいけい》が撤退を要求して休戦。4月には和議に反対する朝鮮を除外して日本と明の2カ国間で講和交渉が始まるのだった。

しかし、その時、秀吉が突きつけた条件はあまりにも勝手なものだったのである。

文禄の役（1592年）

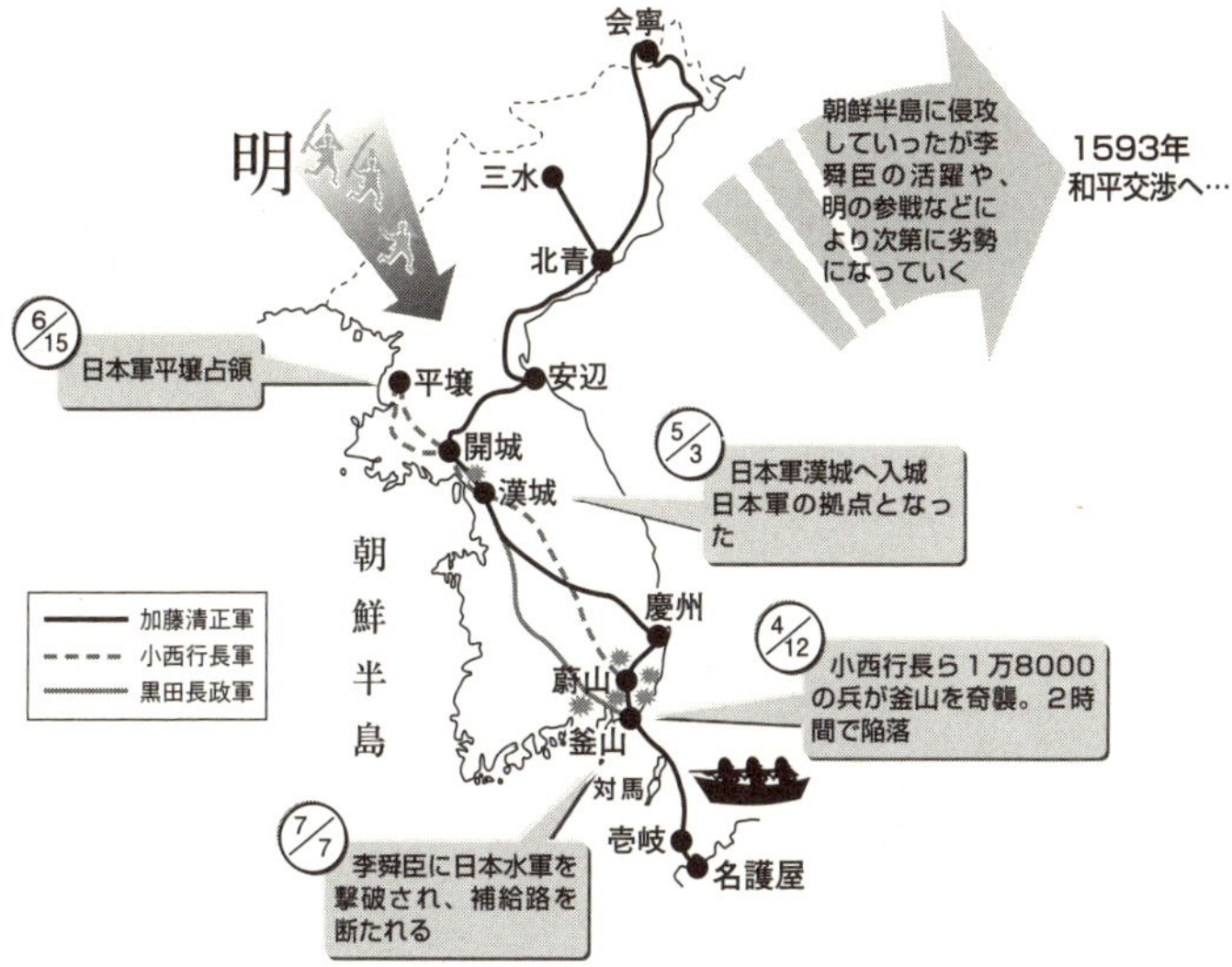

和平交渉

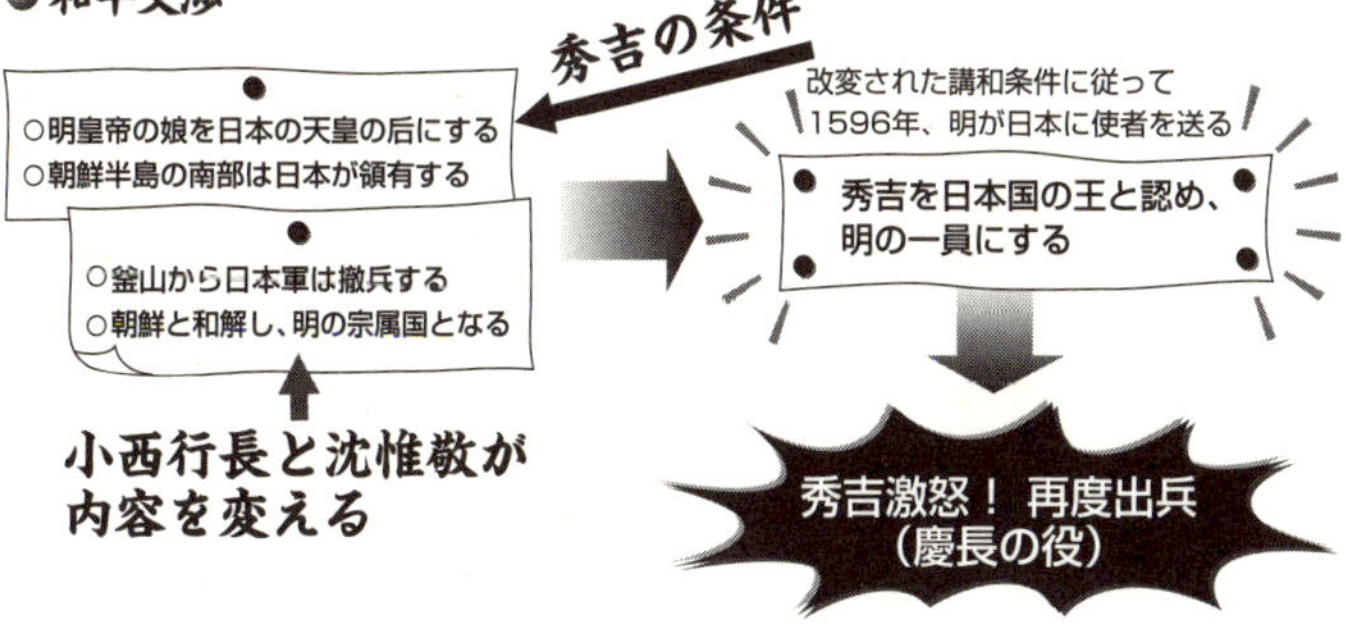

■慶長の役の引き金

秀吉が明に示した和議七カ条とは、明皇帝の娘を日本の天皇の后にする、朝鮮半島南部は日本が領有する、断絶していた明との間の貿易を復活させるといった内容のものだった。

当時、漢城を拠点にしていた日本を撤退させたいと考えた明は、にせの使節を漢城に送り込む。すると、日本は明が和平交渉にやってきたと勘違いをして漢城から撤退するのだ。

その後、にせの使節は日本の備前名護屋城《びぜんなごや》までやってきて、秀吉は彼に先の和議七カ条を提示するのである。

その一方で、戦争を終結させたい小西行長と沈惟敬は、相談して秀吉のにせの使節を仕立て上げ、にせの文書を持たせて明皇帝のもとへと派遣する。

その文書には、釜山周辺に駐屯する日本軍の撤退と、朝鮮と和解し明の宗属国になることなどが書かれていた。

明の皇帝はこの偽りの要望を受けて使節を日本に派遣したところ、秀吉が出した要望については一切触れられていないばかりか「秀吉を日本国の王と認め、明の一員にする」と伝えたため秀吉は激怒し、1597（慶長《けいちょう》2）年2月に再び約14万の軍を朝鮮に出兵するのだった。

これが慶長の役（第2次朝鮮出兵）である。

■徒労に終わった出兵

序盤は朝鮮水軍を破り黄石山《ファクソクサン》城や南原《ナムウォン》城を陥落するなど日本軍が優勢だった。しかし、今回の戦いは最初から敗色が濃いことは誰の目にも明らかで、次第に劣勢となっていく。

その焦りからか、日本軍の兵士たちは少しでも功績を残そうと、相手の兵士だけでなく老若男女僧俗問わず殺戮を行うようになる。

そして、鼻を殺ぎ落として塩漬けにし、1000個単位で桶や樽に詰めて日本に送ったのだった。

徐々に士気が弱まっていった日本軍は、指揮をとっていた秀吉が病床に伏すと瞬く間に縮小する。

そして1598（慶長3）年8月に秀吉が亡くなると、徳川家康らは朝鮮からの撤兵を命じ、足掛け7年に及ぶ朝鮮出兵は幕を閉じるのである。

1598年

秀吉の死

秀頼の将来を案じ続けた太閤秀吉の最期

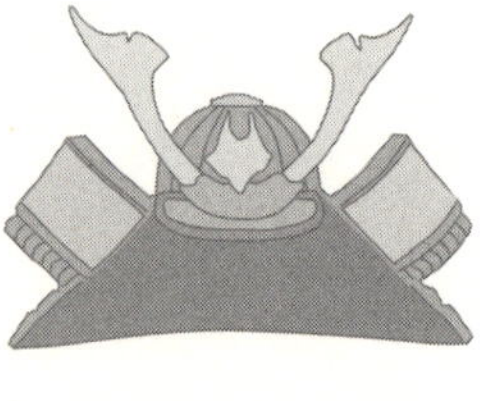

■避けられなかった内部分裂

２度目の出兵で朝鮮半島の日本軍が苦戦を強いられている最中の１５９８（慶長３）年8月18日、同年５月から病床に臥していた豊臣秀吉が伏見城においてついに死去する。享年62歳。側室の淀君との間に晩年になってようやく授かった６歳の嫡男・秀頼《ひでより》の将来をひたすら案じながらの臨終だった。

秀吉は同年の８月上旬に前田利家、徳川家康《とくがわいえやす》、宇喜多秀家《うきたひでいえ》、毛利輝元《てるもと》、上杉景勝《かげかつ》の五大

●豊臣氏の略系図

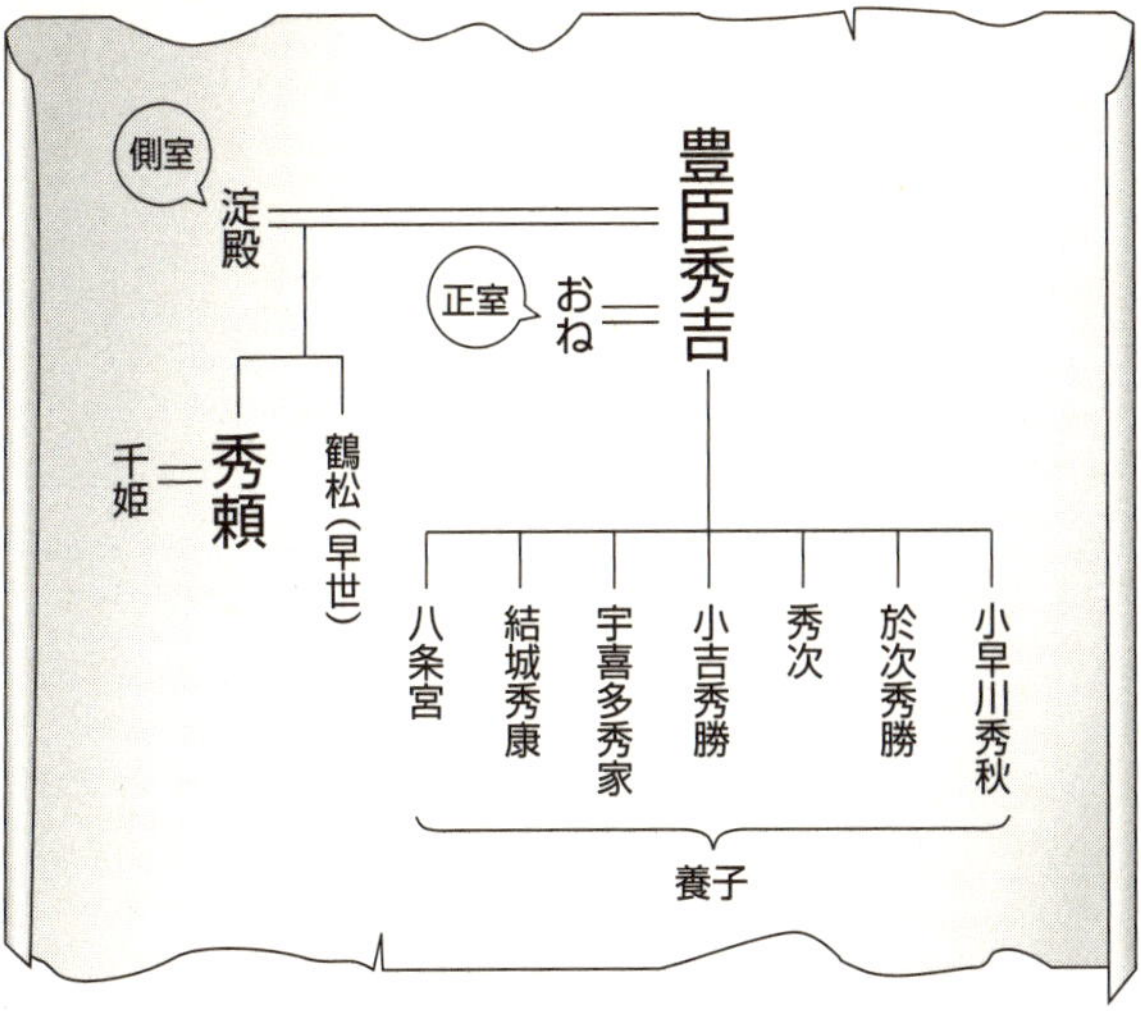

出典：「図解日本史ー地図・図録」（山川出版社）などをもとに作成

老を呼び、遺書に「秀頼のことをくれぐれも頼む」と記して、彼らに秀頼の将来を託している。

さらにその前月には諸大名を集めて、秀頼に忠誠を誓う起請文を提出させるなどして、晩年の秀吉の心配はただ秀頼のことに終始していたのである。

また、秀吉の死は翌年の1月5日まで内密にされ公表されなかった。

これは朝鮮出兵の最中で兵がまだ日本に撤兵していなかったことや、国内でも秀吉の死の直前に伏見で騒動が起きるなど不穏な空気があったためである。

このように、豊臣政権は余りにも多くの不安定要素を抱えたまま新たなスタートを切る。

だが所詮、急造の体制が長く続くわけがない。

石田三成《いしだみつなり》が徳川家康を暗殺しようとして失敗したと噂されるなど、秀吉の下になんとかまとまっていた諸大名たちの対立はすぐに表面化し、内部分裂は避けられないものになっていく。

そして、秀吉が生前あれだけ苦心したにもかかわらず、やがては豊臣政権の崩壊、豊臣氏の滅亡を呼び込むことになっていくのである。

4

関ヶ原の戦いと家康の時代

関ヶ原で行われた石田三成との戦いは文字どおりの〝天下分け目の合戦〟だった。この勝利で実質的に全国を我がものとした徳川家康だが、彼はさらに豊臣氏を2度の「大坂の陣」で滅亡に追い込んでいく。そして、諸大名の毒牙を抜き取って激しく変遷する〝国盗り合戦〟に完全に終止符を打ち、150年にもわたった戦国時代を終焉させるのである。徳川政権の地盤を揺るぎないものにした家康の策略・施策とはいったいどのようなものだったのか。

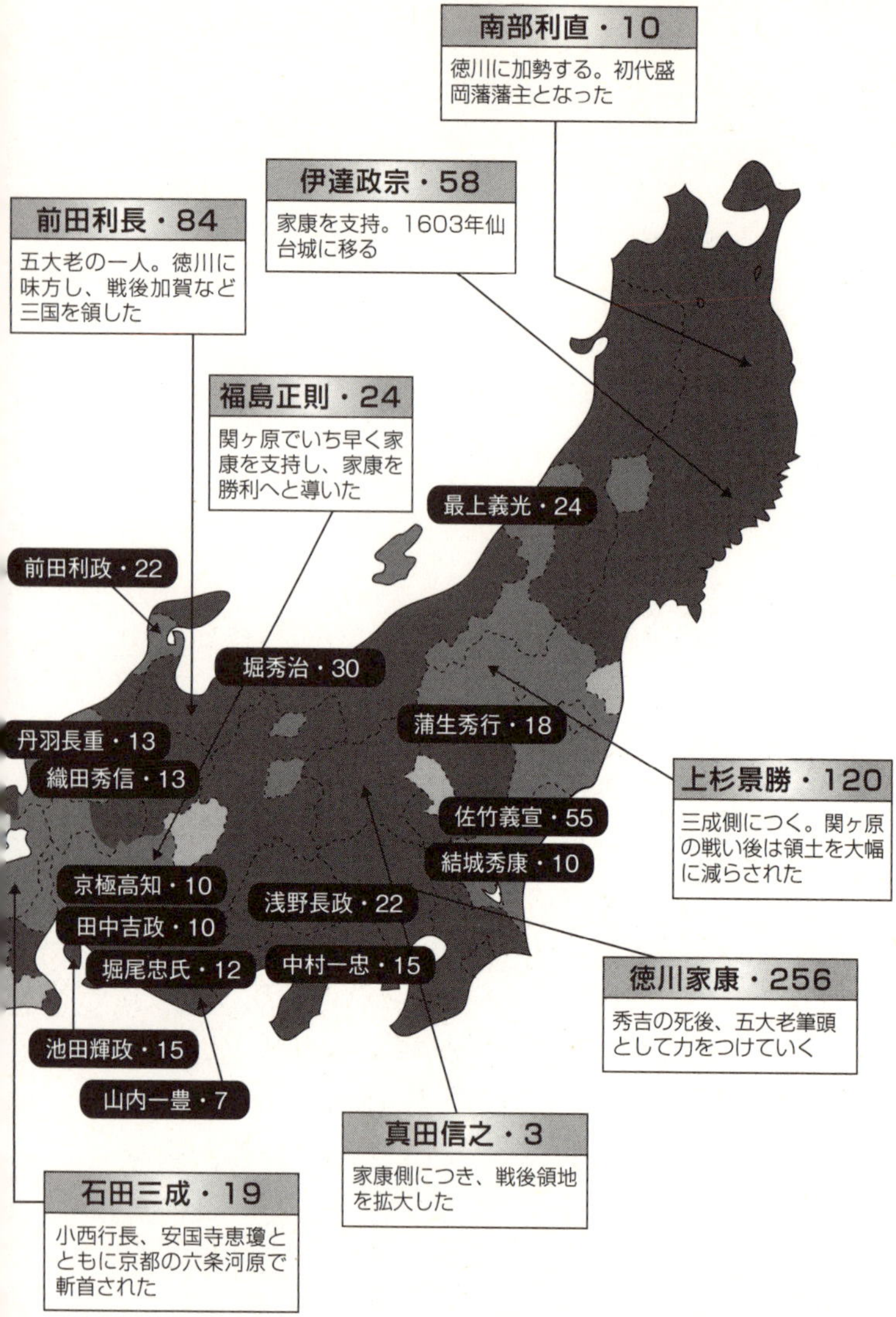
南部利直・10
徳川に加勢する。初代盛岡藩藩主となった
伊達政宗・58
家康を支持。1603年仙台城に移る
前田利長・84
五大老の一人。徳川に味方し、戦後加賀など三国を領した
福島正則・24
関ヶ原でいち早く家康を支持し、家康を勝利へと導いた
最上義光・24
前田利政・22
堀秀治・30
蒲生秀行・18
丹羽長重・13
織田秀信・13
上杉景勝・120
三成側につく。関ヶ原の戦い後は領土を大幅に減らされた
佐竹義宣・55
結城秀康・10
京極高知・10
浅野長政・22
田中吉政・10
堀尾忠氏・12
中村一忠・15
徳川家康・256
秀吉の死後、五大老筆頭として力をつけていく
池田輝政・15
山内一豊・7
真田信之・3
家康側につき、戦後領地を拡大した
石田三成・19
小西行長、安国寺恵瓊とともに京都の六条河原で斬首された

関ヶ原の対立と大名配置図（1600年）

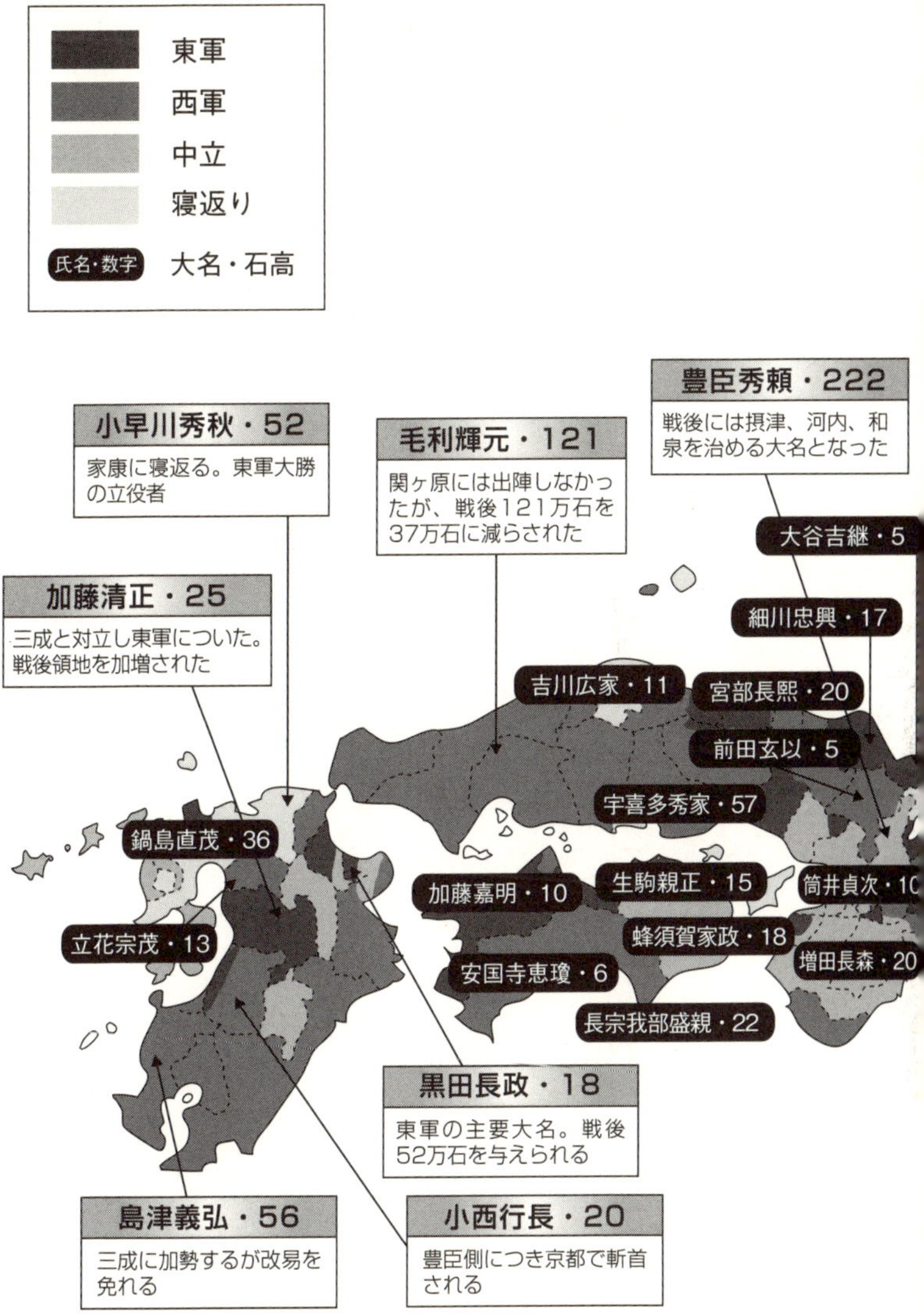

東軍
西軍
中立
寝返り
氏名・数字　大名・石高
小早川秀秋・52
家康に寝返る。東軍大勝の立役者
毛利輝元・121
関ヶ原には出陣しなかったが、戦後121万石を37万石に減らされた
豊臣秀頼・222
戦後には摂津、河内、和泉を治める大名となった
大谷吉継・5
加藤清正・25
三成と対立し東軍についた。戦後領地を加増された
細川忠興・17
吉川広家・11
宮部長熙・20
前田玄以・5
宇喜多秀家・57
鍋島直茂・36
加藤嘉明・10
生駒親正・15
筒井貞次・1
立花宗茂・13
蜂須賀家政・18
増田長森・20
安国寺恵瓊・6
長宗我部盛親・22
黒田長政・18
東軍の主要大名。戦後52万石を与えられる
島津義弘・56
三成に加勢するが改易を免れる
小西行長・20
豊臣側につき京都で斬首される

1600年

関ヶ原の戦い

戦国の幕を降ろした天下分け目の合戦の経緯

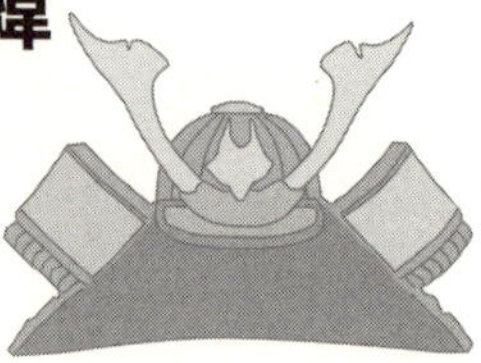

■家康の権力掌握

豊臣秀吉の死後、政務は幼い秀頼を補佐していくため、五大老と五奉行が合議制で行っていたが、そんななかで虎視眈々と天下を狙っていたのが徳川家康である。

彼は「御掟」で禁止されていたにもかかわらず、秀吉が死ぬとまもなく伊達家など有力諸大名と勝手に婚姻関係を結び、他の四大老・五奉行と一触即発の危機に見舞われる。

これは家康が今後は掟を守ると誓約書を交わして和解に至るものの、以降、五大老・五奉行の体制は形骸化していき、五大老の中心的存在だった前田利家が病没すると均衡は一気に崩れていく。

以前から豊臣政権の内部で燻っていた武功派と吏僚《りりょう》派の対立がにわかに表面化。加藤《かとう》清正《きよまさ》や黒田《くろだ》長政《ながまさ》らの武功派が、吏僚派のトップである石田三成の襲撃を計画する。

三成は辛くも襲撃を逃れて彼の居城である佐和山《さわやま》城へと退くことになるが、この利家の死と三成の失脚が家康の権力掌握を決定的なものにしていったのである。

■形勢は三成優位のはずが……

以降も家康は覇権を狙って出兵の機会をうかがい、まもなく会津に帰っていた上杉景勝が家康からの上洛要請を無視すると、それを口実に１６００（慶長５）年６月、上杉攻めを決定して会津遠征へと向かった。

だが、この会津遠征は石田三成を誘い出すための策略に過ぎなかったといわれる。事実、上杉討伐を聞いた三成が家康打倒を掲げて近江で挙兵すると、会津に向かう途中だった家康は７月25日、下野《しもつけ》の小山《おやま》で諸将を集めて会議を開き、上杉討伐の中止と三成打倒を決めるのだ。

そして、この決定により家康は兵を一路西へと反転させて進め、9月15日、ついに美濃の関ヶ原にて三成の軍勢と激突することになる。

この時、家康を大将とする東軍は池田輝政《いけだてるまさ》、黒田長政ら豊臣恩顧の大名を中心に約7万5000なのに対し、毛利輝元を大将とした三成の西軍は宇喜多秀家ら約8万強の軍勢だった。

しかも、家康軍は主力である家康の3男・秀忠《ひでただ》軍約3万が信州上田の真田昌幸攻めに苦戦して関ヶ原に間に合わず、兵力的には明らかに不利だった。

しかし、結局のところ戦いは家康軍の圧勝に終わる。なんと西軍諸将が三成を裏切ったのである。

■功を奏した事前工作

戦いの火蓋は午前8時頃、東軍の井伊直政《いいなおまさ》が西軍の宇喜多秀家隊を攻撃したことで切って落とされた。次いで福島隊が宇喜多隊に切り込み、さらに石田三成隊に黒田長政、細川《ほそかわ》忠興《ただおき》らの隊が攻撃して、戦況は一進一退の攻防が続く。

一方、南宮《なんぐう》山に陣取っていた西軍の毛利1万6000の軍は兵を動かさずにいた。隊を

●関ヶ原の戦い地図

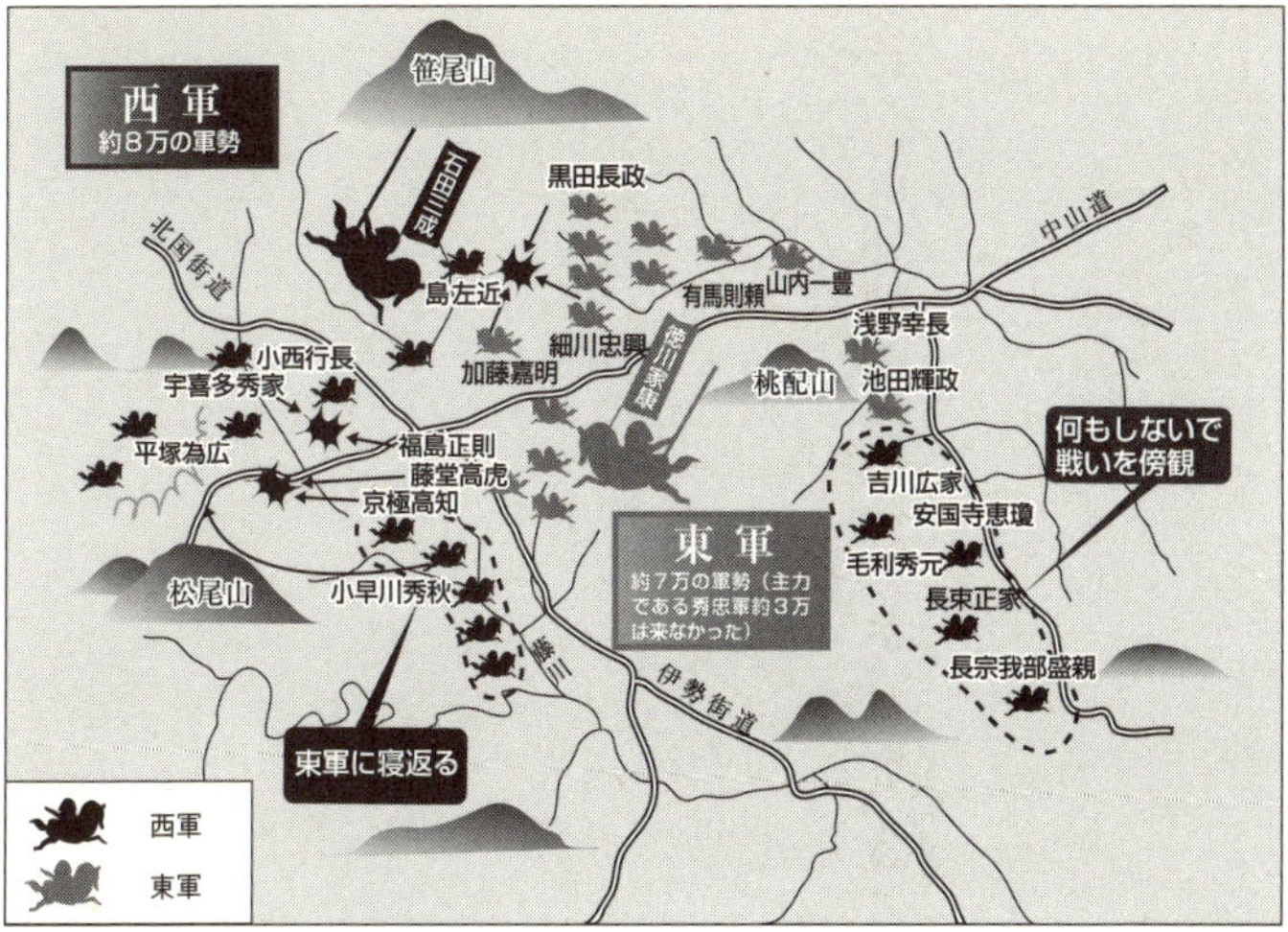

●関ヶ原の戦い前後の動き

7月21日　家康、会津攻め	9月15日
7月25日 西軍挙兵の情報を家康が知る	関ヶ原の戦い
8月1日　三成、伏見城を落とす	8時　決戦開始 11時　三成、総攻撃を始める 12時　小早川秀秋東軍へ寝返り 13時　西軍敗走し始める 15時　戦局落ち着く
8月11日 三成、美濃の大垣に入城	
9月1日　家康、江戸を出発	10月1日
9月14日 三成、深夜に関ヶ原に布陣	石田三成、小西行長、安国寺恵瓊らを京都六条河原で処刑

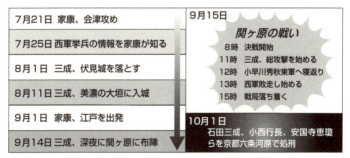

指揮していたのは毛利輝元の従兄弟である吉川《きっかわ》広家《ひろいえ》だが、実は彼には黒田長政を通じて家康側から手回しがされていたのだ。毛利軍は戦いをただ傍観し、家康軍の勝利に一役買うことになる。

さらに正午過ぎ、形勢が一気に東軍の有利に運ぶ事態が起こる。松尾山に配していた小《こ》早川《ばやかわ》秀秋《ひであき》の隊1万5000が西軍を裏切り、東軍にまわったのである。

これを機に脇坂《わきざか》安治《やすはる》、朽木《くつき》元綱《もとつな》、赤座《あかざ》直安《なおやす》、小川《おがわ》祐忠《すけただ》の隊が続々と東軍に寝返って西軍は総崩れになっていく。実は、家康は秀秋ら西軍諸将に対して再三再四、味方につけるための根回し工作を行っていたのだ。

やがて午後2時には6時間にわたる死闘に決着がつき、家康率いる東軍が〝天下分け目の合戦〟の勝利を手中にする。

これにより三成は斬首刑となり、家康は天下人に向けて大きな一歩を踏み出すことになったのである。

1614年、1615年

大坂冬の陣・夏の陣

豊臣氏の息の根をとめた家康の戦略

■方広寺鐘銘事件の真相

関ヶ原の勝利で実質的な主権者の地位に登りつめた家康が、さらにその地位を確固たるものにするため豊臣氏を滅亡に導いた戦いが「大坂冬の陣」と「大坂夏の陣」だ。

1603（慶長8）年には後陽成《ごようぜい》天皇から征夷大将軍に任じられ、江戸に幕府を開いて武家の頂点に君臨した家康ではあるが、唯一目障りな存在が大坂城の豊臣秀頼だった。

すでに65万石の一大名に過ぎない豊臣氏だが、秀吉の残した財力と威信は健在で、徳川家の安泰のためには潰しておく必要があったのである。

2年後に将軍の座を息子秀忠に譲り大御所となった家康は、以後も実権を握って、豊臣氏滅亡の機会をうかがい続ける。

やがて関ヶ原から15年近くが経つ1614(慶長19)年10月、「大坂冬の陣」により家康はついに豊臣氏を滅亡させるべく挙兵する。

この戦いのきっかけになったのが有名な「方広寺鐘銘事件」だ。家康は秀頼が行っていた京都の方広寺大仏殿の再建に目をつけ、ここの鐘に刻まれた文字が不吉だとして豊臣氏に難癖をつけたのだ。

釈明に訪れた豊臣氏に対して家康はさらに無理難題を押し付け、豊臣氏が要求に応じないとなると諸大名に大坂攻めを命じる。時に家康は73歳。満を持しての出陣だった。

■裸城となった大坂城

大坂出陣に際し、家康のもとには諸大名が続々と集結してきた。その総勢は20万にも達するが、一方の豊臣氏の呼びかけに応じる大名は一人もいない。集まってくるのは真田幸《ゆき》村《むら》など関ヶ原の後で浪人となった者たちだけである。

●大坂冬の陣・夏の陣

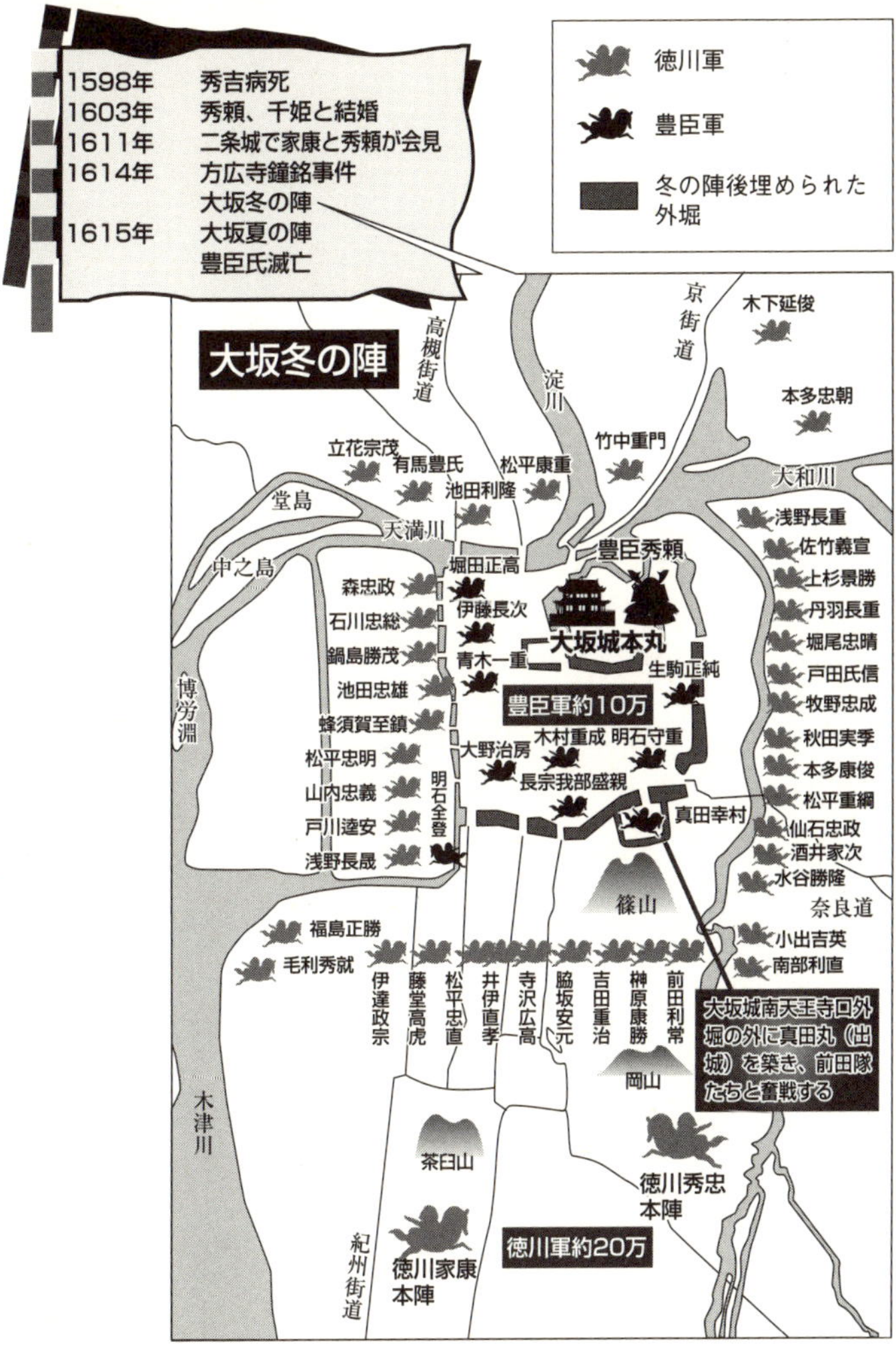
1598年　秀吉病死
1603年　秀頼、千姫と結婚
1611年　二条城で家康と秀頼が会見
1614年　方広寺鐘銘事件
大坂冬の陣
1615年　大坂夏の陣
豊臣氏滅亡
徳川軍
豊臣軍
冬の陣後埋められた外堀
大坂冬の陣
高槻街道
淀川
京街道
木下延俊
本多忠朝
竹中重門
大和川
立花宗茂
有馬豊氏
松平康重
池田利隆
堂島
天満川
中之島
浅野長重
佐竹義宣
上杉景勝
丹羽長重
堀尾忠晴
戸田氏信
牧野忠成
秋田実季
本多康俊
松平重綱
仙石忠政
酒井家次
水谷勝隆
奈良道
豊臣秀頼
堀田正高
伊藤長次
青木一重
大坂城本丸
生駒正純
豊臣軍約10万
森忠政
石川忠総
鍋島勝茂
池田忠雄
蜂須賀至鎮
松平忠明
山内忠義
戸川逵安
浅野長晟
明石全登
大野治房
木村重成
明石守重
長宗我部盛親
真田幸村
博労淵
篠山
福島正勝
毛利秀就
伊達政宗
藤堂高虎
松平忠直
井伊直孝
寺沢広高
脇坂安元
吉田重治
榊原康勝
前田利常
小出吉英
南部利直
大坂城南天王寺口外堀の外に真田丸（出城）を築き、前田隊たちと奮戦する
岡山
木津川
茶臼山
徳川秀忠本陣
紀州街道
徳川家康本陣
徳川軍約20万

この明らかに徳川優勢で開戦した「大坂冬の陣」はたいした戦闘もなく、12月には講和を結んであっけなく終結することになる。

それは、この戦いが翌年に待ち受ける「大坂夏の陣」の前哨戦に過ぎなかったからである。それというのも、大坂城が本丸の周りを二の丸、三の丸と堀が囲むという堅固な構造になっていたからにほかならない。

この城塞を陥落させるのは困難と考えた家康は、無駄な労力を使わずに城内に大砲を打ち込んで敵の戦意を喪失させ、そのうえで講和を結ぶ作戦を取ったのだ。この戦略はみごとに的中し、大砲の轟音に脅えた秀頼の母・淀殿が講和に飛びついてくる。

そして、この講和こそが豊臣氏を滅亡に追い込む罠だった。講和の内容には「大坂城は本丸を残して二の丸、三の丸を埋めること」という条項が含まれている。

大坂城の堅牢な防御さえなくなれば豊臣氏を攻めるのは容易と考えた家康は、講和によりこの防御を外してしまうのである。

■豊臣氏滅亡の瞬間

冬の陣のあと家康は早速、二の丸、三の丸を埋める作業に取りかかり、大坂城を裸城同然にする。こうなれば、あとは豊臣氏の動向を見て再び攻撃を仕掛けるだけというわけだ。

翌1615（慶長20）年4月、大坂で不穏な動きがあると聞いた家康は、弁解する豊臣氏にここぞとばかりに難題をぶつけ、承服しないとわかるや否や再び諸大名を集結させて大坂に攻め入った。「大坂夏の陣」の勃発である。

だが、すでに裸城となった大坂城に豊臣氏は篭城することもできない。しかも徳川軍15万の軍勢に対し、豊臣軍は浪人など5万の兵に過ぎず、野戦での敗北はすでに明らかだった。

真田幸村らが果敢な奮闘を見せるものの、多勢の徳川軍に敵うわけもなく大坂城は炎上。秀頼と淀殿は自害し、豊臣氏はここに滅亡する。

そして、これを最後に大名同士の戦いは終わりを告げ、150年も続いた戦国時代は幕を閉じたのである。

1603年〜

家康の政策

太平の世を実現させた幕府支配の構図

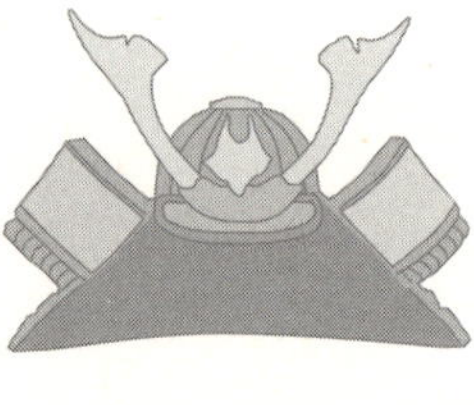

■一国一城令の狙い

徳川家康は、戦国時代に終止符を打ち、天下を統一した。以後、２６０年余りにわたって続いた徳川幕藩体制の基礎はどのようにして築かれたのだろうか。

家康から3代将軍家光までの時代は、強大な軍事力をもって武断政治が行われているが、その根幹をなしたのが「武家諸法度《ぶけしょはっと》」と「一国一城令」の二大政策だ。

「大坂夏の陣」で豊臣氏を滅亡させた２カ月後の１６１５（慶長19〜元和《げんな》元）年6月、家康がまず発布したのが「一国一城令」である。

これにより大名の領国内に城は1つだけとされ、大名の居城以外の城を取り壊させる。

当時、各大名は本城を守るためにその周囲に支城を設けたり城砦を築いたりしていたため、徳川幕府はこれらをなくして大名の軍事力を削減しようと図ったのである。

また、これには大名が配下の家臣に対して軍事的優位に立てるという効果もある。有力な家臣に城郭を所持させないことで、大名に抵抗する勢力の台頭を防いだのだ。

「一国一城令」は主に西国の外様《とざま》大名に向けて出されたものだが、発布から数日のうちに取り壊された城の数は、なんと４００にものぼったという。

■武家諸法度による統制

さらに翌7月に発布されたのが、あの有名な「武家諸法度」である。

家康の命で起草され、13条にわたって武家や大名が守るべき事柄を明文化したものだが、その条文の半分近くは幕府の秩序を乱す恐れのある行為を禁止したものだ。

武士の理想として品行方正な生活を掲げるのに始まり、法度違反者の隠匿禁止や謀反人の通報などを義務づけている。

そして違反した者には改易や減封、転封など厳しい処分が容赦なく下されるのである。たとえば、秀吉恩顧の大名だった福島正則《ふくしままさのり》は居城の広島城を幕府に無断で修築したということで取り潰しの憂き目にあっている。「居城の補修の際は必ず報告し新築は禁止する」という条項に反したからだ。

同様に、法度に背いて厳罰に処された大名は後を絶たない。家光までの3代で所領の処分を受けた大名は60家以上にものぼるという。

なかには幕府の政略的意図で行われた取り潰しなども数多くあり、「武家諸法度」は徳川政権維持のために欠かせないものとなる。

将軍が代わるごとに修正・改訂されていき、家光の時には「参勤交代」を導入して諸大名の経済力を削減、幕府の支配体制をより磐石なものにしていくのである。

■戦乱のない元和偃武の到来

こうして諸大名の牙を抜いた幕府は、さらに公家や寺院にまで支配を及ぼしていく。「武家諸法度」公布の同月には「禁中並公家諸法度《きんちゅうならびにくげしょはっと》」を発布し、公家の昇進や処罰に関して規定し、天皇を政治から遠ざけて幕府の朝廷支配を鮮明にしている。

大名の改易・減封

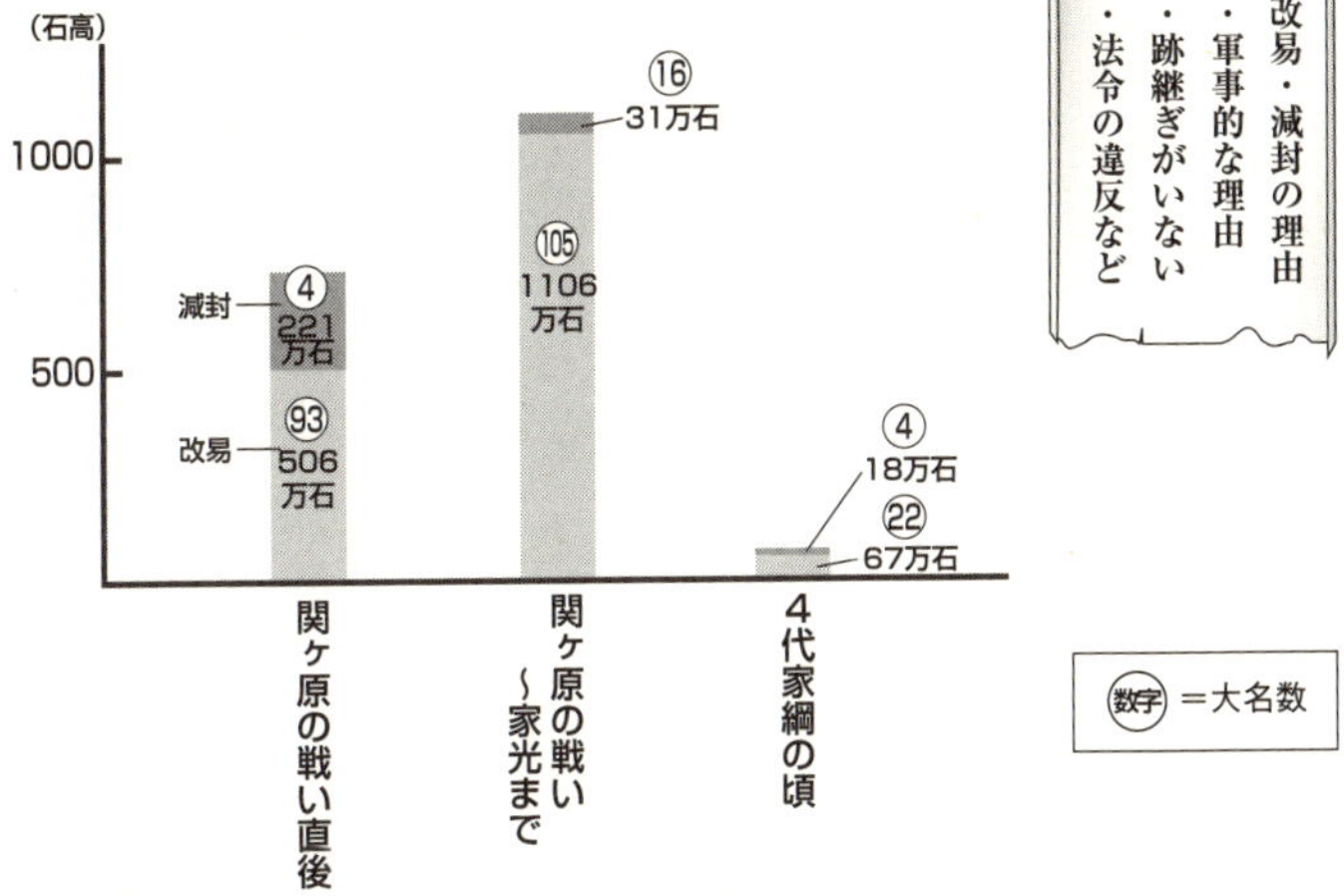

出典：「ビジュアル歴史」（東京法令出版）、「図解日本史—地図・図録」（山川出版社）などをもとに作成

大名の統制策

また同月に真言宗など各宗派にそれぞれ法度を発布して、寺院や僧侶を統制していくのだ。

これら法度の公布と時を同じくして、幕府は朝廷に元号を慶長から元和へと改元するように図る。「元和偃武《えんぶ》」の到来である。

偃武とは〝武器を収める〟という意味で、戦国の争乱が終結し平和な時代になったことを示している。

そして実際に、各方面への徹底した統制は徳川幕府の威信を確固たるものにしていき、戦国時代の下剋上を消し去ってしまう。

このあと江戸時代の日本では戦争がまったく起こらなくなり、徳川260年の太平といわれる類稀な平和な時代を築いていったのである。

1614

大名たちのその後①(1614)

大坂冬の陣直前の大名配置地図である
関ヶ原の戦いの功績などを考慮して
「親藩・譜代」、「外様」に分けられた

大名たちのその後②（1664）

一国一城令、武家諸法度を制定し
違反した大名は厳しく処罰された
3代家光の時代には
参勤交代制を定め
幕藩体制が完成する……

大名たちのその後③（1732）

1732

社会の成熟につれて大名の処分は少なくなっていく

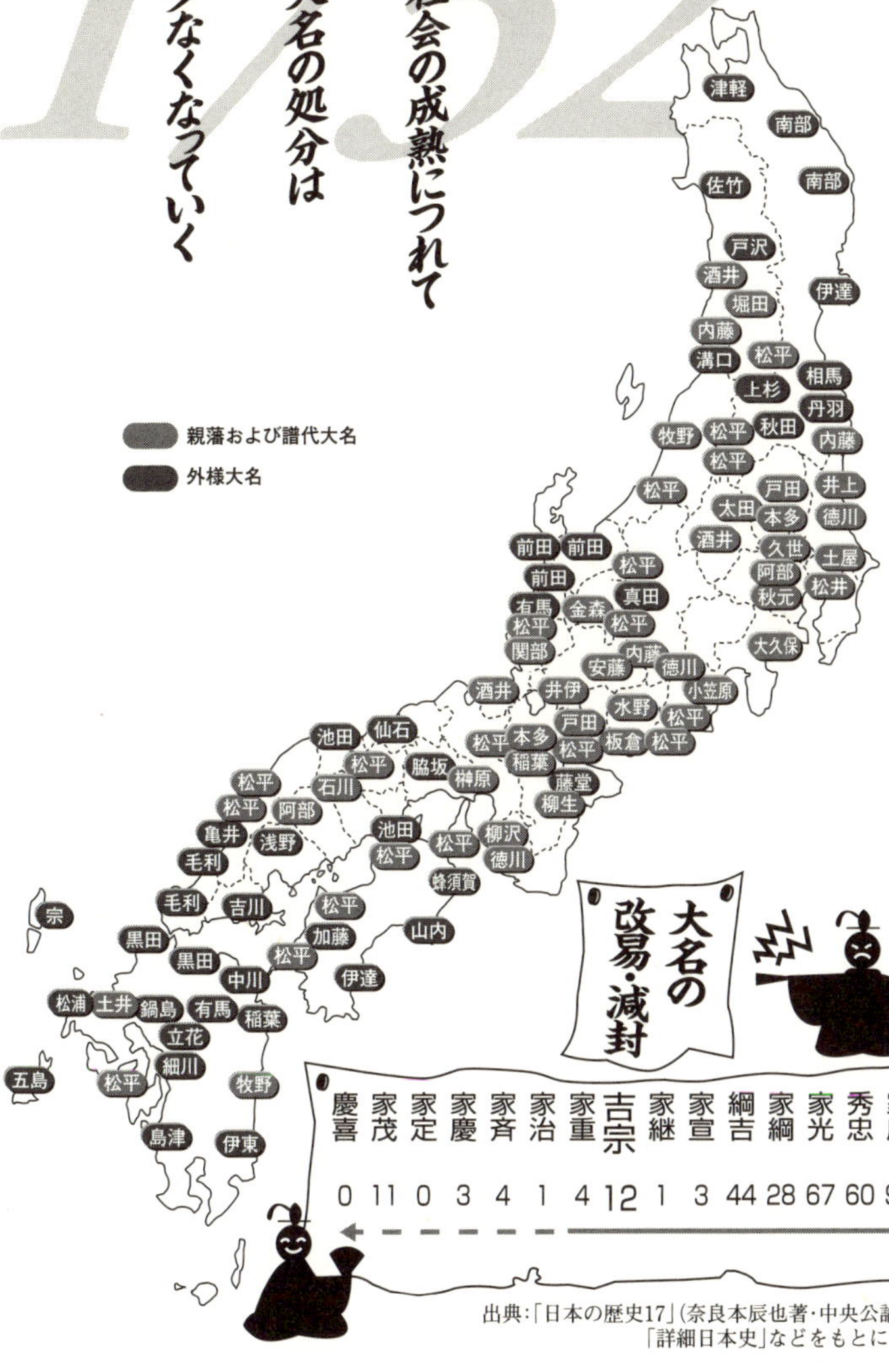

大名の改易・減封

慶喜	家茂	家定	家慶	家斉	家治	家重	吉宗	家継	家宣	綱吉	家綱	家光	秀忠	家康
0	11	0	3	4	1	4	12	1	3	44	28	67	60	97

出典：「日本の歴史17」（奈良本辰也著・中央公論社）
「詳細日本史」などをもとに作成

大名たちのその後④（1871）

1871

維新政府は
1869年の版籍奉還で大名の領土を
天皇に返上させたうえで
1871年、廃藩置県をする…

維新後の流れ

9府22県274藩（1868）
└ 廃藩置県 3府302県（1871.7）
└ 廃藩置県 3府72県（1871.11）
└ 3府43県（1888）※ほぼ現在の形となる

第二部

戦国時代の「内幕」

5

経済からみた戦国日本

学校では教えてくれない合戦の〝損得勘定〟とは？

戦争とは悲惨なものである一方、特定の産業には新たな富をもたらすことがある。室町時代から戦国の世へかけての動乱の時代でもそれは同じだった。

戦をするには武器や防具が必要だ。さらに馬具なども重要である。いわば「軍需産業」ともいえるそれらの仕事に携わっていたのは、寺院だった。武士が登場して以来、武器の製造と備蓄・販売は、寺院にとってもっとも大きな収入源となっていた。

たとえば奈良では、多くの寺院が鎌倉時代末期から刀や鎧・兜を作って販売するようになり大きな収入を得ていたし、また和歌山県の根来寺などは優れた弓矢や盾を製造することで知られていた。祇園社の犬神人は弓のつるを製造することで有名だった。

もともと寺院には、古来より優れた知性や技術を持った人々が集まり、さまざまな社会事業や物品の製造販売を行ってきた。戦国時代になると、それが軍需産業という形で発揮されたのである。

こうしたなかで寺院は着実に経済力を身につけていき、金融業などを営んで武士や庶民に金を貸したり、運輸業に手を広げて物流を掌握するような強い立場になっていくのだ。

戦国大名の実像をその「財力」から見てみると…

戦国時代はその名のとおり、全国各地で戦が繰り返された、まさに群雄割拠の時代だった。戦に勝つためには優れた兵が必要なことはもちろんだが、多くの武器や防具を購入して装備を整えなければならない。そのためには、いわゆる軍資金が必要である。

ところで平安時代以降、日本ではいくつかの種類の貨幣が混在して使われていた。平安初期以降に作られている銅銭、中国から輸入される宋銭や明銭、そして、それらにならって勝手に鋳造された私鋳銭などだ。

それらのなかには粗悪な金属が使われ、形も統一されてない、いわゆる「悪銭」といわれる劣悪な銭も多かった。もちろん貨幣的な価値はあったが、質の高い金属で鋳造された貨幣に比べればやはり見劣りのするものであり、その価値も低かった。

質の高い金属で作られた貨幣は価値が高いもの、質の悪い金属の貨幣は価値が低いもの、というのが室町時代の人々の常識だったのである。

こうした状況のなかで、戦国時代に新しい動きが始まる。それは、戦国大名たちによる鉱山開発だ。

優れた装備を整えるためには、それだけ費用がかかる。だから私鋳銭を多く作ろうとする大名が増えたのは、ある意味当然の成り行きだった。

ただ、作る以上は、質のいい金属を使って貨幣的価値の高いものを作りたい。そこで戦国大名たちはこぞって鉱山開発に力を入れたのである。

そのため、この時代には全国各地で新しい金山や銀山が開発されている。そしてそのようななかから、たとえば1567（永禄《えいろく》10）年に武田信玄《たけだしんげん》が作った「甲州金」のような新しい貨幣が生まれたのである。

ほかにも、多田銀銅山を開発した豊臣秀吉《とよとみひでよし》、周防《すおう》の大内《おおうち》一族が開発した石見銀山をはじめ、上杉謙信《うえすぎけんしん》、毛利元就《もうりもとなり》、伊達政宗《だてまさむね》など、名だたる大名たちは、いずれも優れた技術者を使って鉱山開発を行っている。

戦国大名たちは独自に鉱山開発を進めることで優れた貨幣を鋳造し、その財力をもって多くの武器や防具を購入した。まさに、鉱山を制するものが戦場を制したのである。

「本願寺攻略」に執念を燃やした織田信長の不可解な胸の内

織田《おだ》信長《のぶなが》には数々の敵がいたが、そのなかでも最大の難敵は大坂の石山本願寺を総本山とする本願寺一門だった。当時、本願寺に君臨していたのは第十一世法主の顕如《けんにょ》である。

全国に信者を持つ巨大組織は無視できない存在だ。信長はまず5000貫という膨大な矢銭、つまり軍資金の提供を求め、顕如は素直にこれを差し出した。

しかし、信長の要求はさらにエスカレートしていく。石山に城を築きたいので本願寺を明け渡せと言い出したのだ。

さすがに本願寺もこの要求には従えなかった。顕如はきっぱり断ると同時に、行動を起こす。三好長逸《みよしながやす》、三好政康《まさやす》、そして岩成友通《いわなりともみち》の3人の、いわゆる三好三人衆を呼び寄せ、「姉川の戦い」で信長に敗北した朝倉義景《あさくらよしかげ》や浅井長政《あざいながまさ》とも次々と手を結んでいった。そうして信長を封じ込めようと考えたのである。

もちろん、これに対して信長が黙っているはずがない。1570（元亀《げんき》元）年、両者の根深い因縁に基づく「石山合戦」が始まった。和睦と戦を繰り返したこの戦いは約10年にも及んでいる。

ところが戦いの終盤、本願寺を陥落する寸前まで追い詰めながら、信長は不可解な行動に出ている。なぜか最後のとどめを刺さないばかりか、大坂から撤退するように話し合いの場さえ設けているのだ。

実は、信長が真に狙っていたのは、本願寺が所有する莫大な財産だったという。

戦国時代における最大の宗教勢力だった本願寺には、全国各地から多大な布施が集まっていた。信長が要求した矢銭をすぐに提供できたのもその財力ゆえである。ある意味、本願寺は有力な戦国大名をしのぐ存在だったといえる。

信長はそんな本願寺を懐柔し、天下統一における経済的拠点にしようと目論んでいたらしい。そのため、最初から本願寺を潰す気などなかったという説まであるほどだ。

最終的に顕如は降伏したものの、息子の教如《きょうにょ》は徹底抗戦を唱えた。ただ、その直後に火災が起きて本願寺は全焼してしまう。出火の原因は不明だが、教如の動きを察知した信長が火を放ったともいわれる。

いつまで経っても思い通りにならない本願寺に業を煮やし、自らの手で野望に終止符を打ったのだろうか。激情家の信長であれば、ありえない話ではない。

都市開発で財を成した元祖ディベロッパー

安土城は織田信長の絶頂期に築かれた城だ。かつてないほど巨大で壮麗な城は、信長の権力をまざまざと見せつけた。

那古野城からはじまり、清洲城、小牧山城、岐阜城、そして安土城へと、信長は次々に居城を移っている。もっとも、勢力の拡大にともなって居城を移動することは、戦国時代においては珍しい話ではない。

ただし、信長が築城を繰り返した背景には、ほかの武将とは少々異なる理由もあった。じつは、城づくりが莫大な利益をもたらすと見抜いていたのだ。

城を築くにあたり、信長は必ず城と城下町をセットにした都市計画を立てた。とりわけ力を入れたのが城下町の整備である。

居城を移転する際、主だった家臣は一緒についていくため、まずは彼らが暮らす居住区が必要になる。だが、武士だけでは町が発展しないばかりか、そもそも生活が成り立たない。そこで、商人や職人といった町人も引き連れていき、新たな町を丸ごとつくり出したわけだ。

こうした町人によって構成される商業地は、信長にとって重要なポイントだった。目新しい町ができれば周辺から人が集まってくるし、お金を落とす。にぎわいが大きくなるほど町は潤い、信長の懐も豊かになる。そして、それが次なる城を建設する資金になるという寸法だ。

実際、城をつくるたびに信長の経済力は増していった。

すでに清洲時代から市が2つ存在したというが、小牧山城では大規模な造成を行って新しい城下町がつくられた痕跡が残っている。

もっとも有名な安土城の城下町は、８０００～１万人もが行き交う大都市になっていたらしい。

もちろん、どの武将も自分の城下町を繁栄させることには熱心だった。しかし、次から次へと城下町をつくり、それをステップに財をなしていくという発想をしたのは信長だけである。

都市開発を念頭に置いて築城を行った信長は、不動産ディベロッパーの走りといってもいいかもしれない。

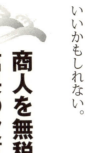

商人を無税にして味方につけた信長の皮算用

織田信長は経済的手腕に長けていたといわれるが、よく知られている経済政策のひとつに楽市楽座がある。では、楽市楽座のどこが画期的だったのだろうか。

座とは鎌倉時代に誕生し、室町時代に定着した同業者組合だ。米や酒、材木、炭といった商品の販売から運送、建築まで、さまざまな業種に座がつくられた。座は寺社や公家に一定の税を納め、その見返りとして独占的な営業権を得ていたのである。

信長は、この座による特権を撤廃した。どんな商人も市に出入りして自由に商売ができ、なおかつ税を納めなくてよしとしたのだ。通行はフリーパス、税も免除となれば、当然のことながら多くの商人が集まってきた。

商業活動が活発になり城下が栄えるのはいいことではあるが、単なる親切心から商人たちを優遇したわけではない。もちろん、そこには信長なりの思惑があった。

そもそも、従来の市や座からの税は寺社などに流れてしまい、信長には何のうま味もない。実際は楽市楽座もまったくの無税ではなく、ある程度の冥加金（売上税）は徴収していたようだ。

とはいえ、座に所属すると地代も払わなければならなかったので商人には負担が軽くなり、信長のほうは市が発展するほど収入は増えるしくみになっていたのである。

さらに、楽市楽座は軍事的にも大きな意味を持っていた。

賑わう町には人・モノ・金が集まる。ライバルとしのぎを削る戦国時代において、これは非常に重要なポイントだった。

いざ合戦に臨むとなったら、兵糧や武具など膨大な物資を用意しなければならない。素早く確実に物資を調達するためには、どうしても商人の協力が必要だった。つまり、閑散とした町では合戦の準備すらままならなかったわけだ。

また、各地とつながりを持つ商人たちは、独自の人脈ネットワークや情報ルートを握っている場合も多い。彼らがもたらす情報が、勝負のカギとなることもありうる。数多くの商人が行き交うようになれば、多種多様な情報も手に入れやすかったのである。ちなみに、身分より実力を重視した信長は、情報収集の能力に優れた者を重用したともいう。

信長は楽市楽座から得られるさまざまなメリットをちゃんと計算していたのだ。

「判銭」さえ払えば焼き討ちに遭わなかった!?

戦国時代に名を馳せた武将たちは、2つの資質に優れていたといえる。ひとつはいうまでもなく軍事力だが、もうひとつは経済力である。

武器や兵糧、兵士など戦の支度を整えるためには莫大な費用がかかる。経済力の下支えがあってこそ、強大な軍事力を持つことも可能だったのだ。

ところで、合戦に際しては寺社や町人が判銭を納めるケースもあった。それぞれの土地柄や規模によって金額は異なるものの、これがけっこうな臨時収入になったようだ。

戦は武士同士の問題で、町人は軍資金を巻き上げられただけにみえるかもしれない。だが、判銭は戦禍を防ぐ手段でもあったのだ。

戦は場所を選ばず繰り広げられる。もしも自分が暮らす地域が戦場になった時には、家が壊されたり町が焼かれたりするかもしれない。しかし、事前に判銭を納めておけば、武将たちはその地域に手出しをしないと約束したのである。町人にとっては安全を確保する保険のような存在だったといえる。

ただし、誰に判銭を支払えばいいのかが曖昧で、部隊が通りかかるたびに徴収されることも少なくなかった。

そこで織田信長は、この徴税システムを厳密に整備し直した。

支払い回数は一度でよく、判銭を納めた相手に対して信長は「防御御礼」を与える。防御御礼はいわば信長のお墨付きなので、現場が二度三度と徴収することはできなくなった。

また、防御御礼がある場所では、部下の乱暴狼藉を厳しく禁じている。禁を破った者はその場で切り捨てるほどの徹底ぶりだった。

有力な寺社や町は相当な金額の判銭を得られる貴重な収入源であり、彼らの機嫌を損ねたら金を引き出すのが難しくなる。だからこそ、治安維持に気を配る必要があったのだろう。反対に、判銭を払わない地域は容赦なく攻撃した。

ちなみに、足利義昭《あしかがよしあき》が挙兵した上京は焼き打ちされたが、下京は無傷で残った。実は、下京の人々は信長におよそ銀700枚を払っていたのだという。同じ京都でも大きく明暗が分かれる結果となった背景には、判銭を納めたか否かの差があったのである。

枡の規格のモトは十合の京桝だった!

楽市楽座の整備や関所の廃止など、織田信長は経済を活性化させる政策をいくつも推し進めた。そのなかで、ものを量る単位にも着目したことを知っているだろうか。具体的にどうしたのかというと、枡の規格を統一したのである。

たとえば、現代では1カップの水といわれれば、200㏄の水だとすぐにわかる。これは量の単位が統一されているためだ。東京は200㏄だが、大阪へ行くと300㏄になるといったことはあり得ない。

しかし、当時は人によって、あるいは地域によって使っている枡の大きさがバラバラだった。つまり、ひと枡の米といっても、その量は違っていたのである。

全国共通の単位が存在しない状態は、商売にとってはネックだったといえる。商取引をする際、自分の単位と相手の単位をいちいち計算し直さなければならないからだ。こんな面倒くさい手間があっては、商売はなかなか拡大していかない。

そこで信長は、全国どこでも正確な計量ができるよう枡の規格を統一した。信長が公用の枡として認定したのは、京都を中心に使われていた十合の京桝である。ちなみに、「升」や「合」といった単位はこの時代に誕生し、現在まで受け継がれている。

また、枡を統一することは徴税に関しても大きな役割を果たした。年貢を徴収するのは現地の役人だが、枡の大きさの違いを利用して不正を働く輩も少なくなかったのだ。領民から取り立てる時には大きな枡を使い、領主に納める段になると小さな枡を使う。ここで生じた差額分は自分の懐へという図式である。

　こうなると領主は本来受け取れるはずの収入を手にできず、潤うのは小役人だけになる。もちろん、ピンハネされる領民にも鬱憤《うっぷん》が溜まる。中世から戦国時代にかけては、枡の不正が原因で一揆に発展したケースもあったほどだ。

　みなが同じ規格の枡を使えば途中で不当に搾取されることがなくなり、領民の負担軽減にもつながった。

　取り引きの手間を省いて流通をスムーズにし、なおかつ正しく徴税する。枡の規格を統一することによって、信長は一石二鳥の経済効果を狙っていたわけだ。

〝金貸し〟に手を染めていた寺社の謎

　寺社は神仏の教えによって人々の心に平穏を与える場所だ。そのせいか、世俗の雑事とはかけ離れた存在というイメージを持つかもしれない。

しかし、中世から戦国時代にかけて、寺社にはもうひとつ別の顔があった。なんと大々的に金融業を営んでいたのである。

古代から出挙《すいこ》という形で貸し付けは存在した。春に種籾《たねもみ》を貸し、収穫が終わった秋に利息をつけて返すしくみだ。国が行うものを公出挙といい、私的なものを私出挙といった。

本来、寺社による出挙は神事の意味合いが強かったらしい。供物として持ち寄られた初穂から種籾を貸し出し、農民は神仏への感謝を込めて利息とともにその年の初穂を捧げていた。それが、しだいに利息を重視する方針へと変わっていったのだ。

やがて、出挙は本格的な高利貸である土倉《どそう》に発展した。

京都では「山門気風の土蔵」と呼ばれる土倉があったが、山門とは比叡山延暦寺を指す。じつは、土倉のほとんどが山門気風の土蔵に属しており、延暦寺は金融業界の大元締めだったといっても過言ではない。

彼らと二人三脚で金融業に精を出したのが、延暦寺の守護神社となっていた日吉大社である。日吉大社は早くから積極的に金融業に携わってきた神社だった。

ところで、土倉から金を借りた場合、利息はどのくらいついたのだろうか。年利でみるとだいたい50~70%前後だというから、驚くほど暴利をむさぼっていたことになる。借金を取り立てる際は家に押し込んだり暴力を振るったりと、かなり荒っぽい手段も辞さなかったようだ。

この時代の寺社は大半が金融業を手がけていた。寺社と金のつながりは不思議にみえるが、神仏の加護を得ようと寺社には多くの寄進がある。あり余る資産を運用する方法として金融業が選ばれたわけだ。

寺社の看板を背負っていれば、取り立てにも役立つ。金を返さないと神罰・仏罰が下ると脅せば人々は震え上がり、懸命に返済しようとする。

寺社が人々の心のよりどころとなっていたのは事実だ。しかしその一方で、首までどっぷり世俗に浸かって私腹を肥やす、あくどい金融業者でもあったのである。

戦国武将の金蔵、堺が「自由都市」と呼ばれたワケ

2006（平成18）年に全国で15番目の政令指定都市となった大阪・堺市《さかいし》は、かつて

大阪市をしのぐ全国随一の国際商業都市だった。

その繁栄を極めていた16世紀の半ばに堺を訪れたポルトガルの宣教師たちは、堺を「執政官によって治められた共和国のような街で、日本でもっとも自由で平和」であると手紙にしたためている。

現在の北大阪である摂津《せっつ》と、南大阪の和泉《いずみ》のちょうど境に位置している堺は、瀬戸内に面していたことから畿内と瀬戸内海を結ぶ拠点として常に権力者が手中に収めたいと考えていた町であった。

山口の大内義弘《よしひろ》もそのひとりで、室町時代の初めに堺に進出してきた大内氏が堺の港を遣明船《けんみんせん》の母港としたために、戦国時代には国際的な商業都市として大いに繁栄した。堺の蔵には金銀のほかにも、明や琉球などの貿易品、全国から集められた年貢米や木材が納められており、戦国武将たちにとって堺はまさに金蔵だったのである。

だが、堺の商人たちは大名に町を支配されることを嫌い、町の運営は「会合衆《えごうしゅう》」という代表者36名の合議に委ねられていた。

しかも応仁の乱以降、町は深い堀で取り囲まれた環濠《かんごう》都市として整備されていたため、戦が起きても門を閉めれば飛び火を避けることができ、戦国時代にあっても外敵の侵入を防ぐことができたのだ。

それは、まさに〝自由と平和の町〟で、ポルトガル人宣教師たちはその姿を〝共和国〟だと讃えた。

だが、一方で堺商人たちは常に畿内の覇者と深いかかわりを持ち、彼らを〝用心棒〟として利用するというしたたかさを持っていた。

特に戦国末期は対岸の淡路《あわじ》・阿波《あわ》を拠点とする三好氏を支持し、軍資金を提供する代わりに町の平和と安全を買い取り、豊かで平和な黄金期を謳歌したのだ。

だが、そんな繁栄も１５９６（慶長《けいちょう》元）年に起きた畿内の大地震を機にかげりを見せ始め、堺の黄金時代は終息に向かうのである。

秀吉はなぜ「天正大判」を作ったのか

皇朝十二銭のあと、公的に貨幣が鋳造されたのは徳川家康の時代になってからである。

しかし、黄金好きで知られる豊臣秀吉も金貨を作らせているのだ。

天下を統一した秀吉は全国各地の金山銀山を直轄地にし、その採掘権を一手に握ったことから、莫大な金銀を手に入れることになった。そして、現存する金貨のなかでは世界最大の「天正長大判」を作ったのである。

天正長大判は縦およそ17センチ、横およそ10センチで、重さは165グラム。金の含有量は74パーセント、銀は26パーセントというものだ。現在のお金にすると、1枚で200万円とも350万円ともいわれるほど高価なものである。

秀吉はいったい何のために、こんな高価な大判を作ったのだろうか。

実は、一般に流通させることが目的だったわけではなく、大名への贈り物やほうびとして使ったのである。

秀吉は常に大量の大判を手元に置いておき、1日に何千両もの大判をふるまったと伝えられている。1589（天正《てんしょう》17）年に諸大名を聚楽第《じゅらくてい》に招いた時には、金4900枚、銀3万1000枚をばらまいたというのだから、秀吉の財力に大名も驚いたことだろう。

とはいえ、庶民には大判も縁のないものだった。相変わらず、渡来銭や粗悪な貨幣を使って暮らしていたのである。

秀吉はなぜ「七口の関」を廃止したのか

秀吉は、経済政策を全国規模で推し進めていったが、信長ができなかった「七口の関」を廃止したのも秀吉である。

七口の関とは、中世にできた関所で、京都に入る七つの街道に置かれており、もっとも商業の盛んな京都に外から商人が入るのに大きな難関となっていた。これを廃止することで京都における商売の間口が大きく広がることになり、商業の振興に役立ったのである。

このようなことを行った大きな目的は、税制を確立するためだった。つまり秀吉は、経済基盤を確固たるものにすることから天下統一に着手したわけだ。

さらに秀吉は、朱印船貿易などによって商業を盛んにしようとした。つまり、商業を重視したネットワークを全国規模で広めようとしたのである。

特に、海外貿易には積極的だった。豪商たちの東アジアへの航海を積極的に推し進めたために、日本の貿易船がアジア各地で活躍するようになった。

1592（天正20）年以降は、海外渡航を許可する朱印状を持たせるようになったので、日本の貿易船は「御朱印船」と呼ばれるようになった。朱印船貿易では、絹織物、薬品、砂糖などが輸入され、銀、銅、鉄、刀剣などが輸出された。

戦を陰で支えた上杉謙信の2つの財源と財テク

「越後の龍」の異名をとる上杉謙信と、「甲斐の虎」と呼ばれた武田信玄。いわずと知れた戦国時代きってのライバルである。彼らは川中島で5回に渡って激突している。

謙信といえば「川中島の戦い」が思い浮かぶほど2人の対決は有名ではあるものの、謙信が戦った相手は信玄だけではない。城主になってから没するまでの30年間に、関東方面へは13回、越中・能登方面へも10回ほど出陣しているのだ。まさに戦に明け暮れた生涯だったといえる。

ただし、謙信が戦のことしか考えていなかったと思うのは早計だ。実は、財政面でもなかなかやり手だったのである。

謙信の主な財源は2つあった。

ひとつは鉱山の経営だ。領内には鶴子銀山、高根金山といった鉱山がいくつもあり、それらを積極的に開発した。豊富な資金力のおかげで、将軍や朝廷、寺社などにも多額の金銀を献上している。

そして、もうひとつは青苧《あおそ》という植物の生産である。青苧の繊維で織った布は、以前から庶民の衣料に使われていた。謙信はこれを上質な布に仕立て上げ、越後上布《えちごじょうふ》と名づけて京都で販売したのだ。

青苧の商人からは営業税を、輸送船からは入港税を取り、さらに国の専売品として生産量もコントロールした。上洛した際には、謙信自らが公家たちに特産品を売り込んだともいう。

こうした財源のバックアップがあったからこそ、戦漬けの日々を送ることも可能になったわけだ。

ちなみに、今川《いまがわ》と北条《ほうじょう》の策略で甲斐に塩を送るルートが断たれた時、謙信が塩を送ったというエピソードがある。義に篤い謙信らしい美談として語られているのだが、その裏には経済的な計算が働いていたようだ。

実際は塩を送ったというより、商人が塩を運んでいくことを止めなかったというほうが正しい。塩が希少になれば、それだけ値が上がるからだ。謙信はライバルの窮地につけ込んで、ちゃっかり儲けようと企んでいたのである。

大名と家臣は土地をめぐるギブアンドテイクの関係だった

同じように戦国時代を生きた武将といっても、それぞれ懐具合は異なっていた。大名と呼ばれる規模になれば、年貢や商業・通行に関する税が入ってくるほか、鉱山経営の利益なども手にすることができる。

では、家臣たちはどのように収入を得ていたのだろうか。基本的に、主君から与えられた土地が彼らの収入源になる。領地を安堵してもらうかわり、収益の一部を主君に上納するのだ。

とはいえ、さっさと主君を乗り換えてしまう国人領主のような危うい家臣もいた。ただ、国人領主同士の争いで土地を奪われるケースも多く、力のある武将から土地を安堵されることは彼らにとってもメリットが大きかったのである。両者はギブアンドテイクの関係で結ばれていたといえるだろう。

戦になれば家臣は労力も提供しなければならないが、戦にかかる費用は自腹だった。領地の規模に応じた戦力を求められるとはいえ、けっこうな負担である。だからこそ、手柄を立てることに躍起になった。大きな功績をあげた者には恩賞が出るからだ。

そんないろいろな恩賞のうちでも、新たな領地をもらえる加増がもっとも喜ばしかったのはいうまでもない。

また、主君が武功を認めた感状を与えられる場合もあった。領地と違ってすぐに収入が増えるわけではないものの、感状はキャリアアップにつながる大切な切符だった。家臣としての地位が上がれば、ゆくゆくは収入アップも見込めるのだ。

逆に、失態を犯せば領地を召し上げられる恐れがある。収入に直結するとなれば、家臣も必死に戦うわけだ。

ちなみに、まだ兵農分離がはっきりしていなかった当時、武士という身分は非常に曖昧だった。もちろん、主君に近い上級の家臣はプロの武士である。ただ、中級や下級の家臣は平時は農業に携わり、戦となったら参戦する者も少なくなかったのだ。農繁期でも戦に駆り出されるため、彼らの生活はけっして楽ではなかったといっていい。

もっとも、一介の足軽から出世街道を駆け登った豊臣秀吉の例でもわかるとおり、たとえ身分が低くても成り上がるチャンスは誰にでもある時代だった。

6

歴史的事件のウラの裏側

戦国最強を謳われた「武田騎馬軍団」の虚実

「風林火山」を旗印に掲げて、戦国時代に圧倒的な強さを誇ったのが甲斐の武将・武田信玄《たけだしんげん》であり、彼が率いたのが無敵の武田軍団である。

その武田軍団の主力とされてきたのが、屈強な騎馬武者たちから成る泣く子も黙る武田騎馬軍団だが、近年ではあまりにも有名なこの武田騎馬軍団が、架空のものではないかという説が浮上している。それによると、戦国時代の戦闘スタイルは騎乗したままでの突撃ではなく、下馬しての戦闘が一般的だったとされているからである。

たとえば、甲州流軍学書の『甲陽軍鑑』には、武田騎馬軍団が活躍したといわれている「長篠の戦い」について、「(武田軍では) 一軍団の中に陣大将ら7、8人が馬に乗り、残りはみな馬を後ろにひかせ､下馬した状態で槍を取って戦った」という内容の記載がある。

当時の戦国大名たちは家臣らに軍役を負担させるのが通常で、武田家にしてもそれぞれの家臣が騎馬武者を何騎、槍足軽を何人と、各自が知行高に応じた人数を連れて従軍してきていたのが実態なのだ。

こうして集められた騎馬武者を一堂にまとめれば大規模な騎馬隊にはなるだろうが、当然、彼らは集団訓練をしていない。寄せ集めの騎馬隊をいきなり統率するのはどんなに有能な指揮官でも難しいはずだ。

それを裏付けるかのように、長篠の戦いを描いた『長篠の合戦図屛風』には武田騎馬軍団の突撃の様子は描かれていない。兵はほとんどが下馬して戦っているのだ。

また、馬についていえば、当時の馬はテレビや映画の時代劇で目にするような颯爽と走るサラブレッドではない。

戦国時代の馬は日本の在来種で、西洋の馬に比べて体高が低い。サラブレッドが160センチ前後あるのに対して、在来馬は120～130センチだ。速さもサラブレッドが時速60キロなのに対して、在来馬はせいぜい時速15～30キロと相当のんびりしている。

信長《のぶなが》が恐れたことからも武田軍団の騎馬武者が有能だったのは事実なのだろう。しかし、仮に武田騎馬軍団が実在したとしても、従来のイメージのような疾風怒涛のごとく押し寄せる騎馬隊でなかったことは間違いないようだ。

織田信長を震え上がらせた謎の傭兵集団「雑賀衆」の正体

群雄割拠の戦国時代を戦い抜いて天下を獲った織田信長をはじめ、戦国大名たちの大きな脅威となった謎の傭兵集団が紀州の「雑賀衆《さいかしゅう》」だ。すぐれた鉄砲の使い手として知られ、「雑賀衆を味方にすれば必ず勝ち、敵にすれば必ず負ける」とまでいわれた。

高い軍事力を持った彼らは、「応仁《おうにん》の乱」の頃から紀伊や河内の守護大名からの要請を受け、近畿地方をあちこち移動しては依頼主のために戦う傭兵として活動していた。

雑賀衆が生まれた現在の和歌山市にあたる一帯には、雑賀庄や、十カ郷、中郷、南郷、そして宮郷という5つの村落が集合体として形成されており、それぞれに鍛冶や林業、漁業、さらに水運を利用した貿易業などが盛んだった。

そこで暮らす人々はすぐれた技能者集団で経済力もあり、やがて力を合わせて一揆を起こすようになる。これが雑賀衆の誕生へとつながったのだ。つまり雑賀衆とは、名もなき民衆たちのつながりから生まれた土着の武力集団なのである。

そんななか、1543（天文《てんぶん》12）年、種子島に漂着した船に乗っていたポルトガル人により2丁の鉄砲が我が国に持ち込まれた。そのうちの1丁が紀州の根来寺《ねごろじ》の僧兵だった津田監物という人物に譲り渡されている。

彼はそれを紀州に持ち帰り、この時から紀州で鉄砲が作られるようになったのだ。雑賀衆の中に優れた鍛冶技術を持つ職人集団がいたからこそ、南蛮渡来の武器を真似て作ることが可能だったのである。

こうして鉄砲は作られたものの、日本では火薬の原料となる硝石が採れない。しかし、雑賀衆の中には海外に多くの貿易航路を持つ者が多かったことから、それを利用して海外から硝石を持ち込むと、鉄砲には欠かせない火薬も作ってしまったのである。

また、雑賀衆のうち浄土真宗の門徒は、早くから大坂の本願寺の警護に当たる職務に就いていた。その本願寺はすでに鉄砲を所持していたといわれるから、本願寺を通じて雑賀衆に鉄砲がもたらされたというルートも考えられている。

いずれにしても、雑賀衆はすぐれた技能者集団という特徴を生かして鉄砲を手に入れ、自らを強力な武装集団へと育て上げていったのだ。

血みどろの戦闘が繰り広げられた「岩屋城の戦い」の阿鼻叫喚

わずか763人の兵で守る城に5万の大軍で襲いかかったのに、城が落ちるまでにはなんと半月もの時間を要した戦いがある。1586（天正《てんしょう》14）年に九州北部の大宰府で起きた「岩屋城の戦い」である。

当時、九州では島津義久《しまづよしひさ》が率いる島津氏が急速に勢力を広げていた。島津氏の前に立ちはだかった最後の大物・大友《おおとも》氏も「耳川の合戦」で敗北を喫している。

その島津氏が次に狙ったのが、大友氏に与する大宰府の岩屋城だ。城を守っていたのは髙橋紹運《たかはしじょううん》が率いるわずかな兵で、島津義久は一気に片を付けようと島津忠長《ただなが》、伊集院忠棟《いじゅういんただむね》を大将とする約5万人の大軍を差し向けたのである。

紹運の家臣たちの多くは堅牢な宝満城に籠城することを進言したが、紹運はあえて岩屋城を選ぶ。長年居城とした岩屋城を逃げ出すことは、武士としてのプライドが許さなかったのだ。そして人格者として知られる紹運は、岩屋城に籠る前にこう言ったとされる。

「自分はこのまま討ち死にする覚悟である。しかし、もしも討ち死にに納得のいかない者は、このまま立ち去れ。また、男子のいない家の長子も、ここから去るがよい」

紹運のこの言葉に、その場にいたすべての者が胸を打たれた。もともと信頼の厚い主である。立ち去る者は誰1人いなかったのだ。

島津軍は5万とはいえ、侵略した土地で寄せ集めて来た兵士が多かった。つまり、岩屋城の戦いとは、戦意がなく士気の低い5万人の寄せ集めの集団と、主君のために命を捨ててでも全力で戦い抜こうと決意した精鋭763名の武人との戦いだったといえるのだ。

決死の覚悟で城を守ろうとする高橋勢に対し、大軍であったはずの島津勢は大苦戦し、決着がついたのは開戦から14日後のことだった。籠城した763人の武将たちは1人も逃げ出すことなく戦い、全員が討ち死にを遂げた。一方の島津軍もこの戦いで約3000人もの犠牲者を出す結果になったのだ。

最後の1人として詰の丸に追い詰められた紹運は、敵に殺されるよりも前に、高櫓に登って自ら割腹して果てた。紹運のその武士らしい死にざまを島津忠長はおおいに賞賛し、最後はその首を前に号泣したとも伝えられているのである。

たった4人の清洲会議が秀吉を天下人に近づけた

世に言う「中国大返し」で明智光秀《あけちみつひで》を討った秀吉《ひでよし》が、織田信長の後継者としての地固めを行ったのが「清洲会議」である。

1582（天正10）年6月27日に行われ、織田家の跡目相続と領国の分配がテーマだったこの会議は、その後の戦国の勢力図を決定づけた重要な局面だった。だが、実は参加者はわずか4人だったという。

秀吉が信長の三男信孝《のぶたか》に送った書状には、「宿老共清洲にて談合せしめ候ところ」、「四人之宿老共」といった記述が出てくる。会議は宿老共、つまり重臣たちで行い、人数は4人だったと記しているのだ。この4人とは、柴田勝家《しばたかついえ》、羽柴《はしば》秀吉、丹羽長秀《にわながひで》、池田恒興《いけだつねおき》のことである。

会議は遅れて到着した勝家を待って開催された。しかし、織田家の重臣の中でも滝川一《たきがわかず》益《ます》は会議に参加していない。

小瀬甫庵《おぜほあん》の『信長記』の記述によれば、一益は6月19日の神流川の戦いに負けて引き揚げてきており、27日には到底清洲に到着することは不可能だった。つまり秀吉は勝家のことは待ったのに、なぜか一益を待たずに会議を行ってしまったのだ。

そして織田家の跡目は勝家が推す信孝ではなく、秀吉が推す信長の長男・信忠《のぶただ》の子である秀信（三法師《さんぼうし》）に決定した。これにより、秀吉が後継者としての地位をまたひとつ確実なものにしたのである。

なぜ秀吉は「太閤検地」に取り組んだのか

秀吉の政策の中でも有名なもののひとつが、「太閤検地《たいこうけんち》」だ。「検地」とは土地調査という意味だが、わざわざ太閤とつけるのは秀吉の検地がかなり厳しく行われたからである。

検地には自己申告の指出検地もあるが、秀吉は検地奉行に命じて測量する方法をとり、全国の大名に検地帳と国絵図の提出を命じている。

各地で統一した基準が設けられ、田畑の一筆ごとに等級、面積、名請け人を確定し、生産力に応じて石盛（標準収穫量）を算出、その石高によって年貢を負担させるという仕組みである。

この裏には、支配者である武士と被支配者である農民という身分の区別をはっきりさせたいという秀吉の考えがあった。つまり、この兵農分離を推進することによって中央集権政治の実現を目指したのだ。

厳しい検地に農民らはしばしば一揆で抵抗したが、それでもこの検地により日本の土地所有の基本が確立することになったのである。

秀吉に致命的な一撃を与えた2度の大地震

悲願だった天下統一を成し遂げ、並み居る戦国大名の頂点に立った豊臣《とよとみ》秀吉だが、その死後、秀吉の子である秀頼《ひでより》は大坂の陣によって家康に敗れ、豊臣家が滅亡してしまったのはあまりにも有名な史実である。

豊臣家を滅ぼしたのは徳川家康《とくがわいえやす》というのは動かしがたい事実なのだが、一方で2回の大地震がその流れに拍車をかけたのは案外と知られていない。

最初の大地震は、1586（天正14）年に中部地方から近畿地方で起きた「天正大地震」だ。四国や紀伊、越中を平定した秀吉が大坂に戻る途中、大地震が発生したのである。

この地震によって、秀吉の部下である山内一豊《やまうちかずとよ》の長浜城とその下町が壊滅的な被害を受けた。飛騨では帰雲城の内ケ島氏理《うちがしまうじまさ》が土砂崩れに遭い、一族がほぼ全滅するという事態になったのである。

しかし、当時秀吉が目の上の瘤《こぶ》のように思い、攻略の予定を立てていた徳川家康の領地には大きな被害はなかった。そのうえで家康は秀吉の臣下になり、豊臣家の中で秀吉に次ぐ第2位の座に収まったのである。

さらに、1596（文禄《ぶんろく》5）年には「慶長伏見地震」が発生した。秀吉は伏見指月に伏見城を建設したばかりだったが、この地震で見る影もなく崩壊してしまったのである。

折しも1度目の朝鮮出兵で負担を強いられていた大名たちの不満は高まっていた。それなのに大地震の後、2回目の朝鮮出兵が敢行され、不満は増大する一方となった。

この機運に乗ったのが徳川家康なのだ。自然までも味方につけた徳川家康が天下を取ったのは、まさに天命といえるのかもしれない。

「古都」といわれる京都の建物が意外と新しい理由

京都はしばしば「古都」と形容される。794年の平安遷都で始まった都としての京都の歴史は、じつに1200年以上となる。しかし、現在京都で目にする歴史的な建物は意外と新しいということをご存じだろうか。

京都に現存する最古の建築物は、京都市上京区《かみぎょうく》にある大報恩寺《だいほうおんじ》の釈迦堂である。真言宗智山派の仏教寺院で、千本釈迦堂とも呼ばれる本堂は、1227（安貞《あんてい》元）年の創建時そのままの建物で国宝にも指定されている。

では、もう少しメジャーな建物はどうかといえば、京都御所は1855（安政《あんせい》2）年、清水寺は1633（寛永《かんえい》10）年、南禅寺は1605（慶長《けいちょう》10）年、仁和寺は1646（正保《しょうほう》3）年にそれぞれ再建されたもので、いずれも江戸時代以降という新しさだ。

じつは、これには理由がある。京都の町は、ある戦いによって一度壊滅状態になっているからだ。その戦いとは、1467（応仁元）年に勃発した将軍家の内乱である「応仁の乱」だ。

応仁の乱は、室町幕府第8代将軍・足利義政《あしかがよしまさ》の跡目争いが原因である。戦いの中心地はもちろん京都で、最初に戦火が上がったのは同年1月、京都市上京区にある上御霊神社《かみごりょうじんじゃ》の御霊林《ごりょうばやし》だった。細川《ほそかわ》派の畠山政長《はたけやままさなが》が反山名《やまな》派を掲げて挙兵し、義兄でもある山名派の義就《よしひろ》と剣を交えたのだ。

これが、幕府の重臣だった細川勝元《かつもと》と山名宗全《そうぜん》の対立に結びつき、多くの大名を巻き込んだ大戦乱に発展する。5月には完全に細川派と山名派に分かれて戦いが激化し、それぞれの陣地の位置から細川軍を東軍、山名軍を西軍と呼ぶようになった。

9月に南禅寺付近で大きな衝突があり、10月には相国寺《そうこくじ》でも同様に衝突があった。つまり、京都に古くからあった寺社仏閣は、応仁の乱によって大半が焼き尽くされてしまったのである。

被害は中心部だけでなく、伏見や嵯峨野といった郊外にも広がった。争いに駆り出された兵は、最大で30数万人とも伝えられている。

およそ10年にわたる乱が終わった1477（文明《ぶんめい》9）年、「花の都」とうたわれた京都は焦土と化していた。清水寺や南禅寺のほか、相国寺、天竜寺《てんりゅうじ》、龍安寺《りょうあんじ》といった平安・鎌倉時代の建造物の数々は、もはや見る影も形もなかった。

応仁の乱はのちに訪れる戦国時代の幕開けでもあり、焼失した建造物の再建には時間がかかった。しかも、一度は再建しても再び戦国動乱の犠牲になった建物も少なくないのである。政情が安定した江戸時代になって、ようやく各地で本格的な再建が始まり、現在目にすることができる歴史的な建造物がよみがえったのである。

歴史の陰に存在した4つの「二条城」とは？

現在でも京都市のシンボルとして親しまれている「二条城」は、世界遺産にも登録された京都唯一の城郭史跡で、1603（慶長8）年、徳川家康の居城として造営された。1867（慶応《けいおう》3）年の第15代将軍徳川慶喜《よしのぶ》が大政奉還を決めた場所でもあり、いわば徳川幕府の序幕と終幕の舞台となった城だ。

だが、史実をひもといてみるとじつは二条城と名のつく城は、わかっているだけでも4つ存在する。現在の二条城は最も新しい4番目の「二条城」なのである。

現在の二条城から北東へ約1キロメートル行った先、平安女学院の敷地の一角に「旧二条城跡」という石碑が建つ。ここには1559（永禄《えいろく》2）年に室町幕府第13代将軍・足利義輝《よしてる》が築いた「二条城」があった。しかし、1565（永禄8）年の「永禄の変」によって義輝が討たれると、二条城は焼失し、いったん姿を消す。これが最初の二条城だ。

その4年後、今度は織田信長が足利義昭を将軍に据えるべく、義輝の二条城跡をさらに拡張して新しく二条城を築く。当時は「二条御所」「二条新第」などとも呼ばれていたようだ。これが2つ目の二条城である。城郭は現在の上京区烏丸出水～新町通丸田町のあたりと考えられており、地下鉄烏丸線建設工事では当時の石垣と思われる遺構も発掘された。

この二条城は、1573（天正元）年に信長が義昭を追放したことにより取り壊された。現在残っている二条城が江戸幕府終焉の地であるならば、こちらは室町幕府終焉の地であるといえよう。

ちなみに信長は室町幕府が滅亡した後、自らの屋敷として「二条御所」を建てており、のちに誠仁親王《さねひとしんのう》（安土桃山時代の皇族）に献上している。場所は中京区二条殿町で、やはりこちらにも御所跡の碑がひっそりと建っており、これが第3の二条城だといえるだろう。

これらの「二条城」だが、その正確な場所や関連性、エピソードについては謎も多い。たとえば、二条殿町の二条御所は、本能寺の変において信長の嫡子・信忠が自害した場所としても知られているが、最近ではこれを誤りとする説もある。

京都の町で二条城の場所を訪ねれば、世界遺産の二条城に案内される。だが、その陰で3つの二条城が存在したということを頭の隅に入れておくと見方も変わるかもしれない。

大坂城に残る謎の抜け穴の正体

「秘密の抜け穴」とか「秘密基地」といった言葉には、いつの時代も好奇心をくすぐりワクワクするものがある。そんな〝秘密の抜け穴〟が、豊臣家の城である大坂城にもあったのだという。

大阪城公園の端から直線距離にして約700〜800メートルほど南に、三光《さんこう》神社がある。この神社は大坂城からつながる「真田幸村《さなだゆきむら》の抜け穴」で知られている。

現在の城は江戸時代に徳川幕府が新築した城が原型となっているのだが、豊臣秀吉が上町台地の高台に築いた城はさらに大きく、淀川や大和川に囲まれている立地とともに、周囲を高く強固な石垣と三重の堀で囲んだ要塞だった。ただ南側だけが平坦な台地につながっていて、難攻不落の城の弱点とされていた。

秀吉の死後、徳川家と対立した豊臣秀頼は、1614（慶長19）年に「大坂冬の陣」で相まみえる。豊臣側の知将・真田幸村は、脆弱だった城の南側に「真田丸」と呼ばれる出城を造って、徳川軍を迎え撃ったのである。

その真田丸があった場所が、前述の三光神社だ。ここには「史跡真田の抜穴跡」という石碑が建ち、石で固められた抜け穴らしき跡が残る。幸村はこの抜け穴をたどって、本丸と真田丸の間を行き来したと言い伝えられている。

講談では、さらに本丸の地下に縦横に抜け穴があり、幸村は戦の間、この通路を縦横無尽に使って神出鬼没の活躍をしたとも語られている。

その後、1615（元和《げんな》元）年の大坂夏の陣の際に幸村は討たれ、徳川軍に囲まれた秀頼らも母の淀君《よどぎみ》らとともに自害することになるのだが、講談では幸村は死んではおらず、秀頼と淀君を連れて逃げ延びたと語られ、また紀州（和歌山県）や薩摩（鹿児島県）には秀頼らの墓もあるともいわれている。幸村の抜け穴がこの時に使われたかもしれないと考えると、謎めいていていて興味深い。

封建時代を終えた近代日本はやがて軍国主義へと向かうことになるが、城の周辺には、帝国陸軍の軍事工場兼研究所である砲兵工廠が建設され、軍施設の要所となっていた。この時に、地下には多数の地下道が掘られたともいわれている。

ところで現在、城の二の丸南側にある石垣の途中に、ぽっかりと四角い穴が口を開けている。堀の水面位置からも高く、堀の反対側から丸見えになる場所なので、逃走用などに使われた抜け穴とも考えにくい。

奥行きは2メートル程度で、その先は崩壊していてどこにつながっているのかも不明であり、誰が何の用途でこの穴を造ったのかはまったくわからないという。これもまた、今もなお残る歴史のミステリーとして想像力をかき立てるものだろう。

焼討ちで失われた石山本願寺の意外な推定場所は…

今でこそ「本願寺」といえば、京都市下京区にある西本願寺（浄土真宗本願寺派）と東本願寺（浄土真宗大谷派）を指すが、もともとは京都の東山の麓に分裂前の本願寺があり、ここで親鸞《しんらん》の娘である覚信尼《かくしんに》が亡き父・親鸞の遺骨や像を守っていた。

しかし15世紀の中頃、蓮如《れんにょ》が住持していた時期に比叡山衆徒に襲撃されたため、蓮如は東山を捨てて越前吉崎（福井県あわら市）へ赴き、その後、京都山科へと拠点を移したのである。

この「山科本願寺」が浄土真宗の総本山となった。蓮如自身は息子の実如《じつにょ》に権限を譲り、大坂の石山に住居である石山御坊を構えたのだった。

しかしこの山科本願寺も1532（天文元）年、蓮如の末裔である証如《しょうにょ》の時代に、日蓮衆徒などの焼き討ちに遭い、本山を失ってしまった。そこで、石山御坊を拠点として、新たに石山本願寺を建立したのである。

この石山本願寺はやがて一向一揆の拠点として強大な軍事力を持つようになった。本願寺自体も周囲を石垣で囲い、まるで要塞のようだったという。だが、一向一揆の勢力は織田信長と対立し、1570年に始まった石山合戦の際に焼き討ちされた。

その後、豊臣秀吉が大坂城を石山本願寺跡に築いたというのが定説になっており、現在の大阪市中央区にある大阪城公園の一帯が石山本願寺のあった場所といわれている。

ところが、これに異を唱える研究者もいる。彼らの主張は、現在の大阪城からやや南に寄った東区法円坂町一帯が石山本願寺のあった場所だというものである。

というのも、石山本願寺時代の記録の中に、襲撃を受けた際に本願寺西方の一角である法安寺が攻められたという記述があるからだ。法円坂はかつて「法安寺坂」と呼ばれていたことから、法安寺のあった場所が現在の法円坂であり、そこを一角とした一帯が本願寺跡の正確な場所ではないかと推測したのである。

また現在の大阪城の本丸の下は、10メートルほど盛り土された構造になっている。もしその盛り土がなかったら、法円坂周辺がこの一帯の頂上になるはずだというのが、反論側の主張である。

権力の象徴は、民を見下ろす頂につくられるものだ。「要塞・石山本願寺」が法円坂に築かれていたとしても不思議ではないが、今のところ答えは出ていない。

「名古屋城の金の鯱」をめぐる奇妙な噂と呪いの伝説

名古屋城と聞いて真っ先に浮かぶものといえば、やはり天守に飾られた金の鯱だろう。じつは名古屋城が誕生して以来、この金の鯱をめぐっては奇妙な話が絶えない。

もともと日本の城には水を起こすといわれる鴟尾《しび》という反り上がった魚の尾のような飾り瓦を施すのが一般的だった。つまりは防火のためのまじないである。そのうちに、さらに勇猛な飾りをと考えたのか、最強の海の生物といわれる鯱を飾るようになったのだ。

信長が別の場所に城を築いたことでいったんは廃城になった名古屋城を、子である義直《よしなお》の居城として再び築いたのは徳川家康である。

築城は1610（慶長15）年から始まり、2年後には大天守が完成した。この時点で大天守にはすでに雌雄一対の金鯱が飾られている。

現在の大きさに換算すると雄が2・62メートル、雌が2・58メートル、使用した金は慶長大判1940枚分で、これは270キログラムもの純金に相当する。家康がここまで派手に飾ったのは、防火祈願に加えて城主の威光を示すためでもあったのだろう。

しかし一説によれば、この金鯱には亡き豊臣秀吉の嫡子である秀頼を呪い殺すための呪文が封じ込まれていたというのだ。その役割を担ったのは密教の修験者の山伏で、依頼した家康の狙いは大坂の秀頼、ひいては豊臣氏の滅亡にあった。

実際、名古屋城に金鯱が上がってからというもの、秀頼は原因不明の病を患っている。しかし秀頼は、修験者の助言でその原因が名古屋城の金鯱であることを突き止め、大坂城の金の茶室で対抗して回復を遂げたというのだ。

豊臣氏は1615（元和元）年の「大坂夏の陣」で滅亡するが、その後、豊臣側の修験者は名古屋城に忍び込み、金鯱に徳川家への呪い返しを封じ込めた。すると、ほどなくして家康は急死。時を経て1726（享保《きょうほ》11）年、藩の役人が金鯱を天守から降ろしたところ、中から解読不能の秘文が発見されたと伝えられている。

だが、そんな金鯱も1945（昭和20）年の空襲で焼失してしまった。復元された金鯱の大きさは昔と変わらないものの、使用されている純金は雌雄あわせて88キログラムほどだ。家康が作らせたものに比べれば金の量は3分の1程度だが、それでも天守で黄金に輝く姿は、名古屋城下の人々にとっては今も特別な存在であることはいうまでもない。

血なまぐさい怨念が渦巻く岐阜城の呪い

戦国時代というのは非業の最期を遂げる武将たちも多かった時代ともいえるが、何かと因縁めいた逸話も多く存在する。そのなかのひとつに「岐阜城の呪い」がある。

岐阜城は稲葉山城と呼ばれ、〝まむしの道三《どうざん》〟と恐れられた斎藤《さいとう》道三の本拠地だった。のちに織田信長が攻め落として自らの居城とし、岐阜城と呼ばれるようになる。じつはこの岐阜城の城主たちのほとんどは、悲劇的な最期を迎えたというのである。

そもそものはじまりは、道三が息子義龍《よしたつ》に討たれるという悲劇だった。その後、織田信長が斎藤家を攻めて城を奪い、信長は周知のとおり本能寺の変で無念の死を遂げたが、この時の岐阜城主は息子の信忠だ。

信忠は本能寺の変の際、数百の兵とともに1万3000もの明智軍と戦い、26歳の若さで生涯を終えている。

次に城主になったのが、信長の3男の信孝だ。信孝は、柴田勝家とともに「賤ヶ岳の戦い」に敗れ、秀吉によって自害させられている。切腹の際、信孝は腹から腸をつかみ出し、床の間の梅の掛け軸に投げつけて秀吉を呪ったという。

その後も、池田元助《いけだもとすけ》が小牧・長久手の戦いで討ち死に、豊臣秀勝《ひでかつ》は朝鮮出兵の際に病死、織田秀信《ひでのぶ》は関ヶ原の戦いに敗れたのち高野山に送られるも、信長による迫害の責めを受けて追放されている。そして26歳の若さで病死してしまうのである。

その後は岐阜城に住む者はなく、廃城とされた。一説には徳川家康が秀吉の痕跡を嫌ったからだともいわれている。昭和になり天守が復興されて日本100名城に選定されているが、その歴史は血なまぐさい怨念が渦巻いているのである。

7

信仰、暮らし…中世日本の実像

領地没収に自害…、厳しすぎる「軍律」の中味とは？

生き馬の目を抜くような激動の戦国時代、勝敗を分けるのはやはり軍の統制である。そのために設けられていたのが、軍律だ。

特に軍の規模が大きくなればなるほど、領地からたくさんの兵が寄せ集められ、足並みは乱れていくものだ。軍律はそれを正すための、いわばルールブックである。

当然のことながら軍律に違反すれば重罪で、厳しい処罰が下されることも珍しくない。たとえば、相手の軍勢に怖気づいて敵前逃亡したり、勝手な判断で作戦を変更しようものなら、軍をクビになるのはもちろんのこと、その身分や地位までもはく奪されるのが常だった。

特に豊臣秀吉《とよとみひでよし》は厳しかったようで、３人の古参武将が軍律違反で処罰された逸話が残されている。

もっとも有名なのは、それまで豊臣軍の功労者として知られた仙石秀久《せんごくひでひさ》だ。

1586（天正《てんしょう》14）年、秀久は九州征伐の先陣役として強敵・島津《しまづ》軍と対峙した。だが、この時自軍が率いる四国勢は結成されたばかりで士気が低く、相手の攻めを恐れて勝負を焦った秀久は、軍の指示に反して勢い進軍した。

だが、ここでの深追いが仇となり、豊臣軍は総崩れとなった。万策尽きた秀久は、なんと部下を戦場に残したまま、自らの領国である讃岐（香川県）まで逃げ帰ってしまったのである。

勝手に作戦を変更した挙句、敵前逃亡したこの失態に当然のことながら秀吉は激怒し、秀久は讃岐を召し上げられ高野山に追放されてしまった。

また、この秀久の後任を務めた尾藤知宣《びとうとものぶ》は、戦場で慎重論を唱え、援軍を出さなかったことで勝機を逸したため、所領没収のうえ処刑された。

さらに、神子田正治《みこだまさはる》もまた、1584（天正12）年の「小牧・長久手の戦い」において、独断で戦場離脱した。そして高野山へ追放され、最後には自害を命ぜられている。

尾藤と神子田が命を落としたのに対し、仙石秀久が追放で済んだのは、功労者であったことに加え、のちに徳川家康に泣きついたからだといわれている。

軍律が厳しいのは確かだが、処罰の重さはトップの裁量のほか本人の功績や運など、さまざまな要因で違いがあったようだ。

誰もが本気で信じていた戦の前の〝ゲン担ぎ〟の裏側

今も日本では「北枕」のように縁起が悪いとされる迷信が残っているが、戦国時代のそれは現代の比ではなかった。それゆえ、誰もが命賭けで戦う合戦の前には、どんなに小さくても不吉なことは必ず排除し、ゲン担ぎを行った。

北は昔から縁起の悪い方向とされており、徹底的に避けられた。理由はまさに北枕と同じで、横たわった死者が向くのが北だったからである。

戦の折には出陣式が行われるが、必ず北以外を向き、大将が甲冑を装着する時もけっして北は向かないようにした。さらに戦の途中に北から敵が現れてもそのまま北進はせず、いったん東か南に向かってから組み合うようにしたという。

また、出陣式では大将が3つの盃を飲み干す「三献の儀」を執り行うのが通例だったが、そこで出される酒の肴は1杯目が栗、2杯目が鮑《あわび》、3杯目が昆布と決まっていた。「打ち鮑」「勝ち栗」「よろ昆布」、すなわち「討って勝って喜ぶ」という、いわばダジャレであるが、これを口にすることで勝利を引き寄せられると信じられていたのだ。

同じく出陣の際には、大将が包丁をまたぐ儀式も行われた。こちらは留守の間に敵が侵入しないようにするための魔除けの意味があり、また、踏むのではなくあくまで踏み越えることで、勝利への決意を固めるという意味があった。

ところで、時代劇などを見ていると、大将がいななく馬にまたがって颯爽《さっそう》と出陣するシーンが流れたりするが、じつはこれはあり得ないことだ。というのも、出陣の時に馬がいななくのは縁起が悪いとされ、やり直しになったからである。

馬といえば、進軍中の落馬に関するものもあった。それは右に落ちれば吉、左なら凶というものである。もしも左に落ちた時には、軍師が清め、その悪運を祓う役割を担った。

ちなみに、合戦の前には女性との性交渉も禁じられていた。

これは、体力を消費して戦いに支障が出ないようにするためではなく、当時は女性を穢れた存在とみなしていたため、勝負の前に交わりを持つことが縁起が悪いとされたからだ。

信心からくるもの、迷信やおまじないのようなもの、さまざまあるが、「勝負は時の運」という言葉があるように戦は運を味方につけることが何よりも大事だった。そのために、当時の将軍たちは些細なゲン担ぎにも細心の注意をはらったのである。

戦国の世を動かしたスゴすぎる政略結婚

歴史的にみれば、女性は政略結婚の道具とみなされるのが常である。

特に戦乱をきわめた戦国時代はその傾向も顕著で、武家の娘たちは家名と使命を背負って親の意のままに嫁ぐのが当たり前だった。

だが、だからといって、結婚が一生一度のものだったかというと、必ずしもそうではなかったようだ。

徳川家康の母として知られる於大《おだい》の方《かた》は、三河で台頭していた松平広忠《まつだいらひろただ》のもとに嫁がされ、後に家康となる竹千代《たけちよ》を授かる。

それにもかかわらず、実家の方針転換で離縁し、今度は尾張の久松俊勝《ひさまつとしかつ》と再婚した。久松は既婚だったが、相手方もこの結婚が有利にはたらくとみるや、すんなりと於大の方を正妻の座に受け入れた。そして、ここでも三男三女をもうけてその地位を確立させたのである。

もちろん政略がベースにあるとはいえ、女性の離婚や再婚がたいした傷にならないのは現代とは大きく違うところだ。

というのも、女性は嫁ぐ際に化粧料として実家の所領を持つのが当たり前だった。使えばなくなる持参金と違って、稲ができればそれだけ財産になるが、その分、嫁いでも実家とのつながりは保たれたままだ。

もしも、実家と婚家が敵対すれば、実家に戻るのがベストな選択となるため、離婚は珍しくもなんともなかったのである。

ちなみに、於大の方の母である華陽院《けよういん》は5度の結婚と4度の離婚を繰り返している。つまり、当時の女性はけっして弱い立場にあったわけではなく、むしろ時代を動かしていたという見方もできるのだ。

また、織田信長《おだのぶなが》の娘の徳姫《とくひめ》は、家康の息子の信康《のぶやす》と結婚したが、姑との仲が上手くいかない腹いせもあり、父である信長に「信康と姑が謀反を企てている」という密書を届けたという話もある。

こうなれば、もはややっていることはスパイと同じだが、これも戦国時代の女性に与えられた使命のひとつだったのだ。

晒し首になっても美しくありたい！男もする戦場の化粧美学

化粧といえば女性がするもの、というのが一般的な理解だが、長い歴史の中では実はそうとも限らない。古くは平安時代の貴族たち、そして戦国時代の武士たちも化粧をしていたという話が残っている。

たとえば、対立関係にあった源氏《げんじ》と平氏《へいし》の場合、荒くれ者ぞろいだった源氏に対し、平氏は貴族かぶれが多く、おしろいを塗ったり、紅をさしたり、おはぐろまでほどこしていたという。

一般に武士たちが化粧をするのは戦地に赴く前だが、その理由は、気合を入れるため、権威のアピールなど、いくつか考えられる。だが、最大の理由は敵に討たれて万が一晒し首になった時に、見苦しくないようにするためだった。

これに関するエピソードでもっとも有名なのは、平清盛《たいらのきよもり》の甥・平敦盛《あつもり》だろう。1184（寿永《じゅえい》3・治承《じしょう》8）年の「一ノ谷の戦い」で、敦盛は源氏の熊谷直実《くまがいなおざね》に追い詰められる。

直実は薄化粧した少年の美しさを自らの息子に重ね合わせ、首をとるのをためらった。最後には覚悟を決めて首を取ったのだが、この葛藤の場面は戦場の名シーンとして歌舞伎にもなったほどだ。

では女性はどうだったかというと、やはり戦国時代には戦国時代の流行りがあったようで、当時は女性でも武士のような勇ましい雰囲気が好まれた。

眉を剃り落とし、髪をぴっちりと結い上げ、もちろん、おしろいやおはぐろも必須だ。当時の化粧品は貴重で高価だったため、豊かさの証でもあった。つまり、厚化粧＝身分の高い女性というわけだ。

当時、若い男の間では派手な衣装に化粧をほどこす「ばさら」のスタイルも流行した。

美しく装うため、そして、強い自分に見せるため、戦国時代の男女にとって化粧は欠かせないものだったということだろう。

戦国時代にもあった〝防空壕〟は何のため?

宗教弾圧が多かったヨーロッパなどでは、迫害された信者が身を隠すために地下に穴を掘って身を隠したというような伝説がいくつか残されているが、じつは中世の日本でも、同じように身を隠す穴が掘られていたという説がある。

それは「地下式坑」と呼ばれるもので、平たくいえば「隠し穴」「隠れ穴」のようなものだ。

穴は発掘された遺跡などに付随して見られ、これまでは財産を隠すためのもの、あるいは墓とみなされることが多かったが、最近では人間が身を隠すためのものだったという見方が有力だという。

地下式坑は、地表を掘り下げて入り口を作り、さらに横に掘り進めて地下室を築くという構造が一般的である。

古代から同じようなものは存在したが、戦国時代には大いに流行したようで、関東や関西、九州などでも当時の遺構がいくつも発掘されている。

東京都多摩市にある貝取の地下式坑は、江戸時代の農民によって発見されたもので、深さ2メートル、広さは3・6メートル四方、そして別室のような空間があった。さらに穴の周囲には雨水を通すための溝もあったという。

たとえば、自分たちの村に軍が押し寄せ、一夜にして戦場と化すような場合、農民たちは防空壕に逃げ込むかのように、このような地下式坑へと入って身を潜めた。

入る時は梯子をおろし、入口はマンホールの蓋のように板を並べ覆い隠す。発掘された遺物から推察するに、小部屋のような空間には水や釜などが確保され、別室には持ち出してきた財産と、当座の食料などが備えられ、少しの期間であれば潜伏しながら生活できるようになっていた。

戦国時代、こうしたシェルターは人々が身を隠すために必要不可欠な存在だったのである。

長曾我部元親が抱えていた〝半士半農〟のジレンマ

戦国の世といえば、勢力争いに明け暮れる人々と、農業や商いなどを営みながら暮らす庶民と大きく2つに分かれると思いがちだが、実は両方に従事する〝半士半農〟も存在した。

それは「一領具足」と呼ばれた人々で、土佐の戦国大名・長曾我部《ちょうそかべ》元親《もとちか》が考案したものである。

一領具足は、ふだんは農業にいそしみ、城から動員がかかるとすぐさまその場から出陣する兵のことである。兜などの装備（具足）は一式（一領）、馬は替え馬なしの1頭のみだったことからその名がつけられた。

城主から声がかかれば、ふつうの農民たちが戦いに駆り出されることもあったが、それはあくまで一時的に兵になるだけのことである。

一領具足は、身分は基本的に家臣で戦のない時に田畑を耕すという、のちの屯田兵のようなもので、立場的には軍の所属ということになる。

ではなぜ、このような制度を採用したか。

元親は土佐を統一する実力者だったが、当時、土佐には有力な豪族がひしめき合っていた。そのため反乱の機運が高まりやすく、いざ有事が勃発してからの徴兵では間に合わない。そこで、いつでも臨戦態勢に入れる〝農民〟たちを各所に置くことで、ある程度兵力を維持しようと目論んだのだ。

一見、理にかなった制度のようにも思えるが、しかし、これには大きな誤算があった。戦いが始まると一領具足は総出で動員されることになる。ということは、一領具足の割合が増えれば増えるほど、有事に田畑が人手不足になるという事態を招いたのだ。

そのため、いくら元親が勢力を拡大しても一方では領土が荒廃するという、大きなジレンマを抱えてしまったのである。

ちなみに、元親は1600（慶長《けいちょう》5）年の「関ヶ原の戦い」で破れ、土佐には山内一豊《やまうちかずとよ》が入国した。それに対し、旧臣の一領具足たちは一揆を起こし、あえなく討ち取られている。

つまり、一領具足とは元親とその家臣だからこそうまくいっていた、独自の軍事システムだったのである。

戦を采配した「軍配者」が重宝されたワケ

群雄割拠の戦国時代には、長く語り継がれ今も人々を魅了する名戦が多い。そこでよく着目されるのが、「軍師」と呼ばれる存在である。

鮮やかに敵を倒す攻めや、意表をつく奇策を演出したり、名将の参謀となり陰に日向に活躍する軍師の姿は、裏のヒーローとして時代劇の主役になることも多い。

だが現実として、戦国時代には軍師の存在は一般的ではなく、むしろそれよりも大事なのは「軍配者」と呼ばれる者だった。

軍配者とは、占いや祈祷など呪術的な仕事で武将に仕える重要人物のことである。

出陣の吉凶を占い、日時や方角をアドバイスする。何か縁起の悪いことが起これば、清めてその厄をお祓いする。そのため、この役割を担うのは陰陽道に通じた僧などが中心で、大友宗麟《おおともそうりん》に仕えた角隈石宗《つのくませきそう》などは有名だ。

さらに、僧侶が軍配者だった場合は、その立場を活かして外交官としての役割を任せることもあった。

たとえば、対立する敵軍と交渉事を行う時は命懸けになることも珍しくないが、そこに僧侶をさし向ければ、相手は仏罰を恐れて手出しすることはできない。そのうえ、知識もある人格者であることが多かったから、適任だったというわけだ。

では、戦略をさずける軍師はいつから登場したかというと、戦国時代中期からである。

中期以降はしだいに戦いの規模が大きくなり、呪術や縁起を担ぐだけでは実利を得られなくなった。そのため、武田信玄《たけだしんげん》に仕えて「啄木鳥戦法」を提案した山本勘助《やまもとかんすけ》のように、具体的な戦法を授ける人物が必要とされるようになったのだ。

そもそも、軍師という言葉も江戸時代の軍記などで初めて登場しただけで、正しい定義もあいまいだ。

軍配者の僧侶が作戦に口を出す場合もあっただろうし、一方で、呪術と戦略の役割を分けて、参謀のような人物を複数置いた場合もあっただろう。

いずれにせよ、実戦だけでなく外交手腕も含めて、そうした側近たちにどれだけ実力者を集められたかが、戦国時代を生き抜くカギだったのは間違いない。

発展途上の国が認めたユニークすぎるルール「分国法」とは？

「飲んで吐くのはみっともないから酒宴は禁止」

「入れ込みすぎて仕事をしなくなるからカルタは禁止」

これらは何かというと、戦国時代に設けられた「分国法」の一部だ。

分国法とは国ごとに制定されたローカルルールのことである。会社でも学校でも、小さな集団ができればそこにルールがつくられるように、大名が治める小さな国にも内部統制の目的で定められていたのだ。

とはいえ、すべての国にあったわけではなく、むしろ分国法を採用していたのは一部の国だったが、特に発展途上の国には必須とあってなかにはユニークなルールも珍しくなかった。

名称は各国で異なるが、だいたいが「掟書」「法度」「式目」といった名前で制定されている。

たとえば、農民の保護に関するルールや、ゴミの処分、排水の方法など生活全般に関するルールのような具体的な規則もあれば、領民や武士の心がまえに関するものなど、精神面に言及するものまでさまざまだった。

冒頭の「酒宴禁止」を掲げたのは、下総の戦国大名・結城《ゆうき》氏の分国法で、このほかにも酒に厳しい禁止事項がいくつも並んでいる。

また「カルタ禁止」は周防《すおう》の守護大名・大内《おおうち》氏のもので、当時、流行りだったカルタに熱を上げて仕事をおろそかにしている都の現状を憂いて定められた。

そのほか、甲斐の武田信玄の分国法「甲州法度次第」は、現代の弁護士制度のような条項が設けられているのが特徴的だ。

その最後には「信玄自らが法を犯した場合は、いかなる処罰を受けることも辞さない」といった一文が加えられている。

領内を治めるための法律ではあるが、そこには領主の考え方や覚悟のようなものも読み解けるのだ。

恰好の転職先だった秀吉の「御伽衆」

どんな名将・智将でも、最初から最後まで順風満帆などという人はいない。時には戦略に悩んだり、領内の統治にてこずったりする。そんな戦国時代の悩めるトップを支えたのは「御伽衆《おとぎ》」と呼ばれる者たちだった。

御伽衆とはトップ御用達のブレーンであり、もっとも重要な役割はズバリ「話し相手」である。それを受けて、政治面のみならず軍事面でもアドバイスをしたり、具体的に指示を出したりすることもあるのだ。

そのため知恵や品格が求められ、何よりも将軍が信頼を置ける人物でなくてはならない。軍配者や軍師とはまた異なり、悩み相談の相手でもあるため、人生経験が豊かであることも重要だった。

では、どんな人物が抜擢されたかというと、ふつうは地方の大名や有力な士族など、名のある者が多かった。そんななか豊臣秀吉は、質より量にこだわったのかなんと800人もの御伽衆がいたといわれている。

その中には、織田信長の弟で一流の茶人である有楽斎《うらくさい》（織田長益《ながます》）、かつて北条《ほうじょう》氏の軍配者を務めていた板部岡江雪斎《いたべおかこうせっさい》、さらには室町幕府第15代将軍の足利義昭《あしかがよしあき》までもが名を連ねていた。

そこまで多ければなかには足を引っ張る者も出てきて、元因幡の守護だった山名豊国《やまなとよくに》などは、軍師の黒田官兵衛《くろだかんべえ》に将軍がうっかり漏らした言葉を告げ口し、あやうく内乱を招くような失態を犯している。

かと思えば、出来の悪いことで知られた信長の次男の信雄《のぶかつ》のように、家康と秀吉の間を渡り歩き、最終的には信長の息子というプライドを捨てて、秀吉の御伽衆という立場を利用して自らの地位を固めるような者もいた。

足利義昭のようにすでに一線を退いた元将軍の天下りや、織田信雄のように行き場を失った大名を受け入れているあたり、秀吉の御伽衆は格好の転職先だと思われていたのかもしれない。

「永井久太郎」「松平武蔵」…人名みたいな地名の不思議

京都を歴史と地理という2つの視点で見た時、平安時代（794〜1192）に造営された平安京跡、室町時代に花開いた北山・東山文化の古刹《こさつ》などに目が向きがちだが、もうひとつ京都市南部の伏見区も見逃せない場所である。

伏見区は、古くは京都全体を覆いつくした山城湖を彷彿とさせる「巨椋池《おぐらいけ》」を擁し、風光明媚な場所として知られた。

また京・伏見と並び称されたように、いわゆる「京都」とは一線を画す独自の発展を遂げ、京都と大坂の交通の要所としても重要視されていたところである。

そんな伏見の地を高く評価した人物が豊臣秀吉である。天下統一を成し遂げた秀吉は、1594（文禄《ぶんろく》3）年に伏見城を築城した。もともとは隠居所とするために建造したものだったが、秀吉が常駐したことにより政治的にも経済的にも存在感を増すことになる。

とはいえ、今では堀や石垣などの遺構だけが残り、城下町の面影もない。だが、ひとつだけ当時の栄華をはっきりと残しているものがある。それは地名だ。伏見区の地名を見てみると、他では見られない独特の名前がつけられていることがわかる。

桃山町《ももやまちょう》、永井久太郎《ながいきゅうたろう》、桃山町松平武蔵《まつだいらむさし》、桃山羽柴長吉東町《はしばちょうきちひがしまち》…。地名ではなくまるで人名のようだが、じつはこれは、当時秀吉のもとに集まっていた大名たちの名前なのである。

また伏見には人名だけでなく、小豆屋町《あずきやちょう》、瀬戸物町《せとものちょう》、魚屋町《うおやちょう》、帯屋町《おびやちょう》、両替町《りょうがえまち》といった地名も多いが、これもそれぞれこの地で営まれていた商業の名前だ。京都全体を見回してみると、こうした地名はいくつか残っているが、なかでも伏見のそれは顕著である。

秀吉の死後は、徳川家康が大老として伏見城に入った。1600（慶長5）年の「関ヶ原の戦い」の前哨戦で一度落城したが、家康によって再建され、以後家康はここを対豊臣家の本拠とし指揮を執り続けた。

しかし豊臣家が滅び、二条城が新しく建てられると、1623（元和《げんな》9）年には廃城となり、そこにはたくさんの桃の木が生まれた。このため伏見城は別名「桃山城」と呼ばれ、この地に発展した文化は「安土・桃山文化」と呼ばれるのである。

城は滅んだが、大名にちなんだ名称はそのまま生き続けた。「桃山」という地名が多く使われているのも、それが理由なのである。

海もないのに「伏見港」の地名がある理由

京都市南部にある伏見区の地図には、京阪電鉄中書島《ちゅうじょじま》駅のすぐ近くに「伏見港公園《ふしみこうこうえん》」という名前が見てとれる。近くに川は流れているが、とても港といえるような場所ではない。では、なぜこんな名前がついているかというと、ここには昔、たしかに「伏見港」なる港が存在したからである。

伏見港の歴史は、安土桃山時代にさかのぼる。

港から約2キロメートル離れた場所に豊臣秀吉が築城したのが伏見城だが、当時、港があった場所には巨椋池という周囲16キロメートルにも及ぶ大きな池があり、琵琶湖から流れ出た宇治川（淀川）が注ぎ込んでいた。そこで秀吉は河川の改修工事を計画し、物流ルートの確立に乗り出したのである。

まず川沿いに「文禄堤《ぶんろくつつみ》」という堤防を築いて、巨椋池の北川に流路を造り、大坂までのルートを確保した。

これにより大坂~伏見は水路、伏見~京都は陸路でつながり、伏見は港として機能するようになった。宇治川には秀吉から運行許可をもらった「過書船《かしょ》」が頻繁に往来したのである。

さらに江戸時代に入ると、豪商として知られた角倉了以《すみのくらりょうい》が高瀬川《たかせがわ》の開削に着手する。高瀬川は伏見と京都の中心部を結ぶ運河で、1614(慶長19)年に工事が完成した。今も鴨川の西側を二条木屋町《きや》を起点に十条まで流れ、伏見京橋で宇治川に合流している。

ここを行き来するのは、通称「高瀬舟」と呼ばれる底の浅い舟で、森鷗外《もりおうがい》の代表作『高瀬舟』でも罪人を運ぶ舟として登場している。

現在、河原町二条には舟を接岸させる船溜りが「一之舟入跡《いちのふないり》」として史跡になっており、当時を彷彿とさせる高瀬舟が一艘《いっそう》停泊している。

高瀬川が完成した10年後には伏見城が廃城になるが、むしろ伏見港は繁栄の一途を辿っている。

明治時代に入っても外輪船が就航するなど舟運は健在だったが、東海道本線や京阪電車の開通とともに衰退していく。そして、1967（昭和42）年の都市計画で、現在の公園に姿を変えたのである。

家康と風水都市・江戸を結びつけたもの

徳川家康がはじめて江戸城に入ったのは1590（天正《てんしょう》18）年のことだ。当時の江戸城は悲惨なほどに荒れ果て、石垣さえもない状態だった。なぜ家康は、あえてそんな城を選んだのか。そこには、ある神秘的ともいえる理由があった。風水である。

そしてその裏には、家康に風水の指南をし、江戸城を中心とする江戸の町を一大風水都市に仕立て上げた人物の存在があった。それが天台宗の僧侶・天海《てんかい》である。

平安時代の高僧だった最澄《さいちょう》の秘伝書から風水を学んだといわれる天海は、一説には130歳以上まで生きたともいわれる謎の人物で、その天海の言葉に従って家康は江戸と江戸城をつくり変えていったのだ。

そもそも江戸城は、上野《うえの》、本郷《ほんごう》、牛込《うしごめ》、小石川《こいしかわ》、麹町《こうじまち》、麻布《あざぶ》、白金《しろがね》という七つの台地に取り囲まれている。これは風水から見れば、「竜の穴」と呼ばれる理想的な位置だという。竜の穴には竜が棲んでおり、「地竜」と「水竜」が集まってくる、つまり〝吉〟のエネルギーが集まることを意味するのだ。

元来、風水では、穴のある場所に建物や街をつくると、そこから発散されるエネルギーが一種の磁場を形成して人を集め、その場所が栄えるとしている。つまり江戸城は、エネルギー供給源としての理想的な位置にあるというわけだ。

ほかにも天海は、風水に基づいて江戸の町づくりを進める。たとえば、東京には今も「目黒《めぐろ》」「目白《めじろ》」「目赤《めあか》」「目青《めあお》」「目黄《めき》」の不動があるが、これは江戸を守るために江戸城を中心に置かれた五色不動《ごしきふどう》なのである。

また、江戸城から見て鬼門にあたる東北には、上野に東叡山寛永寺《とうえいざんかんえいじ》と東照宮《とうしょうぐう》、そして裏鬼門にあたる西南には日吉山王社《ひよしさんのうしゃ》が置かれた。さらには家康が葬られた日光東照宮《にっこうとうしょうぐう》は、江戸城から見て真北、つまり江戸を見守る位置にあるのだ。

それだけではない。江戸城は、箱根《はこね》の山、六郷《ろくごう》川（多摩川）、利根《とね》川、笛吹《ふえふき》川によって周囲を守られているともいわれる。まさに自然の配置にしても、あらかじめ計画されたかのように江戸城を守る形に配置されているのだ。

これらから見てもわかるとおり、江戸は天海による風水の見立てによってつくられた町であり、その中心である江戸城そのものが地理的に理想的な場所にあったのである。

信長を天下人に導いた意外な名産品とは？

織田信長といえば、尾張国（現在の愛知県西部）の平定を足掛かりに、天下統一の野望に突き進んだ戦国武将だが、その成功にはご当地の名産品が貢献したという。その名産品とは木綿である。

今でこそ、簡単に手に入れることができる木綿だが、15世紀までは日本ではあまり栽培されていなかった。そのため、木綿の着物を着ていたのは貴族階級だけで、しかも中国や朝鮮からの輸入品だった。庶民はゴワゴワとした麻の着物を着ていたのだ。

そんな貴重品だった木綿の生産が日本でも盛んになったのは16世紀に入ってからで、信長の出身地である尾張や、今川家の領地だった三河が木綿の産地として発展していった。

そして、1560（永禄《えいろく》3）年、「桶狭間の戦い」で織田信長が東海地方に君臨した今川軍を討ち破り、木綿の生産が盛んだった三河を手に入れる。それ以降、信長は木綿を戦に利用するようになるのだ。

たとえば、信長の政策のひとつに兵具の調達がある。それまでは「兵糧自弁」といって、出陣のために農民らが雑兵として借り出されると、着衣や武器、数日分の弁当などを持参するのがふつうだった。

だが、信長は木綿でつくった兵衣や武器を調達して、雑兵に支給するという方式をとったのだ。これによって、雑兵として集められたものは着の身着のままで戦に参加することができるようになる。

こうして多くの兵を集めたことによって大軍を動員することが可能になったのだ。桶狭間の戦いでの織田軍の兵力はおよそ2000人だったといわれているが、1569（永禄12）年の「伊勢平定戦」では7、8万人と膨大な数に増えている。さらに、1581（天正9）年の「高野山攻め」では兵の数は13万を超える超大軍を編成しているのだ。

木綿が使われたのは兵衣だけではなかった。火縄銃の縄や船に張る帆布、野外宿営の際に張り巡らした陣幕、馬具など軍需用品に大いに利用された。

こうした木綿の効果的な活用が、信長を天下人に押し上げる要因のひとつとなったのである。

最も改名が多かった戦国武将は誰？

豊臣秀吉が、幼名の「日吉丸《ひよしまる》」から「木下藤吉郎《きのしたとうきちろう》」、「羽柴《はしば》秀吉」、そして「豊臣秀吉」と改名したように、戦国武将はいくつかの名前を名乗っていることが多い。

これは、功績があった者に対して将軍や大名が名前の一字を与える「偏諱《へんき》」が行われていたことや、家督を継ぐなどのタイミングで名前を変えたりしたからだ。

有名な武将でよく名前を変えたのは、22歳の若さで越後を統一した上杉謙信《うえすぎけんしん》だ。謙信の幼名は「虎千代《とらちよ》」で、元服して「長尾景虎《ながおかげとら》」、その後、山内上杉《やまのうちうえすぎ》家の家督を継いで姓を授かり「上杉政虎《まさとら》」を名乗った。

さらに、将軍の足利義輝から「輝」の字を受けて「上杉輝虎《てるとら》」、最後に法名である「上杉謙信」を名乗っている。

徳川家康も幼名の「竹千代」から今川義元《いまがわよしもと》が名づけた「松平元信《まつだいらもとのぶ》」に変わり、その後「松平元康《もとやす》」、「松平家康」、そして桶狭間の戦い後に今川家から独立して「徳川家康」に改めて信長と同盟を結んだ。

ところが、なかには同一人物であることを忘れそうになるくらい目まぐるしく改名している武将もいた。秀吉や加藤清正《かとうきよまさ》からも最強の武将と絶賛された、九州の立花宗茂《たちばなむねしげ》だ。

宗茂の名前は幼名の「千熊丸」に始まっているのだが、なぜか幼名も「弥七郎」と変えている。

さらに「高橋統虎《たかはしむねとら》」、父と同僚の戸次道雪の婿養子になった時には「戸次《べっき》統虎」、そして名字を改めて「立花鎮虎《しげとら》」となり、その後も「立花宗虎《むねとら》」、「立花正成」、「立花親成」、「立花尚政」…と少なくとも十数回は改名しているのである。宗茂は、この時代にしては珍しく75歳まで生きているが、それにしてもこの改名は多すぎる。

ところで、西軍として関ヶ原で戦った後、宗茂は改易されて浪人として極貧生活を送っている。だが、その実力を知っていた徳川の二代将軍である秀忠《ひでただ》に乞われて大名として復活した。「立花宗茂」を名乗ったのはこの頃のことである。

逆に、尾張の戦国大名の嫡男として誕生した織田信長の改名はシンプルで、幼名を「吉《きっ》法師《ぽうし》」といったが、その後、13歳で元服してからはずっと信長である。

戦国大名の名前の数には、それぞれの人生が映し出されているのである。

戦場では当たり前だった〝略奪行為〟の真相

天災などで非常事態に陥った時に、その混乱に紛れて他人の所有物や食糧などを奪う略奪行為はりっぱな犯罪である。

しかし、戦国時代には「乱取り」という略奪行為が堂々と許されていた。というよりも、乱取りは「放火」や「刈田」とセットで敵地を攻め入る際の作戦のひとつだったのだ。

放火は町や村に火を放つこと、そして刈田は敵の領地の田畑に植えられている作物を勝手に刈り取ることだ。

これに、食糧や家畜だけでなく、人刈りまでされてしまう乱取りが行われれば、攻め入られた側は城を守るどころではない。こうして戦意を削いでおいて、大名率いる軍が敵の城を攻撃するのである。

軍の中でも、乱取りを行っていたのはおもに雑兵だ。雑兵の多くは農民で、出陣する際だけ雇われて戦に参加する。そのため戦は農閑期に行われる、いわば出稼ぎだったのだ。

だが、手放しに乱取りを許すと、雑兵はそればかりに夢中になって戦わなくなってしまう。そのため、城を攻め落とすまでは乱取りを禁じた大名もいた。しっかりと戦って敵の城を攻略すれば、略奪をしようが人刈りをしようが「よし」というわけである。そのため、乱取りは悪事ではないとされていたのだ。

また、こうして田畑での収穫が少ない時期に農民に報酬を与えておけば、大名への不満の芽を摘んでおくことができる。そうすれば、下剋上の心配もなくなるというわけだ。

しかし、攻め入られた側としては、城を落とされたうえに町や村に火を放たれ、田畑を荒らされて、人身売買まで行われるのはあまりに酷すぎる。

そのため、明らかに武力に勝る大名に攻め入られた場合は、敵の大将に対して乱取りを禁じるようお願いするという手もないではなかった。軍に対して「禁制」を出してもらうのだ。

だがこの場合、多額の金を支払わなければならない。いずれにしても、力のない大名にとって戦は大きな痛手となった。金がない場合は、大急ぎで刈り取った稲や作物などを抱えて村中で山に逃げ込むという方法をとった村もあったという。

たとえ戦で生き延びたとしても、乱取りされれば飢えの苦しみや奴隷として売買されるという厳しい現実が待っていたのだ。

戦国時代の残酷刑「鋸挽き」とは？

戦国時代の刑罰といえば打ち首、つまり斬首刑が多かったというが、切れ味鋭い刀で斬られるのはまだましで、なかには「鋸挽《のこぎりび》き」に処された者もあった。この鋸挽きとは読んで字のごとく、木を挽くノコギリで首を切るのである。

織田信長は、自分を火縄銃で狙撃した男を鋸挽きにしている。鉄砲の名手といわれた杉《すぎ》谷善住坊《たにぜんじゅぼう》だ。

1570（元亀《げんき》元）年4月、信長は朝倉《あさくら》氏の越前（現在の福井県の一部）に討ち入ったが、浅井《あざい》氏に挟み撃ちにされ、撤退して京に逃れる。

そして翌5月、居城である岐阜城に向かって帰途に着くのだが、この時、近江国の千草越えをしていると、信長に向かって銃弾が2発飛んできた。善住坊が約20メートルという至近距離から発砲したのだ。

弾は奇跡的に2発とも信長に当たらず、かすり傷だけで済んだのだが、この犯行に信長は激怒した。自らの命を狙った犯人を見つけ出すべく命令を下し、3年後についに近江国の阿弥陀寺に隠れていた善住坊を発見したのだ。

岐阜に引き渡されて尋問を受けた善住坊は、直立した状態で地中に埋められ、首だけが土から出た状態にされた。

そして、切れ味の悪いノコギリで時間をかけて首を切断するという、猟奇的ともいえる殺され方をしているのだ。善住坊は5日ほど苦しみ抜いて死んでいったといわれている。

なぜこのような残虐なかたちで刑を執行するのか。それは、見せしめのためである。切れ味のいい刀で一気に死に追いやるよりも、罪人をさらし者にして時間をかけて殺す方が効果は絶大だというわけだ。

戦国時代から江戸時代には、そのほかにも両手両足に縄をつけ、それぞれを4頭の牛の角に結んで牛を暴れさせて体を裂く「牛裂き」、公開で打ち首にした首が市中にさらされる「獄門」などの刑罰もあった。

むごいやり方で殺されたうえに見せしめにされる——。映画やドラマでは英雄のように描かれることが多い戦国武将だが、その裏には残酷さだけでなく狂気さえ感じさせる一面があったのである。

敵が攻めてきた時に民衆が逃げ隠れた意外な場所

各地の大名が勢力争いを繰り広げた戦国時代、合戦は日常的な出来事だった。では、そんな時代に生きた民衆はどのようにこの戦乱を生き抜いたのだろうか。

城下町のつくりを見てみるとわかるように、この時代にはそれぞれの国に城があって大名がおり、その城を取り囲むように町や村があった。

だが、そこに暮らす者すべてが君主に忠誠を誓っていたわけではない。武士であれば、国の勢力を拡大するために共に戦うという主従関係にあったが、そのほかの農民らにとっては国盗り合戦など自分の生活とは関係ない。雑兵として雇われれば出陣に参加するが、それも稼ぎのためでしかなかった。

それよりも、敵陣が押し寄せれば容赦ない乱取りの被害に遭ってしまうのは農民だ。食糧や財産は根こそぎ奪われ、妻や子供までさらわれて人身売買にかけられる。

いわば合戦など迷惑なもので、それゆえ君主に仕えるなどという発想もあまりなかったのだ。

そのため民衆は敵が襲来するとなると、持てるだけの俵と家財道具を抱えていっせいに妻や子供とともに領主の城に逃げ込んだ。

イエズス会の記録にも、「戦の間、貴賤を問わず大なる者も小なる者も、皆その妻子を伴って城内に引き籠るのが常である」と残っている。これを「城あがり」といった。ちなみに、山に砦をつくって集団でこもることは「山あがり」という。

しかし、城では戦が終わるまで避難生活をしているわけではない。民衆は城下で繰り広げられている戦闘の行方を見守り、どちらが強いかを見定めているのだ。

自分たちの暮らしが脅かされるのは、自分たちの主人が弱いからで、強いほうにつけば安定した生活が望める。つまり自分自身を守るために、そしていつでも鞍替えできるように、高みから戦況を観察していたのである。

しかし、織田信長や武田信玄はこのような民衆の行動を「敵対行為」とみなし、城にこもっている民衆に対して軍による乱取りを許したりもした。

一般の民衆が戦乱を生き抜くのは、武士以上に困難な時代だったのである。

「隠物」や「預物」とはいったい何？

戦国武将にとって戦とは領土を拡大するための手段だったが、民衆にとってはまさに命がかかった戦いだった。

何しろ敵陣に踏み込まれれば、自分たちの村や町が突然戦場になるのである。出陣して勝てば敵地から奪った食糧や財産で潤ったが、攻め込まれて負ければ逆に何もかもを奪われて生きるのさえ厳しい状況に追い込まれる。

そこで、民衆はいつ戦が起きても困らないように、ふだんから危機意識を高く持っていたという。その証拠となるのが「隠物」や「預物」である。

敵が攻め込んできたら、食糧や財産を持っていっせいに城や山に逃げ込んで身を守ってきたが、どう考えてもすべての食糧や家財道具を運び出すのは不可能だ。

そこで、いつ攻め込まれても困らないように、そして戦が終わった後も生きのびるために、人々は食糧や家財道具を分けて隠したり、よその村に預けたりした。これが隠物や預物といわれるものだ。

この頃は、隣村との間にネットワークが張り巡らされていて、村に敵陣が来るという噂はまたたく間に広がるのである。すると、大急ぎで家の床下や縁の下に掘った穴に鍋や釜、米や着物などを埋め、土をかけて逃げた。

また、貴重品はふだんから寺や神社、信頼できる村に預けるなどして分散して自己管理していたのだ。

だが、略奪目的に何度も戦に参加している雑兵は、そのあたりをよく心得ていた。たとえば晩秋の霜が降った朝に村に入ったなら、霜が消えている土を探せと効率的な略奪の方法を教えている。

霜が消えている部分は、掘り返して土をかぶせた証拠だから、そこには必ずその家の家財道具や食糧が埋まっているというわけだ。

まるでイタチごっこのような光景ではあるが、ふつうに暮らしていても飢えた状態にあった戦国時代にはどちらかも必死だったことがうかがえる。

大きな戦が起きれば勢力図が塗り替わってしまう時代のうねりに翻弄されながら、民衆は力強くしたたかに生きていたのだ。

意外と知られていない家紋の由来

全国の大名が東西に分かれて戦った「関ケ原の戦い」を描いた絵をじっくり見てみると、

西軍と東軍がどこに陣取っているのかを見て取ることができる。なぜなら、それぞれの軍が各大名の家紋を染め抜いた幟を掲げているからだ。

絵の右のほうに徳川家の「三《み》つ葉《ば》葵《あおい》」の幟がかたまっていたり、その上のほうには細川家の「九曜《くよう》」があり、中央には豊臣軍の「五七桐《ごしちのきり》」が見えるものもある。

島津家の「丸に十文字」や加藤清正の「蛇の目」なども確認できて、なかなかに興味深いものがある。

戦国武将は幟や陣幕だけでなく、甲冑や馬具、刀にも家紋を入れていた。そして、そこにはそれぞれに込められた意味があった。

たとえば、はじめて天下人となった織田信長の家紋は「織田木瓜《もっこう》」だが、これは鳥の巣をモチーフにしているといわれている。鳥が卵を産み育てる巣には、子孫繁栄の願いが込められている。

また加賀の前田利家《まえだとしいえ》は、梅の花をデザインした「剣梅鉢《けんうめばち》」を家紋にしているが、これは梅が菊の花と並んで縁起がいいとされてきたからだ。

キキョウの花も戦国武将に好まれた図案だ。キキョウは漢字では「桔梗」と書き、つくりに「吉」と「更」がつくことから「更に吉（さらによし）」と語呂合わせをして縁起を担いだのだ。

だが、織田信長を倒した明智光秀《あけちみつひで》が桔梗紋を使っていたことから、一時は「裏切り者の紋」とされていたこともある。

光秀の後には、武田信玄の近習として仕えた山県昌景《やまがたまさかげ》や兵学者として知られる大村益次郎《おおむらますじろう》などが桔梗紋を使用している。

また、下賜された紋を使った豊臣秀吉のような例もある。秀吉の家紋は「五七桐」だが、桐紋はもともと皇室で使われていた紋章で、それが有力者へと下賜されて権威を与えた。秀吉の桐紋は信長から与えられたとされている。

そして、テレビドラマの『水戸黄門』で水戸光圀《みとみつくに》公が「この紋所が目に入らぬか」と掲げていたことでも知られる「三葉葵」といえば、徳川家の家紋である。

この三葉葵の由来ははっきりとはわかっていないのだが、家康の天下取りに大いに貢献した本多家の家紋が「立葵」だったことから、その一部を拝借したのではないかともいわれている。

もとは同じ氏族であることを示す記号として始まった家紋だが、自らの存在を強烈にアピールするシンボルとして扱われたことはたしかである。

有名武将たちが残した遺書の中身

下剋上でのし上がり、自らの実力で国を支配して次々に勢力を拡大していく――。そんな激動の人生を送った戦国武将は、自分の死後の国のことを思えば、言い残したい言葉は山のようにあったに違いない。

甲斐国（現在の山梨）を統一した父から家督を引き継ぎ、一代で現在の中部地方と栃木の一部まで勢力を拡大した武田信玄は次のような遺言を残している。

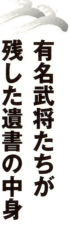

まず、自分が亡くなっても3年間はその死を隠して領国の安全を保つこと。これは、自分が死んだことが知れると敵に侵攻される恐れがあるので、しばらくは黙っておけということだろう。

そして、後継者には息子の勝頼《かつより》ではなく孫の信勝を指名している。とはいっても、まだ信勝は幼かったため、16歳になったら家督を譲るとしていた。勝頼には、信勝が16歳になるまで代理としての「陣代」を申し付けている。

勝頼には、「万事についての思慮、判断、将来への見通しについて10倍も心するように」と書いていることから、戦国武将としての資質に欠けると見ていたのだろう。

しかし、実際に信玄の死去に伴って後を継いだのは勝頼で、遺言には織田信長や徳川家康の攻略法も記されていたにもかかわらず、「長篠の戦い」で大敗してしまう。これを契機に武田家滅亡への坂を転がり始めることになるのだ。

一方で、いつ命を落とすことになるかもしれない戦乱の世に行きた武将は、なかなか信玄のように事細かな遺言を残してこの世を去ることはできなかった。

だが、自害したり、切腹を命じられて死した武将の辞世の句は多い。

織田家の家臣でありながら、信長を急襲して命を奪って天下を取ったもののわずか13日後に秀吉に追い詰められて自害した明智光秀は、「順逆無二門　大道徹心源　五十五年夢覚来帰一元」という句を残したといわれている。これは「心の源に従ったまでで間違ったことはしていない。55年の夢が覚め、これから新しい人生が始まる」というような意味だ。

そして、まさに時代の申し子というべき豊臣秀吉は「露と落ち　露と消えにし　我が身

かな　浪速のことも夢のまた夢」という辞世を残し、63歳で生涯を閉じた。
戦乱に明け暮れた日々を振り返りつつ、その最期は穏やかだったことを思わせる。

あの織田軍すら手こずった戦闘集団「一向宗」

室町時代から戦国時代にかけて北陸や近畿、東海などの大名たちを苦しめたのが、一向宗の門徒らによる「一向一揆」である。

前述のように、加賀では圧政に耐えかねた本願寺の門徒らが信仰や自治権を守るために蜂起し、守護の富樫《とがし》氏を倒して90年以上も加賀一国を支配しているし、織田信長と石山本願寺の顕如《けんにょ》との間で起こった「石山合戦」では、あの織田軍を敵にまわして10年も抵抗を続けたほどだ。戦国大名を相手に互角に渡り合う力を持った一向宗とは、いったいどのような集団だったのか。

当時、俗に一向宗といわれたのは、親鸞《しんらん》を開祖とする浄土真宗のことである。もともとは違う宗派だったが、浄土真宗に多くの一向宗の門徒が入り込んだために同一視されるようになったのだ。本願寺は、この浄土真宗本願寺派の本山だ。

ところで、一向一揆にかかわった人々を見てみると、じつは蜂起を起こしたのは一向宗の門徒だけではない。

たとえば、加賀の一向一揆では、本願寺の門徒のほかに、守護だった富樫幸千代《こうちよ》と対立する富樫政親《まさちか》とその家臣や反守護派の武士なども加わっていた。その富樫政親も、のちに富樫泰高《やすたか》を擁立した本願寺門徒らに攻め滅ぼされている。

また、石山合戦では本願寺門徒の武士や農民のほかに、信長に追放された室町幕府の将軍・足利義昭と関係のある武将などが加担している。

伊勢長島の一向一揆では、本願寺門徒が信長の弟である織田信興《のぶおき》を自害に追い込んだが、この一揆には信長によって滅ぼされた美濃の斉藤《さいとう》氏の浪人なども含まれている。

つまり、一向一揆の担い手は「死ねば極楽浄土に行ける」と死をも恐れずに攻め込んでくる農民などの門徒と、戦い慣れた武士などで構成された手ごわい戦闘集団だったのだ。

しかも、門徒からの多額のお布施のおかげで経済力は戦国大名並みだったというからまさに怖い物なしだ。

結局、信長によって各地の一向一揆は抑えられたが、武力と経済力を備えた戦闘集団に戦国大名たちは長い間、悪戦苦闘を強いられたというわけである。

京都を牛耳っていた「法華宗」とは？

本願寺や比叡山延暦寺といった手強い仏教勢力のほかに、戦国時代の一時期に京都を占領するほどの一大勢力を築いていたのが「法華宗」だ。

今では日蓮宗とも呼ばれる法華宗は、大乗仏教の重要な経典のひとつである法華経を釈迦のもっとも優れた教えだとして大切にしている宗派である。「南無妙法蓮華経」という題目を唱えることでも知られる。

この法華宗は、京都で精力的に布教を行って町人たちの支持を得ていき、現在の京都市内にあたる洛中には「二十一ヶ寺」という法華宗系の21の本山が開かれた。たとえば、織田信長が最期を迎えた本能寺も法華宗本門流の大本山だ。

京都は「京中大方、法華の巷」と称されるほど法華宗の門徒で溢れていたといい、松ヶ崎のように村民すべてが法華宗に帰依して「皆法華」の村になったところもあるくらいの盛況ぶりだったのだ。

また、法華宗の町人たちは自治組織をつくって町を運営していた。自治組織の世話人は町衆といわれる京都の裕福な商工業者らが引き受けていて、法華宗が実質的に京都を牛耳っているようなものだったのである。

1532（天文《てんぶん》元）年には、一向一揆が京都になだれ込んでくるという噂が広がり、法華宗の自治組織が中心になって武装し、これを撃退している。二十一ヶ寺も自衛武装化し、勢いを得た法華宗は地子銭と呼ばれる地代の納入を拒否するなど、京都の支配をさらに拡大していったのである。

法華宗の京都での支配が終わりを告げたのは、1536（天文5）年のことだ。これまでも末寺の上納金などをめぐって争っていた比叡山延暦寺の僧たちが二十一ヶ寺を攻撃したのだ。

この機に乗じて戦国大名らも参戦してきたことで、二十一ヶ寺はすべて焼き払われてしまった。

京都市内は応仁《おうにん》の乱の時以上の規模で燃えたとされ、権勢をふるった法華宗もついに京都からの撤退を余儀なくされたのである。

神社仏閣から先祖の墓まで破壊したキリシタン大名がいた！

戦国時代にはイエズス会の布教でキリスト教に改宗する大名もいたが、なかでも熱心な信者だったのが肥前（現在の佐賀県と、壱岐・対馬を除く長崎県）の大名・大村純忠《おおむらすみただ》だ。

純忠は大名として初めてキリシタンになった人物だが、キリスト教を深く信仰するあまり、改宗しない領民にはとんでもない暴挙に出ているのだ。

改宗前からキリスト教に対して好意的だった純忠は、領内にある横瀬浦という港をポルトガル人に提供したほか、宣教師らに住居まで提供している。

洗礼を受けたのは１５６３（永禄６）年、32歳の時だ。キリシタン大名になった純忠は領民にも入信を勧め、もっとも多い時で領内のキリシタンは６万人以上いたとされる。

その一方で、エスカレートしていったのが仏教や神道への激しい弾圧だ。領内の神社仏閣は純忠によってすべて破壊され、僧侶や神官、改宗を拒んだ領民は殺されてしまうこともあった。さらには、先祖の位牌を焼き、墓を壊すといった蛮行まであったという。

これは、宣教師から「デウスに感謝を示すには偶像礼拝は根絶し、所領から異教徒をいなくなるようにすることだ」と説かれたためだが、こうした状況に家臣の不満が募り、純忠を追いだそうとするクーデターが勃発して横瀬浦や教会が多大な被害を受けたこともあった。なんとかクーデターは鎮圧したが、次に長崎港を開くと、ここにも周辺の大名からの襲撃を受ける。すると純忠は、ポルトガル船から武器を調達するために改宗しない領民を奴隷として海外へ売り飛ばしたというから驚く。

しかも、教会からの軍事支援に感謝した純忠は、長崎港の一帯を教会領としてイエズス会に寄進してしまうほどだった。

純忠は1587（天正15）年に55歳で病死したが、秀吉がキリスト教の宣教や南蛮貿易を禁止する「バテレン追放令」を出したのは純忠の死の直後だった。

バテレン追放令が発令されたのは、純忠の仏教や神道への弾圧や、領地を寄進したことも理由のひとつだったというから、なんとも皮肉な話である。

宣教師たちの目にうつった驚きの戦国日本

イエズス会の宣教師であるフランシスコ・ザビエルが来日して以来、日本には頻繁に宣教師が訪れるようになったが、彼らの目に日本人の姿はどのように映っていたのだろうか。

ザビエルはその書簡の中で日本人について、「異教徒のなかでも、もっとも優れている国民」だと絶賛している。しかも、日本人はとても善良で礼儀正しく、親しみやすくて名誉を重んじる国民であるとも記している。また、『日本史』の著者で、織田信長や豊臣秀吉の時代の日本を詳しく観察して記していたルイス・フロイスも、日本人は慎み深くて礼節を重んじるとか、優しくて多感な心を持っているとか好意的な見方をしている。

だが一方で、宣教師たちは日本人の悪いところも指摘している。「日本人は秘密を守ることができず、信用のおけない国民だ」とか、「日本人は初対面の人を服装や外見だけで判断する」などと、今の日本人が聞いても耳が痛くなるような指摘もある。

そのほか、宣教師たちを驚かせたのが、この頃の日本人が男色を公然と行っていたことである。当時、織田信長など名だたる戦国武将は隠そうともせずに美少年をそばに置いて寵愛していたが、キリスト教では男色は罪悪として禁止されていたので、宣教師らにはこれが衝撃的だったのだ。

たとえば、のちにキリシタン大名となった山口の大内義隆《おおうちよしたか》は多くの美少年を寵愛していた。このことに驚いたザビエルは大内の男色について非難し、大内は立腹して当初は布教を許さなかったという話もあったくらいである。

はるか遠く、宗教はもちろん風習や文化がまったく違うヨーロッパから来た宣教師たちにとって、戦国の日本はいろいろな意味で刺激的だったにちがいない。

宣教師も驚いた仏教とキリスト教の類似点

キリスト教は思いがけず戦国時代の日本人に受け入れられ、急激にキリシタンの数を増やしていったが、どうして異国からきた未知の宗教がこれほどすんなりと当時の人々に受け入れられたのだろうか。

その理由のひとつは、日本人が広く親しんできた仏教とキリスト教に意外なほど類似点が多かったからかもしれない。

実際、イエズス会の宣教師であるルイス・フロイスは、キリスト教の教理と仏教の教理があまりに似ているので、宣教師の説教を聞いた日本人が混乱しているといった内容を記している。

たとえば、当時の日本人は釈迦とイエス・キリストを混同していた節がある。釈迦には「十大弟子」といわれる特に優れた10人の弟子がいたし、イエスには「十二使徒」と呼ばれる12人の弟子がいる。

さらに、釈迦の母は摩耶（マーヤ）、イエスの母はマリアで名前も似ているし、摩耶は夢の中で脇腹から白い象が胎内に入って釈迦を懐胎し、聖母マリアも処女のままでイエスを懐胎しているからだ。

また、キリスト教の根本教義のひとつである父（神）と子（イエス）と聖霊の三位は一体だという「三位一体」についても、阿弥陀如来を中心として左右に観音菩薩と勢至菩薩を配する「阿弥陀三尊」と同じように考えていたようだ。

そのほか、阿弥陀仏にすがれば苦しみや悩みから解放されて極楽浄土へ行けるという考えと、キリスト教の天国の思想なども混乱を招いた。

当時の日本人の中には、仏教とキリスト教を同じ宗教だと勘違いする人もいたくらいだったというから、宣教師たちはそうした誤解を解く苦労はあったものの、日本には比較的布教しやすい土壌があったのだろう。

戦国武将たちがやたらと気にしていた「天道」とは？

生きるか死ぬかの苛烈な戦国乱世で、武将たちの間で広く信仰されていたのが「天道」思想である。

天道とは、天運を司る人智を超えた存在だ。天運が味方すれば不利な状況でも勝利するし、天運が尽きれば有利な状況でも敗北する。命をかけた戦いを前にして、武将たちは天道に運を任せて出陣するしかなかったのだ。

さらに、この思想が人の善悪の行いと結びつけて考えられるようになり、正しい行いをすれば天道は良い結果を与えてくれるし、道徳に反した行いをすれば天道が罰として悪い結果をもたらすと考えられた。

こうした天道の考え方はキリスト教の唯一絶対神であるデウスの存在と似ていたため、イエズス会の宣教師たちはキリスト教の神について話す時に、日本人の間に広まっていた天道という言葉に訳して布教していたくらいだという。

ところで、どれだけ武将たちが天道を気にしていたかといえば、たとえば織田信長は比叡山焼き討ちの理由を、比叡山の僧侶が堕落して天道の恐れも顧みないからだといっているし、『信長公記』には、桶狭間の合戦で信長が今川義元《いまがわよしもと》率いる10倍近くの大軍に勝利したのは、徳に欠けた義元に天道が罰を与えたからだというような記述が残っている。

その信長自身もやがて明智光秀の謀反により本能寺で最期を遂げると、ほかの武将から天道に背いたからだといわれるようになった。

また、その後に天下人へとのぼりつめた豊臣秀吉は、自分は誠実で得のある行動をしてきたから天道に適ったのだと主張している。

つまり、戦国大名や武将が戦いや民を支配していることに対して正当性を主張する時にも利用されていたくらい、天道は重要な思想だったというわけである。

秩序が崩壊して明日をも知れぬ戦国武将たちにとって、天道が味方し運をもたらしてくれるかどうかはきわめて重要な関心事だったのだ。

東本願寺には西本願寺、では東寺の対の寺もある？

日本の世界遺産のひとつとして数えられる「古都京都の文化財」の中に「東寺《とうじ》」と「西本願寺《にしほんがんじ》」がある。このふたつに共通しているのは、どちらも対となる「西寺《さいじ》」「東本願寺」が存在する（した）ということだ。

まず「東寺」だが、正式名称を「教王護国寺《きょうおうごこくじ》」という。794（延暦《えんりゃく》13）年、遷都後の平安京には朱雀大路という大通りがあり、南端には「羅城門」があった。そして、その左右に建てられたのが「東寺」と「西寺」である。場所は現在のＪＲ京都駅の南西あたりで、西寺はすでに存在せず「西寺跡」だけが残る。

東西の寺はほぼ同規模で、現在の東寺にみられるような五重塔も対で建っていたようだ。西寺は、1233（天福《てんぷく》元）年に火災で焼失したきり再建されていない。現在は石碑だけが、その存在を証明するのみである。

一方、「東本願寺」と「西本願寺」は両方とも現存している。創設は1272（文永《ぶんえい》9）年で、もともと親鸞を宗祖とする「本願寺」として誕生した。場所は現在の京都市東山区林下町、大谷と呼ばれた場所である。

財政難や対立する比叡山僧徒によって廟堂が破壊された後、本願寺は移転を繰り返すことになった。

1496（明応《めいおう》5）年には本拠地を大坂の石山（現在の大阪市中央区）へと移したが、のちに宗教的にも政治的にも力を持ち始めた本願寺を排除しようとした織田信長と激しく対立する。「石山合戦」と呼ばれた10年間の争いの後、寺は信長によって焼き払われた。

信長の死後の1591（天正19）年、本願寺は秀吉による寄進を受け再び京都の六条堀川に建造され、これが現在の「西本願寺」である。

この頃、本願寺では石山合戦で生じた内紛が表面化しており、それに目をつけた徳川家康が1602(慶長7)年に烏丸六条に「東本願寺」を誕生させた。これによって本願寺は東西に分立したのだ。この背景には、内紛に乗じて本願寺の勢力拡大を防ごうとした家康の思惑があったといわれている。

ちなみに、西本願寺が世界遺産登録されたのに対して東本願寺が選定から漏れたのは、東本願寺の建物が度重なる火災により焼失し、明治時代に再建された新しいものだという理由からである。

消えた「蛇石」と「安土山図屏風」が象徴する謎多き城・安土城

織田信長が築いた安土城は、解明されていない謎の多いミステリアスな城だ。有名な謎のひとつに「蛇石」と呼ばれる石がある。1万人以上で昼夜を問わず3日間もかかって天守閣に運んだという巨石が行方不明なのである。城が全焼したといっても、これほどの巨石ならどこかに残っていてもいいはずだ。しかし、その所在はわからず忽然と姿を消したままなのだ。

また、安土城の外観を知るのに最も有力な資料とされる『安土山図屛風』も行方不明になっている。狩野永徳《かのうえいとく》が信長の命を受けて描いたもので、安土城の全容と城下町周辺がかなり正確に写実されているのだ。

この屛風は信長からイエズス会の巡察使ヴァリニャーニに贈られたのち、ローマ教皇への献上品としてヴァチカン宮殿内に収納され、その後に行方不明になってしまうのだ。ヨーロッパのどこかに現存している、ヴァチカンのどこかに眠っている、など憶測が飛ぶもののいまだに見つかっていないのが現状だ。

このように謎の多い安土城だが『信長公記』などの少ない史料から少しだけその姿をうかがい知ることができる。

安土城は、5層7重（地下1階地上6階）の天守閣を持つ大城郭だった。その天守閣の5階は室内が正8角形で、柱や天井がすべて朱色に塗られ、天井や壁には昇り龍などが極彩色で描かれていた。

最上階の6階は正方形で四方がすべて金色に塗られ、狩野永徳の筆による障壁画が描かれていたと伝えられている。

旧金沢藩大工の池上家には、安土城天守閣の設計図ではないかとされる『天守指図』とだけ書かれた巻物が残っており、それによると安土城は地階から3階までが吹き抜けになっていて、2階には吹き抜けに張り出した舞台が作られている。

さらには吹き抜けに橋が架けられ、吹き抜け空間を一望できるようになっている。なんとも驚くべき設計である。

ただしこの『天守指図』は、後世になって『信長公記』などの文献をもとに作成されたものではないかともいわれ、信憑性を疑問視する声もある。

結局のところ、安土城の全貌については多くが謎のまま残されており、そのロマンが研究者や歴史愛好家たちを惹きつけてやまないのである。

石垣の建材に使われた石仏や五輪塔に込められた願いとは?

現在も各地に残る戦国時代の城だが、その特徴のひとつが城の周りに張り巡らされた石垣だ。

石を積んで作る石垣はかなり昔から存在したのだが、城や天守閣を守る本格的な石垣は、織田信長が作った安土城から始まったといわれている。

その安土城の石垣に関する記述の中には、「多数の石像を倒し、首に縄をつけて工事現場に引かしめた」というものがある。つまり、石の仏像を石垣の石材として利用したのである。

実際に、昭和49年の地下鉄工事の際に行われた付近の発掘調査では、250もの石仏が出土したのだ。今も城跡に残る石垣のあちこちには「石仏」というプレートが付けられている。

このことから、信長を「神罰を恐れない無神論者だ」とか、「自らを神としていた」と評価する向きもあるが、事実はそう単純ではない。

実は、石仏や墓石などを石垣の材料に転用するというのはそれほど珍しいことではないのだ。京都の福知山城、奈良の郡山城、茨城の堀之内大台城や島崎城など、全国各地の城の石垣や礎石として石仏や墓石などを利用した「転用石」が使われている。

石材が不足して材料をかき集めたという側面が強いが、まじないや魔除けの意味があったのではないかという説もある。

豊臣秀長が改築した郡山城や、信長が建てた二条城、秀吉が建てた山崎城では、地蔵や石仏、五輪塔などが逆さまに積まれているという。逆さにすることによってまじないの威力を強めていたのではないかともいわれる。

真相はいまだに不明ではあるが、単なる材料不足とするよりも、「魔除けのため」というほうがロマンがあるかもしれない。

8

歴史の舞台で交錯した人物群像

二条城の城壁に信長が使ったとんでもない石材

激動の戦国時代を勝ち抜いて天下人となった織田信長《おだのぶなが》は、勇壮なイメージがある一方で、かなり実利主義でクールな一面を持っていた。それがよく表れているのが、有名な二条城の建築に関する逸話である（250頁参照）。

信長が京都に二条城を築城したのは、1569（永禄《えいろく》12）年のことだ。信長は、自らが後見人を務めていた当時の征夷大将軍足利義昭《あしかがよしあき》のためにこの二条城を建造した。ただし、この城は現在、堀川二条にある二条城とはまったく別のもので、「旧二条城」と呼ばれているものである。

京都市上京区烏丸出水から新町丸太町あたりにあったといわれている旧二条城は、この周辺で地下鉄烏丸線の路線を通す工事の際、城跡が発掘され、幅約7メートル、深さ約3メートルの堀や金箔を施された瓦などが出土している。

そんな二条城を信長はたった70日間で築城している。ポルトガル宣教師ルイス・フロイスの『日本史』にも、「少なくとも4、5年はかかると思われたものを70日で完成させた」と記されているのだ。

驚異的な短期間で築城するために、信長は石垣に使えそうな石を手当たりしだいに洛中内外から寄せ集めたという。すでに触れたように、なかには石仏や仏塔、五輪塔、板碑、礎石など神社仏閣からかき集めた材料も多かったのだ。

こうした事実を裏づけるように、発掘現場からは仏塔や五輪塔などが出土している。前述の通り、いくつかの説があるものの、仏の罰があたるなどということには少しも動じず、実利を優先する信長の性格が垣間見えるといってもいいだろう。

ちなみに、このことに関しては比叡山が猛反発してただちに二条城の取り壊しを求めたが、信長はこれをまったく聞き入れなかったといわれている。

神仏をも恐れない信長により築城された二条城だが、造営からわずか11年後の1582（天正《てんしょう》10）年、皮肉にも織田信長が本能寺で焼き討ちにあった翌日に焼失してしまう。原因は信長の長男信忠《のぶただ》が自刃したときの出火からだった。

現在、堀川にある二条城は江戸初期に徳川家康《とくがわいえやす》により築城されたもので、こちらの石垣には石仏や仏塔はいっさい使用されていない。

夏の陣の火災跡が残る秀吉時代の大坂城の痕跡とは？

全国各地に現存する城の中でも、大坂城の石垣は巨石が使われていることで知られている。特に大きいものは本丸の正面玄関にあたる桜門にある「たこ石」と呼ばれる巨石で、その表面積は畳の大きさでいうと約36枚分にもなる。

そのほかにも桜門の振袖石や大手門正面の見付石など、30畳を超える大きさの巨石が全部で3カ所に使われており、その巨大さは見る者に豊臣《とよとみ》家が握った権力の大きさを見せつけているようにも思える。

しかし、じつはこの石垣は大坂夏の陣の後に徳川幕府によって作られたもので、秀吉《ひでよし》が建立した大坂城の上に土を盛り、新たな石垣を築いたものなのだ。つまり、現在に残る城には秀吉時代の面影はまったくない。

石垣の工事は各地の藩主が担当していた。たとえば、先の桜門のたこ石は岡山藩主の池《いけ》田忠雄《だただかつ》が築き、大手門を入ったあたりの石垣は加藤清正《かとうきよまさ》の息子で熊本藩主の加藤忠広《ただひろ》が担当したといわれている。

このように、現在目にすることができる大坂城の石垣は徳川幕府の再築工事によるものだが、じつは発掘調査により大坂城の地下に秀吉時代の石垣が眠っていることが発見されたのだ。

その石垣に使われているのは、現在目にするような表面が平らな切り出した石ではなく、自然石で大きさも小さめだ。そして、そこには大坂夏の陣で受けた火災の跡がくっきりと残っているという。

また、大阪の市街でも秀吉時代の石垣を見ることができる。大坂城の北西にある大阪ドーンセンター（大阪府立男女共同参画・青少年センター）という施設の脇には小さな石垣が築かれているのだが、これは発掘された秀吉時代の大坂城の石垣の石を積み直し、忠実に復元したものだという。

小石に至るまで細心の注意を払って再現されたというそれは、石の一つひとつが平らに整形された徳川再築時のものと比べると無骨といっていい。しかし、そこには徳川家康が根本からつくり変えてでも消し去りたかった力強い秀吉の大坂城の片鱗が見えてくるのである。

豊臣秀吉の墓が馬塚と呼ばれるようになったのはなぜ？

「馬塚」は、その字のとおり馬を供養する碑のことである。馬を荷役に使っていた昔、馬《ば》頭《とう》観音を祀り、馬塚を建てて供養するようになったのが始まりともいわれている。

ところで、豊臣秀吉の墓は京都市東山区の豊国《とよくに》神社にある。境内の一角に建てられた大きな五輪塔がそうなのだが、天下を取ったこの秀吉の供養塔が〝馬塚〟と呼ばれているのだ。

1598（慶長《けいちょう》3）年、この世を去った秀吉は、遺言どおり京都市東山の東方の、なだらかな曲線を描く美しい阿弥陀ケ峰《あみだがみね》の頂上に埋葬される。さらに亡くなる前には、「自分を神として祀るように」と言い残していたため、「豊国大明神《ほうこくだいみょうじん》」という神号を与えられ、豪壮な豊国廟《とよくにびょう》・豊国社とともに祀られることになった。

自ら神になってまで豊臣家の行く末を守ろうとしたのだろうか。しかしその願いも、天下を狙う徳川家康によって叶わぬことになった。1614（慶長19）年に始まった「大坂の陣」により、豊臣家は滅亡へと突き進むことになるのだ。

冬の陣、夏の陣の末に秀吉の愛息、秀頼《ひでより》が自害すると、家康は豊臣の影響を徹底的に排除し始める。

まず秀吉の神号を剥奪し、祀っていた豊国神社を破棄した。「太閤《たいこう》さん」と親しまれていた秀吉だけに、没後はたくさんの人がお参りしたというが、その豊国廟への参道もふさいでしまったのだ。

一方、秀吉を慕う京の人たちは、五輪塔（秀吉の墓）を今の地に移してお参りを続けた。その際、徳川幕府に睨まれないように、表向きは馬塚としたといわれている。

徳川により排除された秀吉の墓だが、再び日の目を見るのは明治の時代に入ってからだ。明治天皇の大阪行幸により、秀吉に「豊国大明神」という神号が再び贈られ、さらに大阪に豊国神社を建てて祀ろうという話が起こった。

しかし、もともと秀吉は京都に祀られていたという経緯もあり、1880（明治13）年、京都市東山に社殿が建てられた。また、1898（明治31）年には、荒れるがままになっていた豊国廟も阿弥陀ケ峰の頂上に再建されている。

長い間〝馬〟とされてきた秀吉だが、その名を隠してまで供養されたのも人々に愛されていたからだろう。新しく建立された豊国神社は、今も「ホウコクさん」と呼ばれて親しまれている。

〝覇王〟信長と渡りあった室町最後の将軍の謎

織田信長といえば、強力なリーダーシップで乱世を駆け上がっていった当時の最強武将だが、もちろん苦戦を強いられたこともある。特に、室町幕府最後の将軍となった足利義昭が張り巡らせた「信長包囲網」は、信長を追い詰めた。

信長が「桶狭間の戦い」で今川義元《いまがわよしもと》を破り、天下統一に邁進しはじめた頃、京都を中心とした畿内地方はまさに血で血を洗う下剋上の舞台だった。

政治の中枢となるはずの室町幕府は存在していたが、将軍家である足利家の権威は完全に失われていたのである。

そんななかで松永久秀《まつながひさひで》らによる「永禄の変」が起き、第13代将軍の足利義輝《よしてる》が討ち死にしてしまう。この時に、辛くも京都を脱出したのが義輝の弟である足利義昭だった。

松永久秀らクーデター派は、義輝の従兄である足利義栄《よしひで》を次の将軍に擁立して自分たちの傀儡《かいらい》政権を樹立する。これに対抗して室町幕府の再興を目指す義昭は、明智光秀《あけちみつひで》の仲介により信長と出会うことになるのだ。

一方で、京の都に上洛する機会をうかがっていた信長はこの好機を逃さず、義昭を擁して京に攻め上り、義昭を第15代の将軍へとみごとに返り咲かせるのである。

ところが、2人の蜜月の時代はそう長くは続かなかった。信長もやはり義昭を自らの傀儡将軍にしようと密かに企んでいたのだ。

やがて、越前の朝倉義景《あさくらよしかげ》の討伐に向かった信長が「姉川の戦い」で苦戦を強いられると、ついに義昭は全国の大名に対して反信長を訴える。

朝倉や武田信玄《たけだしんげん》、さらに「姉川の戦い」で朝倉側についた義弟の浅井長政《あざいながまさ》などの後ろ盾を得て信長包囲網を形成するのである。

あくまでも日本の覇者になることを理想としてきた信長にしてみれば、まさに四面楚歌のこの状況を前にして、来るべき時がついに来たかという心境だったはずだ。

そんな反信長の最大勢力といえば、やはり甲斐の武田信玄だった。

しかし、時代は信長に味方したのか、信玄は京都に入ることのないまま病没している。義昭は頼りにしていた信玄の力を失ってしまったのだ。

再び息を吹き返した信長は京都に入ると、二条城を攻め立てて義昭を追放。さらに、木《き》下《した》秀吉や明智光秀といった優秀な家臣の働きによって包囲網を切り崩すことに成功している。こうして信長は天下布武へ向けて歩みを進めるのである。

新参者・秀吉は〝信長第一の将〟にどう戦いを挑んだか

新しく仲間に加わった人を「新参者」と呼ぶことがあるが、時にこの言葉には相手に対しての「さげすみ」が含まれていたりする。柴《しば》田《た》勝《かつ》家《いえ》と羽《は》柴《しば》秀吉は、ともに織田信長の忠臣として知られた家臣だが、勝家にとっては秀吉がまさにやっかいな新参者だったにちがいない。

柴田勝家は1522（大永《だいえい》2）年頃の生まれといわれていて、若い頃から尾張の織田家の重臣として働いてきた人物だ。

一方で秀吉は、まだ木下藤吉郎《とうきちろう》と名乗っていた頃に冷えた草履を懐で温めていたというエピソードが残されているように信長の小者、つまり身の回りの世話をする雑用係としてそのキャリアをスタートさせる。

秀吉と勝家は何から何まで正反対のタイプで、次第に対立を深めていった。

1582（天正10）年に本能寺で信長が明智光秀に討たれると、秀吉はすぐさま光秀の跡を追い、「山崎の戦い」で仇をとっている。勝家がこの戦いに間に合わず、秀吉の手柄となったのも何かの因縁だろうか。

前述のとおり、それから間もなくして、秀吉や勝家といった織田家の重臣たちは信長の後継ぎを決めるために尾張の清洲城に集結する。

のちに「清洲会議」と呼ばれるこの会議で、信長の長男で本能寺の変の際に亡くなった織田信忠の嫡男の三法師を推す秀吉と、信長の三男である織田信孝《のぶたか》を推す勝家は真っ向から対立してしまう。

とはいえ、光秀を討ち取っている秀吉の発言力は大きかった。結果的に、当時、まだ物心すらついていない三法師が正式な後継ぎとなり、その後見人となった秀吉の時代が始まるのだ。

織田家を守ることを第一に考えた勝家は信長の妹であるお市《いち》の方《かた》を妻にするが、秀吉の天下獲りの勢いは収まらず、ついに勝家は秀吉との全面対決を決意する。

近江国（現在の滋賀県）で繰り広げられたこの「賤ヶ岳の戦い」は、勝利した者が信長の跡を継いで天下をめざすという大一番になったのである。

戦いは一ヵ月以上も続いたが、勝家側の前田利家《まえだとしいえ》が秀吉についたことで勝家軍は総崩れとなる。

やがて追い詰められた勝家は居城である福井の北ノ庄城まで引き揚げると、城に火をかけてお市の方と共に自害した。新参者だった秀吉が、最後まで信長の威信を守ろうとした勝家に勝利したのだ。

こうしてひとつの時代は終わりを告げ、いよいよ秀吉が天下人に上りつめる時が来たのである。

新旧の天下人をつなぐ不可思議な〝接点〟とは？

亡き主君である織田信長の野望を受け継いで天下統一を成し遂げた豊臣秀吉と、秀吉亡き後に天下統一を果たしてさらに強大な権力を手中に収めた徳川家康。すでに取り上げたように、この2人の天下人は、たった一度だけ直接対決をしている。

信長の忠臣だった柴田勝家を「賤ヶ岳の戦い」で破った秀吉は、天下統一まであと一歩というところまでたどり着く。ここで秀吉の前に立ちはだかったのが、信長の次男の信雄《のぶかつ》と手を結んだ三河の徳川家康だった。

じつは信雄は、その前年に起きた賤ヶ岳の戦いでは秀吉の側について戦って戦績を残している。戦いに勝利した秀吉は、その年のうちに絢爛豪華な大坂城を築かせると、秀吉に味方した諸大名を大坂城に呼びよせて、自らの権力を誇示しようとした。

ところが、秀吉のこれ見よがしな態度に反発した信雄は、家康に援軍を求める。これにより、1584（天正12）年3月に「小牧・長久手の戦い」が勃発することになるのだ。

1万5000ともいわれる兵を率いて浜松を出た家康軍は信雄の軍勢と合流すると、現在の愛知県北西部の小牧で秀吉軍と相まみえる。兵数でいうなら倍ほどの差があったが、地の利があり、また野戦に長けていた家康軍は秀吉軍を苦しめることになる。

信長の得意な戦法をまねて秀吉軍が企てた陽動作戦など、数々の戦術は完全に見破られてしまい、家康に対して秀吉はついに和睦を申し入れて戦いを終わらせることになった。

そして秀吉は家康を取り込むべく、次なる作戦に出た。自らの妹である朝日姫《あさひひめ》を離縁させてまで家康に嫁がせ、さらに自分の母親を人質として差し出しているのだ。

ここまでしてようやく家康は秀吉に応えて大坂城に入り、公式に秀吉に謁見すると臣従した。その後は、「小田原攻め」と呼ばれる北条氏の征伐にも参加するなどして秀吉の天下統一に力を貸すことになるのだ。

とはいえ、手をここまで煩わせた家康を秀吉は密かに恐れていた。家康に高い役職を与えたのも、常に自分の傍らに置いて目を光らせておきたかった秀吉の意図があるのだろう。

こうして秀吉から常に一目置かれる存在だった家康が、秀吉の死後は新時代の担い手となり、日本史上最長の政権となった徳川幕府を樹立していくのは必然だったのである。

秀吉を相手に丁々発止とやりあった独眼竜の〝才覚〟

切れ者で野心家というイメージが強い伊達政宗《だてまさむね》だが、その人生をひも解いてみると、豊臣秀吉、そして徳川の世になって3代将軍の家光《いえみつ》の時代まで、何人もの天下人に仕えている。戦国の世において、これほど多くの天下人に仕えた人物も珍しい。

なかでも、秀吉とは幾度となく狐と狸のばかし合いのような丁々発止のやりとりを繰り広げているのだ。

政宗は父の輝宗から家督を譲り受けると、わずか5年で陸奥や出羽といった東北地方の南部を支配する東北一の大名にまでのし上がる。

ここで登場するのが秀吉だ。政宗が東北地方で着々と力をつけていた頃、すでに秀吉は天下統一の詰めの段階まで差しかかり、残すは小田原の北条《ほうじょう》氏だけという状況だった。

服従を拒否する北条氏に対して、秀吉は全国の大名衆に小田原攻めへの参戦を要請する。

もちろん、東北の一大勢力だった政宗にもこの知らせは届いたわけだが、伊達の家の中では秀吉側か北条側かどちらにつくかで激論が長引き、秀吉の傘下に入るまでには時間がかかってしまったのだ。

秀吉はなかなか動こうとしなかった政宗を呼びつけて厳しく処罰するつもりだったが、ここで政宗は大芝居に打って出る。北条攻めの参陣を決めた政宗は、すぐさま切腹を申しつけられてもいいように白装束で秀吉の元に参上したのである。

この堂々たる姿を見た秀吉は処罰を軽くして、一部の領土を取り上げただけで収めているのだ。この時、政宗はわずか23歳だったという。

また、陸奥で発生した一揆を収めるように秀吉から命じられた際に、じつは政宗が一揆を命じているという書面が秀吉の手に渡るという怪事件が起きた。

この時も、政宗の対処は手慣れたものだった。その書面は自分を陥れようとする偽りの文書である、その証拠に自分が書面に残す花押、つまりサインには針で穴をあけてあるが、この書状の花押にはその穴がない。これは自分の筆跡を真似たニセの手紙だと言い放ったといわれる。

こうして、またしても政宗は秀吉の罰を免れることに成功したのである。

一方、秀吉は事の真相をうすうす感づいていながら、そこをあえて知らない素振りで政宗を懐柔したともいわれている。

秀吉の忠臣だった2人が袂を分かつことになったのは？

タイプの異なる部下にあえて同じ仕事を任せることで、2人の競争心をかき立てる——。そんな巧みな人心掌握術によって、傘下の武将を動かしていたのが豊臣秀吉だ。

「小田原攻め」によって最後の抵抗勢力だった北条氏を滅ぼした秀吉は、主君である信長がその夢を断たれた天下統一の偉業をついに成し遂げる。

ところが、秀吉はこれに収まらず、北条氏を討ち取ったわずか2年後に今度は海外へと打って出る。ターゲットとなったのは明王朝が支配していた中国大陸だったが、その足掛かりとして秀吉はまず朝鮮半島への派兵を始めたのだ。

この朝鮮出兵で互いにライバル心をむき出しにして争ったのが、秀吉の忠臣である小西《こにし》行長《ゆきなが》と加藤清正だ。２人はまさに水と油で、何から何まで正反対だったといわれている。

商人の子として育った小西行長は、その巧みな交渉術を買われて秀吉の家臣になった。実家は堺で薬を扱う豪商で、金銭的にも恵まれた環境で育ったといわれている。

一方で加藤清正はといえば、行長とは正反対のまさに〝叩き上げ〟の武将だった。農民出身の清正は遠縁の秀吉に取り立てられると、まさに腕一本でのし上がってきた。

秀吉は１５９２（文禄《ぶんろく》元）年に朝鮮への出兵を決断した時にも、そんな２人に軍の先鋒を任せている。だが、この時２人の腹づもりは大きく異なっていた。

穏健派の行長はこの出兵自体を阻止できないものかと考えていたのである。軍を進めながらもなんとか早い時期に講和をさせる策を考えていた。

清正はといえば、武力によって朝鮮を征服しようと意気揚々と進軍する。その鼻息の荒さは、朝鮮で自ら虎を退治したという「虎狩り」の伝説でも知られているほどで、行長の思いを知ってか知らずか清正は激しい戦いを繰り返し、戦いは長期化していった。

この朝鮮出兵で大きな打撃を受けた豊臣家は、そのわずか2年後の１６００（慶長5）年に「関ケ原の戦い」で徳川家康に政権を奪われることになるのだが、この戦いに清正は東軍として家康側について、一方の行長は西軍として石田三成《いしだみつなり》についている。宿命のライバルがついに袂を分かつ時が来たのである。

実際に刃こそ交えることはなかったが、こうして秀吉の元で競い合った2人は、秀吉から家康へと移り変わる時代の大きなうねりのなかを強烈な個性をもって生き抜いたのだ。

伊達政宗暗殺未遂事件の裏にある伊達氏の複雑な〝人間関係図〟

戦国時代には親子や兄弟など肉親同士で命を奪いあうことも珍しくはなかったが、東北の実力者だった伊達政宗は、なんと実の母親に暗殺されそうになったといわれている。

それは、１５９０（天正18）年のことだ。政宗は豊臣秀吉の命令に従い、北条氏征伐のため小田原に向けて出発することになっていた。

出発の前に政宗は、母の義姫《よしひめ》に食事をふるまわれる。しかし、食事が始まって間もなく異変が起こった。政宗が激しい腹痛にのたうち回り始めたのだ。

家臣らの素早い処置によって命は取り留めたものの、実はこれが母である義姫の仕業だといわれているのだ。

ではなぜ、実の母がわが子を殺そうとしたのだろうか。一般的は、隻眼のために性格的に屈折していた政宗を嫌い、溺愛していた次男の竺丸《じくまる》に家督を継がせたいという母親の歪んだ愛情が政宗毒殺の陰謀へと発展したと見られている。

しかし、「奥羽の鬼姫」と呼ばれるほど男勝りだった義姫は、命を張って兄の最上義光《もがみよしみつ》と長男の伊達政宗の戦いを制したという事実もある。このほかにも、戦場にいる政宗を気遣った母義姫の手紙などが残されている。

そこで、浮上したのが、黒幕＝最上義光という説だ。義光の立場から考えれば、父輝宗にかわいがられていた政宗が亡きものになり、代わりに義姫が溺愛している次男の竺丸が伊達家を継げば、妹義姫を通して伊達家を自分の意ののままに操ることができる。つまり、妹をそそのかして政宗暗殺を企てるだけの動機は十分にあったということだ。

後に書かれた伊達家の正史である『貞山《ていざん》公治家記録』の中にも、政宗の母親が弟に家督を継がせるために自分を毒殺しようとしたことに衝撃を受けたことに加え、その背後に最上義光の陰謀があったのではないかと疑っていたことが暗示されている。

真相は定かではないが、この暗殺未遂事件以降も義姫と政宗は頻繁に手紙のやりとりをするなど、親子関係が続いていることがわかっている。

豊臣氏滅亡の〝弾き金〟を弾いた女の正体とは？

1614（慶長19）年の夏と、1615（慶長20）年の冬に起こった「大坂の陣」で豊臣家は滅亡し、徳川幕府の政権基盤は絶対的なものになった。

群雄割拠の時代を勝ち抜き、ついには徳川が天下をとったのは、徳川家康の力量も大きいが、ひとりの力だけでこれだけの事業を成し遂げられるものではない。

そこには多くの人物が絡み合っていたが、なかでも注目すべきは豊臣から徳川の時代へと歴史が大きく転換するのをいち早く見極め、歴史を背後から画策した女性の存在である。

彼女の名前は孝蔵主《こうぞうす》。豊臣家では「表の浅野長政《あさのながまさ》、裏の孝蔵主」と呼ばれるほどの力を発揮した人物だが、その詳しい人物像についてはほとんど知られていない。ただ、豊臣秀吉の傍らで大きな政治的役割を果たしていたことはわかっている。

たとえば、秀吉への謀反が疑われた伊達政宗や豊臣秀次《ひでつぐ》に対して、詰問の書状を送ったり、本人を呼び寄せて真相を明らかにするように取り計らったのも孝蔵主だったといわれる。つまり、秀吉から絶対の信頼を寄せられており、政治の実務的な面で大きな支えとなっていた人物だったといえる。

しかし、身分上では豊臣秀吉の大奥で奥女中筆頭を務めていた孝蔵主が、真にその実力を発揮するのは秀吉の死後のことである。

秀吉の死後、それまで大坂城の奥を仕切っていた正妻の北政所《きたのまんどころ》と考蔵主が京に移り、代わって家督を継いだ秀頼とその生母の淀殿《よどどの》が移り住んだ。

大坂城に入った秀頼は、生母の淀殿とその腹心たちによって守られていた。淀殿は豊臣政権での五奉行のひとりだった石田三成と結びつきを深めて実権を握っていくが、それを見て多くの大名たちは大坂城を離れていく。そのことは、「関ヶ原の戦い」にも大きく影響する。多くの大名たちが、石田三成に敵対した徳川家康についたのだ。

また関ヶ原の戦いでは、秀吉の一族で、小早川《こばやかわ》家に養子に入っていた小早川秀秋《ひであき》に寝返りを促したのも孝蔵主といわれる。この寝返りは戦況を大きく変えたのだから、彼女の行動は関ヶ原の勝敗を決め、徳川家の天下取りに大きく貢献したといえるのだ。

孝蔵主のこのような行動の背後には、もはや徳川の天下になることは間違いないという確信があったからである。

そして、自らの読みに従って首尾よく動いた孝蔵主は、家康が天下を取ると江戸城に招かれ、二代将軍秀忠のもとで江戸城の奥を束ねる地位を得たのである。

太田道灌を謀殺したのは、本当に主君・上杉定正だったのか

太田道灌《おおたどうかん》といえば、江戸城を築いたことで知られている。徳川家康が政権を打ち立てるうえでの本拠地とした江戸城は、太田道灌が房総《ぼうそう》にいた有力大名への抑えの要として１４５７（長禄《ちょうろく》元）年に完成させたものである。

江戸城だけでなく、川越城や岩槻城などの優れた城も築いているが、築城に秀でていただけでなく兵法にも詳しい軍略家としても知られている。

そんな道灌が仕えていたのが、扇谷《おおぎがやつ》上杉家である。室町時代に関東地方で勢力を伸ば

した上杉家は、その後、扇谷上杉家や山内《やまのうち》上杉家など4つに分家する。なかでも、山内上杉家がもっとも大きな勢力を誇り、上杉家の事実上の宗家となっていた。

一方の扇谷上杉家は、武蔵国を拠点として南関東で大きく力を伸ばした。特に15世紀後半の上杉定正《うえすぎさだまさ》の代になると、山内上杉家に迫るほどの勢いをつける。その立役者が道灌だったというわけだ。

ところがその道灌は、1486（文明《ぶんめい》18）年7月、定正の屋敷だった糟谷館《かすやのやかた》に招かれたところを暗殺されてしまう。風呂に入っていたところを刺客に斬り殺されたのだ。

この道灌の暗殺を企てたのが、扇谷上杉家当主の定正であるとされているのだ。

定正は、道灌が江戸城や川越城の補強工事を行っているのを知り、山内上杉家に対する謀反の準備ではないかと考えた。道灌による下克上を恐れたのだ。そこで本家である山内上杉家を守るために、自分の家臣である道灌を暗殺したというわけだ。

しかし、これには別の説もある。暗殺の実行を企てたのは確かに定正だが、仕向けた人物は別にいるというのだ。それは山内上杉家の上杉顕定《あきさだ》である。

道灌が扇谷上杉家の勢力拡大のために山内上杉家を攻めることを考えるのは、戦国の世では不思議なことではない。

ならば道灌が立ち上がる前に討っておこうと考えた顕定は、上杉定正を焚きつけ、道灌が山内上杉家に対して謀反を起こそうとしているようだと吹き込んだ。定正はまんまとそれを信じ、主家を守るために暗殺を実行したというのだ。

いずれにしても道灌は扇谷上杉家のために大いに尽力し、そしてその上杉家のために命を落とすことになったのである。

織田信長も驚愕した「松永久秀」が犯した3つのタブーとは？

織田信長といえば「変わり者」と呼ばれたことで知られているが、その信長をして〝三大悪業をやってのけた男〟と言わしめた人物がいる。その男は名を松永久秀といった。20歳の頃畿内随一の実力者である三好長慶《みよしながよし》に仕え、最終的にはナンバー2にまでのし上がっている。正妻は長慶の娘である。

そんな久秀が行った最初の悪業は、その三好家の乗っ取りである。まず長慶の子・義興《よしおき》を毒殺し、翌年には長慶に実弟である安宅冬康《あたぎふゆやす》を自害に追い込ませている。

また、もう1人の弟にあたる十河一存《そごうかずまさ》も久秀による暗殺だった可能性が高いとされている。そして、失意のうちに力尽きた長慶もまた最期は久秀に手をかけられて世を去った。

有力者を失った三好家は一存の子、義継《よしつぐ》が継いだ。だが、実権を握ったのは親族でも何でもない久秀だったというから、乗っ取りはまんまと成功したということになる。

さらに1565（永禄8）年には、三好三人衆とともに13代将軍足利義輝を謀殺するという暴挙に出るのである。

三好三人衆とは三好長逸《ながゆき》、三好政康《まさやす》、岩成友通《いわなりともみち》のことで、久秀と共に義継の後見人を務めていた人物たちだ。久秀は彼らをそそのかして二条城を急襲させ、将軍を死に追い込んだのだ。この事件は「永禄の変」と呼ばれている。

そして、戦国乱世の真っただ中にあって、究極の下克上を成し遂げた稀代の豪傑という見方もできた久秀のイメージを、ことさらに悪くしたのが3つ目の悪業だろう。

永禄の変の後、わが世の春を謳歌したかに見えた久秀だったが、しだいに三好三人衆と反目し合うようになり、久秀に対し徹底抗戦の構えをみせたのである。

しかし、ここでも久秀は予想だにしない方法で相手を攻め落とす。

1567（永禄10）年、松永軍との小競り合いの末、三人衆は奈良の東大寺に陣を取った。するとある夜、そこに火の手が上がったのだ。炎はたちまち燃え広がり、大仏殿をあっという間に焼き尽くした。久秀は敵陣を焼き討ちにするために、こともあろうか東大寺を全焼させてしまったのである。

東大寺の大仏といえば当時は絶対的な信仰の対象である。そんな民衆の心の拠りどころを自らの野心のために何のためらいもなく焼き払った久秀は、「神仏をも恐れぬ極悪非道人」と後ろ指を指されるようになったのである。

幻に終わった豊臣秀吉の遷都計画とは？

広辞苑によると、「都」とは「帝王の宮殿のある所」であり、「宮処」から転じた言葉とある。一般的に司法、立法、行政の三権が集まっている都市を首都と定めているが、日本の首都が東京だとはどこにも明文化されていない。ただ、皇居があり、三権が集中している都市はほぼ間違いなく首都と明言していいだろう。

このように現代でさえ不明瞭なところがある都の概念だが、江戸時代以前はもっとはっきりしない。

日本の歴史の中で、政治の中心となってきた場所は、鎌倉、大坂、江戸など何カ所かあるが、これらは幕府もしくは権力者の城があったところであり、その間、天皇は平安京が開かれた794（延暦《えんりゃく》13）年から東京に行幸《ぎょうこう》した1868（明治元）年まで、一時的な遷都を除いてずっと京都に居住していたからである。

ところがその約千年の間に、権力を握るとともに京都から天皇を移住させ、新たな「都」をつくろうと画策した人物がいる。豊臣秀吉である。

秀吉はほぼ天下を手中に収めた1583（天正11）年に、大坂城の建設を開始した。大阪市史料調査会によると、寺町や職人の集まる町などを明確に分けて建設し、さらに諸大名屋敷、神学校の建設などを計画していたという。

その中に、天皇の住居であり政務を執る内裏《だいり》の建設も含まれていた。大坂は山と海に囲まれた土地で、防衛の観点からも優れている場所として、ここに新たな都をつくろうとしていたのである。

だが、幕府を開いた源《みなもとの》頼朝《よりとも》や徳川家康と違い、秀吉は天下を統一したものの豊臣幕府を開いていていない。秀吉は1585（天正13）年に正二位内大臣の位を受け、同年に関白となり、翌年には太政大臣に就任しているが、征夷大将軍には任命されなかった。

室町幕府最後の将軍足利義昭が織田信長と対立して京都を追われはしたものの、1588（天正16）年に出家するまで征夷大将軍の地位を辞任しなかったためである。

こうして秀吉が将軍となることは叶わず、朝廷からの拒否によって遷都計画は頓挫した。1591（天正19）年に養子の豊臣秀次に関白を譲った後も秀吉は太閤《たいこう》として政権を掌握していたが、1598（慶長3）年に死去する。そして、秀吉を継いだ実子の豊臣秀頼は徳川家康の軍勢に滅ぼされ、秀吉の野望は夢のままで終わりを迎えたのである。

血を血で洗う騒動の末に家督を継いだ大友宗麟

キリシタン大名として後世に名を残す大友義鎮《おおともよししげ》（宗麟《そうりん》）が、大友家の家督を継いだのは

1550（天文19）年のことだ。豊後守護と鎮西探題を兼ねる父の大友義鑑《よしあき》が家臣に襲われて亡くなり、その後を継いだのである。

戦国時代は、家督を巡って親や兄弟を殺し合うようなお家騒動が起こることは珍しくなかったが、そんななかでも大友家の家督争いは壮絶だった。

家臣が分裂して抗争を繰り広げたのだ。分裂の原因は、義鎮には家督を継がせたくないという父の強い思いだった。

大友義鎮といえば、母も周防や長門、豊前などの守護を兼ねる大内氏の娘というサラブレッドで、1559（永禄2）年には豊前、肥前、筑後など九州6国の守護となり、九州最大の権勢を誇ったまさに大大名となった。

だが、その華々しい成功とは裏腹に、プライベートでは目に余るほどの放蕩息子だったのだという。

豊前豊後について記された『両豊記』に、「畿内関東までも尋ね求め美女艶色とだにいへば千金を出して呼び集む」と記録されているように、とにかく女癖が悪く、金にあかせて淫蕩生活を送っていた。

これでは義鑑が義鎮の相続権を廃して、側室との間に生まれた塩市丸《しおいちまる》に継がせたいと考えるのも当然といえる。

こうして、家臣らは義鎮派と反義鎮派に分裂し、勢力争いが激化したのだ。

1550（天文19）年2月、義鑑が義鎮派の重臣を次々と誅殺したことで、ついに血で血を洗う抗争が始まる。そして2月10日、のちに「二階崩れの変」といわれる政変が起こるのだ。

義鎮が温泉療養で留守をしていたその夜、義鎮の家臣が決起して、屋敷の二階にいた塩市丸とその母、息女、侍女の4人を殺害し、別の間にいた義鑑に切りつけたのである。

重傷を負った義鑑は2日後に亡くなるのだが、その死の間際に義鎮は自分が家督を継ぐことを父親に納得させる。こうして、大友家の第21代当主となったのだ。

その後、優秀なブレーンに恵まれていた義鎮は九州6国の守護となり、九州で最大最強の権勢をほこりその名をはせる。ところが、モラルのなさは相変わらずで、父の弟の妻、つまり義理の叔母を奪ったり、家臣の妻さえ側室にするようなありさまだった。

そして1578（天正6）年、島津氏との「耳川の戦い」で数多くの重臣を失い、家督を譲った大友義統《よしむね》との確執も原因となって、大友家は衰退の一途をたどっていくのである。

家臣の手打ちに人身売買も！「義将」上杉謙信の隠れた素顔

織田信長の軍に大量の死者を出した「手取川の戦い」や、北信濃を巡る武田信玄との「川中島の戦い」などで有力武将を苦しめてきた越後国の上杉謙信《けんしん》は、戦国時代最強といわれた武将だ。

戦に強いだけでなく義にも厚く、武田信玄の領内が今川氏によって塩止め（経済封鎖）された際には、信玄に塩を送り窮地を救ったという話が知られる。前述したとおり、「敵に塩を送る」という故事は、この話に基づいているのである。

しかし、そんな人格者としての評判の一方で、武蔵国岩付城の城主だった太田資正《おおたすけまさ》は、謙信の人となりをこう評価している。

「十にして八つは大賢人、二つは大悪人」

つまり、謙信は8割が賢人だが、残り2割は大悪人であるという意味だ。

この大悪人とは、謙信が関東出兵の際に行っていた「乱取り」や「人身売買」のことを非難していると思われる。

乱取りとは、戦いの後に戦地となった町や村で行われた略奪行為で、また人身売買はその土地の女性や子供を売り払ったり奴隷にしたりすることだ。

このような残虐な行為は、織田信長や武田信玄といった名だたる武将も行っており、武田信玄は北信濃を責めた際には村に火を放って村人を生け捕りにしたともいわれている。

しかし、そんななかでも謙信の乱取りや人身売買の酷さは有名だった。

なぜなら、上杉軍の関東出兵の目的のひとつが略奪だったからだ。というのも、軍の雑兵のほとんどは百姓で、豪雪地帯の越後では二毛作ができないため、戦場近くの村を襲って食べ物を略奪することで食糧不足を補っていたのだ。そのため出兵するのはいつも晩秋で、越後に帰ってくるのは春だった。

また、謙信は関東の城を攻め落とすと、その城下で人を売り買いすることを許可したとされている。常陸の小田城を攻略した際には、1人につき20～30文で売り買いされたという記録も残っている。

つまり、謙信は戦争ビジネスで雑兵の腹を満たし、飢えた民衆によって内側から国が崩壊するのを阻止していたのである。
ただ、攻められた側としては何ともやりきれない戦略である。

北条5代を支えた外交と政略結婚

政略結婚で勢力を拡大した一族といえば、世界ではハプスブルク家が有名だが、日本の戦国時代にも婚姻を利用して他国と同盟関係を結びながら勢力を拡大した一族がいる。関東随一の実力者である北条氏だ。

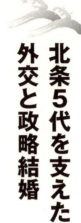

北条氏は初代の早雲《そううん》を家祖とする戦国大名で、1493(明応《めいおう》2)年に早雲が伊豆国に討ち入りし、足利茶々丸《ちゃちゃまる》を倒す。関東における戦国期はここに幕開けしたといわれているのだ。その後も、相模国や武蔵国、上野国など次々と平定して、北条家の全盛期には240万石の版図を支配している。

そんな北条氏は、有力武将を後ろ盾にすることで権力の基盤を固めてきた。そもそも早雲が頭角を現したのは、今川家のお家騒動をみごとに収束させたことにある。

早雲の姉の北山殿《きたやまどの》は駿河の今川家に嫁いだのだが、夫の義忠《よしただ》が没したことで家督を巡る争いが起きた。まだ6歳の龍王丸《たつおうまる》（氏親《うじちか》）を後継者に推すか否かで二派に分かれたのだ。

この時、調停役として間に入ったのが早雲で、両者に妥協案を提案して騒動を収めた。その働きに対して早雲には現在の沼津市にある興国寺城の所領が与えられ、これを伊豆国への討ち入りの足掛かりとしたのだ。

やがて二代氏綱《うじつな》の代になると、武蔵国や下総の一部などにも影響を広めた。また、三代氏康《うじやす》は「河越夜戦」で勝利して関東一帯に勢力を広め、氏綱の代から緊張状態にあった武田家や上杉家と和睦し、甲相駿三国同盟を結んでいる。

この同盟では政略結婚も条件に含まれており、武田信玄と上杉謙信、北条氏康の娘がそれぞれの嫡子に嫁ぐことで同意している。

北条家の版図が最大になったのは、4代氏政《うじまさ》の時代だ。氏政は武田信玄の娘の黄梅院《おうばいいん》と政略結婚したが、夫婦は仲睦まじく、兄弟や有能な臣下とも良好な関係を築いて勢力を拡大した。

こうして1590（天正18）年の5代氏直の時に「小田原征伐」で豊臣秀吉に敗北する

まで、合戦や外交、そして政略結婚によって関東一帯を手中におさめたのであった。

北端の雄、蠣崎家の戦国時代

戦国時代に蝦夷（現在の北海道）で唯一の大名だったのが蠣崎《かきざき》氏だ。あまり知られた名前ではないが、江戸時代には「松前《まつまえ》氏」を名乗っていたといえばわかりやすいだろう。

蠣崎氏はもとは青森県の下北半島にいた一族なのだが、15世紀頃に北海道に渡ったとされ、蝦夷地を支配していた安東《あんどう》一族に従属していた。

そんな蠣崎家に転機が訪れたのは、蠣崎季繁《すえしげ》の代のことだ。1457（康正《こうしょう》3）年にアイヌ民族が蜂起した「コシャマインの乱」が起こるのだが、この反乱を蠣崎家に身を寄せていた武田信広《のぶひろ》が鎮圧する。季繁はこの信広を気に入り、婿養子に迎えるのだ。

実は、信広は若狭の武田家の血筋で、武田信玄の遠い親戚筋にあたる人物である。彼が一族に入ったことで、蠣崎家は名門大名に一歩近づくことになるのだ。

とはいえ、信広や孫の代まではまだ安東家に属しており、信広の子の光広《みつひろ》の代もアイヌ民族との抗争は収まることがなかった。

ところが信広の孫の季広が家督を継ぐと、アイヌ民族と和睦するだけでなく独自の交易もスタートさせる。また子だくさんだった季広は、娘らを秋田や津軽などの有力な豪族に嫁がせることでも勢力を増していったのだ。

さらに、1583（天正11）年に蠣崎家の後継者となった三男の慶広《よしひろ》は、目端の利くかなりの世渡り上手で、天下統一への王手をかける豊臣秀吉の気持ちをもつかんでいる。小田原征伐のために全国の大名に参戦を呼び掛けていた豊臣秀吉のもとに、蝦夷から海路で参上し、秀吉をいたく感動させたのだ。

そして、いち早く参戦の意志を表明して秀吉から所領を安堵され、官位を取得した。また、秀吉の朝鮮出兵の際にも、はるばる九州まではせ参じた。しかも、蝦夷錦の派手な衣装を着て現れたものだから、派手好きの秀吉はすっかり心をつかまれたという。

こうして中央から蝦夷の支配者としてのお墨付きをもらうと、蠣崎家は安東家から独立し、「松前」を名乗って初代松前藩主となったのだ。

しかし、慶広の世の中を読む嗅覚がもっとも発揮されたのは、秀吉が死去した後のことだった。これからは徳川の時代であるとみるや、家康に急接近し、関ヶ原の戦いでは家康率いる東軍として戦っている。じつに、したたかに戦国時代を生きた一族だったのである。

戦国時代末期、東南アジアで活躍した山田長政

戦国大名が東西に分かれて戦った天下分け目の「関ヶ原の戦い」や、徳川家康が豊臣家を滅ぼした「大坂の陣」では、主家が滅びたことにより多くの武士が職を失っている。彼らは浪人といわれ、刀を捨てて商人になったり農民になったりしたが、なかには日本を出て新天地に向かう者もあった。

沼津藩主の大久保《おおくぼ》忠佐《ただすけ》に仕えていた山田《やまだ》長政《ながまさ》もそんな浪人のひとりだ。沼津藩は跡継ぎが決まらないまま忠佐が亡くなり、改易されているのだが、長政はその少し前に朱印船に乗って日本を出ている。

長政が向かった先はシャム（現在のタイ）のアユタヤ王国だった。バンコクの北にある

アユタヤは当時、王朝があった都市で、チャオプラヤー川を通じて内陸とタイ湾から送られてくる物流の交易地点となっていたため、多くの外国船が行き来していた。

そして、さまざまな外国人街が形成されており、貿易でやってきた日本人がつくった日本人街もあった。そこに17世紀初頭、長政の姿があった。日本で戦国時代が終わろうとしていた同じ時期、海を越えた東南アジアの一角で日本人街が繁栄しており、最盛期には1500人の日本人が住んでいたともいわれている。

そんな日本人街の住人は、戦国武将に仕えていた武士が多かったこともあって実戦経験が豊富だった。その能力の高さを買われて、日本人は傭兵としてアユタヤのソンタム王に優遇されたという。

軍事センスに優れていた長政は軍事指揮者として頭角を現した。

当時のシャム国は二度にわたってスペイン艦隊に侵攻されたり、隣国のビルマ（現在のミャンマー）との紛争も絶えなかったが、日本の武士集団である日本人傭兵隊が勇猛果敢に戦い王国を守ったのだ。

その功績を買われて、やがて長政は王室から最高官位を与えられるのだが、ソンタム王が死去すると王位継承争いが起こり巻き込まれてしまう。そして王位継承に野心を燃やすソンタム王の叔父カラーホームに疎まれ、毒殺されてしまうのだ。

その後、江戸幕府による鎖国もあってアユタヤの日本人街は衰退の一途をたどったのだ。

豊臣秀頼と徳川家康の会見直後の加藤清正の死が意味すること

豊臣秀吉の子飼いともいわれた大名のひとりに、加藤清正がいる。幼少の頃から秀吉のそばで仕えて数々の武功を残し、名城の熊本城を築いたことでも知られる。

その清正は、1611（慶長16）年に没している。『当代記』によれば、死因は腎虚、つまり腎臓機能の低下である。しかし、実際には何の病気かはっきりとはわかっていない。そのために暗殺されたのではないかという説が昔から語られている。

清正を暗殺したといわれているのは、徳川家康だ。

1600（慶長5）年の関ヶ原の戦いで家康は天下を手にした。その家康にとってたったひとつ残された気がかりは豊臣家の存在だ。なんとかして滅ぼしたい――。そこで家康は、大坂城の豊臣秀頼を上洛させ、直接対面しようとした。

しかし、そう簡単にはいかなかった。秀頼の母の淀殿は家康のほうから秀頼に会いにくるべきであると激しく反発したのだ。

もちろん、家康のほうも黙ってそれに従うことはできない。そして、豊臣家の実力者である孝蔵主の尽力もあって、ようやく二条城において家康と秀頼との会見が実現したのは1611（慶長16）年3月28日のことである。

二条城は家康にとっては京都での拠点である。秀頼があえて大坂城を出て二条城へ赴くというだけで、家康の優位はもはや疑う余地はなかった。

しかし、家康にはまだ不安があった。豊臣家の武将の中でも群を抜いて秀頼への忠誠心が強かった加藤清正の存在だ。清正は二条城での会見にも秀頼に同行し、いつ家康と刺し違えてもいいように懐に短剣を隠し持っていたとさえいわれている。

しかし、会見は何事もなく無事に終了した。ところが異変はその後に起こった。会見からわずか3か月後の6月に加藤清正が急死したのだ。

そこで浮上したのが、秀頼との会見の席を利用して、家康は清正暗殺を実行したのではないかという説だ。会見の席には饅頭が出された。毒が仕込まれていたのは、その饅頭だったといわれている。

天下をとるために、秀頼の後ろ盾である有力武将を暗殺する。今のところ確証はないが、今日までまことしやかに語り伝えられているのである。

関ヶ原の戦いは女の戦いでもあった？

豊臣秀吉が愛した女性といえば正室の北政所、そして側室の淀君（茶々）の存在を忘れてはならない。

秀吉と茶々は、織田信長が仕掛けた浅井攻めがきっかけで出会うことになったといってもいい。浅井長政とその長男は追い詰められて自害しているが、長政の妻であるお市の方は信長の妹だったため、長女の茶々を含む3人の娘とともに信長に引き取られている。

やがて、お市の方は柴田勝家と再婚したが、今度は勝家と信長の後継者となった秀吉が対立することになり、その時に娘たちだけは秀吉の元に送り出されているのだ。

こうしてまだ10代だった茶々は30歳以上も歳の離れた秀吉と出会い、いつしか茶々は秀吉の側室に迎えられて、ついにはその子を身籠ったのである。

その後、茶々のために秀吉は淀城を与える。こうして茶々は「淀殿」と呼ばれるようになり、秀吉の念願だった後継者である秀頼を出産するのだ。

やがて秀吉は朝鮮出兵の途中で病に倒れると、この世を去る。そうなると、後継ぎの秀頼の実母である淀殿の優位はより明白なものになったのだ。

北政所は一線から身を退いて京都に移り住み、尼僧となって高台寺を建立すると、高台院と名乗って秀吉の供養をしながら余生を過ごす。その一方で、淀殿は秀頼とともに大坂城に入り、秀頼の後見人として豊臣家の中枢を担うようになる。

やがて時代は、家康を中心とした新勢力と、引き続き豊臣家の優位を保とうとする一派の争いからついに「関ヶ原の戦い」を迎える。

その天下の大一番で、北政所に幼い頃から世話になっていた加藤清正や福島正則《ふくしままさのり》といった武将たちが家康側の東軍につき、また北政所の甥である小早川秀秋も東軍に寝返ったことから、関ヶ原の戦いは北政所と淀殿の女の戦いとも称されることがあるのである。

2人が本当に対立関係にあったかどうかは諸説あるが、その後、「大坂夏の陣」、そして

「大坂冬の陣」と、最後まで大坂城に立てこもって秀頼とともに自害した淀殿と、一度は天下人の妻となりながらも尼としての人生を選んだ北政所。秀吉に愛された2人の女性は、時代に翻弄されながらもその生きる道を自ら選びとったことだけは事実といえよう。

「天下分け目の戦い」に突き進んだ宿命の対決

滋賀県米原市には、平安時代に建てられたという歴史ある寺が今もひっそりと残っている。観音寺というこの寺は、羽柴秀吉と石田三成が出会った場所といわれているのだ。

この土地の豪族の子として生まれた三成は、少年時代に観音寺で小僧をしていたことがあり、鷹狩りの途中に寺に立ち寄った秀吉に茶を出したのが2人の出会いだった。

この時に秀吉は三成の心配りに感心し、連れて帰って家臣としたと伝えられている。

その後、三成はメキメキとその頭角を現し、北条氏を討ち取った小田原攻めなど秀吉の天下統一に向けての重要な戦いに従軍し、その信頼を確固たるものにしていったのだ。

ところで、のちに関ヶ原で三成と対峙することになる徳川家康は三成とは、およそ20年も年が離れている。三成が秀吉と出会っていた頃には、家康はすでに一人前の武将として乱世の舞台に登場しつつあったのだ。

やがて家康は、亡き信長の次男である織田信雄を擁して、全国の諸大名を従わせつつあった秀吉と刃を交えることになる。これが１５８４（天正12）年の「小牧・長久手の戦い」である。

この戦いで秀吉を苦しめた家康は、最後まで秀吉に屈しようとはしなかった。当然、この戦いには秀吉軍の一員として三成も参戦しているはずだから、こうした家康の手ごわさを目の当たりにしていたことだろう。

秀吉が亡くなると、家康が政治の実権を握ろうとするのは時間の問題だった。やがて、豊臣の家臣たちは家康派と豊臣氏への忠義を貫く者たちとに分かれて対立するようになり、秀吉がこの世を去ってからわずか2年後の１６００（慶長5）年に美濃（現在の岐阜県）でついに「関ヶ原の戦い」を迎えることになるのだ。

そこで、東軍を率いたのは家康、対する西軍の中心となったのは三成だった。

ところで「天下分け目の大一番」といわれるこの戦いだが、互いに10万近い兵を集めながらわずか半日で西軍が敗れ去ったことはよく知られている。

それでもいつの日か家康を倒して豊臣家を再興せんと誓っていたのだろうか。関ヶ原で敗戦の将となってからも自ら腹を切ることなく斬首されている。

家康暗殺計画で処刑された古田織部とは何者か

安土桃山時代に茶の湯の境地を開拓した千利休《せんのりきゅう》。彼にわび茶の精神を学ぼうと、その門下には多くの武将や大名が名を連ねていた。そんな門人の中でも特に優れた7人を「利休七哲《しちてつ》」と呼ぶが、桃山文化を彩った織部焼《おりべやき》の発案者としても知られる古田織部《ふるたおりべ》もその1人だった。

ところが、晩年の織部にはある疑惑が持ち上がり、ついには切腹を命じられているのだ。将軍職こそ辞したものの、依然として強大な権力を誇っていた徳川家康の暗殺を企てていたというのである。

徳川家の茶道指南役にまで上り詰めて天下にその名を馳せた織部が、なぜ家康の命を狙わなければならなかったのだろうか。

織部が茶の湯と出会ったのは、古田家が信長や秀吉に仕えていたことに始まる。

商人の町として栄えた堺の町を治めた信長は、堺で生まれた茶人の千利休を重用した。そして信長亡き後も利休は信長以上に茶の湯に熱心だった秀吉に仕えている。織部は秀吉がたびたび催した茶会で利休と出会い、そのうちに彼の門弟になったと考えるのが自然だろう。

わび・さびの世界を重んじた利休は最終的に秀吉と袂《たもと》を分かち、切腹を命じられて死んでいった。一方で織部は、秀吉の命を受けて武家のための豪華絢爛な茶道をつくり上げたのである。まさに茶の湯の改革者だった。

ところが、優れた感性を持っていた織部は、時代を見据える目も兼ね備えていたのだろうか。長年にわたり信長、秀吉に仕えてきたにもかかわらず、織部は「関ヶ原の合戦」では西軍の豊臣方ではなく東軍、つまり家康の側についているのだ。

こうして今度は徳川方についた織部だが、その後の彼を待っていたのは師である千利休もたどった過酷な宿命だった。

ある日、二条城の放火と徳川の転覆を図る密書を持っていた織部の家臣が捕らえられ、織部にも嫌疑が向けられたのだ。

実は、この事件の前から織部は豊臣方と内通しているのではないかという疑惑を持たれており、この放火未遂事件で織部への疑いはいよいよ決定的なものとなった。

大坂城で追い詰められた豊臣秀頼とその母である淀殿が自刃したその数日後に、織部は家康から切腹を申しつけられた。皮肉にも師である千利休と同じように、織部も時の権力者にうとまれて命を絶ったのである。

その死後、墓まで暴かれた家康の家臣「大久保長安」の罪と罰

江戸幕府を開いた徳川家康の周りには、武士だけでなく学者や僧侶など優秀なメンバーが顔をそろえていたと伝えられている。

1613（慶長18）年、そんなブレーンの1人として活躍した大久保長安《おおくぼながやす》が病死した。

家康が天下を取る際、経済的な基盤を支えたほど多大な功績を残した人物である。

ところが、死後わずか半月で彼に対する家康の態度は一変した。家康は大久保一族を断罪する命を下し、長安の墓を掘り起こさせて遺体を河原にさらし、さらに彼の7人の子供は全員が切腹させられ、領地や財産もすべて没収されたのである。

なぜなら、長安は生前に70万両もの金を横領し不正蓄財をしていて、さらに幕府に対する謀反を企てていたというのだ。これが真実であれば断罪されるのも無理はないだろう。

だが、実は謀反の噂は大久保一族を陥れる陰謀だったとする見方が強い。その背景にあったのは権力争いで、彼を快く思わないライバルによって追い落とされたのである。

長安は治水工事や道路整備、築城などさまざまな面で手腕を発揮した。武人というよりも、技術官僚のような存在だった。なかでももっとも目覚ましい働きを見せたのが鉱山の経営で、その功績により大きな権力と財力を手にすることになったのだ。

ところが、江戸幕府の政治体制が固まりつつあるころ、幕府内では戦で功労のあった武《ぶ》功派《こうは》と、台頭してきた官僚の吏僚派《りりょうは》が対立を深めていた。武功派の中心的人物は長安の後見だった大久保忠隣《ただちか》で、吏僚派は本多正信《ほんだまさのぶ》である。

長安はどちらかというと官僚タイプだが、忠隣との関係から武功派の一員とみなされていた。すべての権力を幕府に集中したいと考える吏僚派にとって、昔ながらのやり方を貫こうとする武功派は目障りでしかなかった。

そんな時、正信一派の足元を揺るがす事件が起きる。正信の息子・正純《まさずみ》の家臣が大名から金を騙し取っていた事実が露見したのだ。焦った本多親子は形勢を逆転させる秘策を講じた。そしてターゲットになったのが長安だったというわけだ。

とはいえ、大きな権力を持つ長安においそれとは手出しはできない。本人が生きていれば詳しい詮議《せんぎ》も必要になるだろう。そこで、その死後に謀反人に仕立て上げたのである。

長安が有能な人物であったことは間違いない。それでも戦国の世では権力闘争のネタにされ、その功績を讃えられることもなく使い捨てられてしまったのである。

炎上する大坂城から千姫を救った「坂崎直盛」の怪死の裏側

坂崎《さかざき》出羽守《でわのかみ》直盛《なおもり》が津和野《つわの》城主となったのは、1601（慶長6）年のことである。もともと直盛は宇喜多秀家《うきたひでいえ》の家臣だったが、内紛を機に宇喜多家を去り、「関ヶ原の合戦」では東軍に加勢した。津和野は関ヶ原での功績を認められて与えられたものである。

こうして徳川の家臣となった直盛は、豊臣と徳川の最後の決戦となった「大坂夏の陣」でも大きな役割を果たしている。家康の孫娘で秀頼の正室として嫁いでいた千姫《せんひめ》を炎上する大坂城から救出したといわれているのだ。だが、事実は少々違うようなのだ。

実は、千姫が脱出する手引きをしたのは秀頼の家臣である大野治長《おおのはるなが》で、実際に城から彼女を連れ出したのも堀内氏久《ほりうちうじひさ》。直盛は彼らを本陣へと案内しただけだったとされている。

たしかに脱出そのものには関わっていなかったとはいえ、千姫を保護して無事に送り届ける役目は重要だ。だからこそ、戦のあとに直盛は1万石を加増されているのだ。

しかし、そんな功労があったにもかかわらず、直盛は戦から間もなく改易されてしまう。なんと千姫が乗った駕籠を襲って彼女を奪い取ろうと計画したのだという。直盛はどうして千姫を奪おうなどと考えたのだろうか。

その理由については2つの説がある。ひとつは家康が約束を反故《ほご》にしたというものだ。家康は千姫を救出する際、「無事に脱出させた者には姫を与える」と約束していたといわれている。ところが千姫は直盛の元ではなく、本多忠刻《ただとき》への輿入れが決まってしまう。

これを恨みに思った直盛は輿入れの日に駕籠を襲撃し、千姫を奪い去ろうとしたのである。

一方では、直盛の面子を潰されたことが原因だったともいわれている。

千姫の救出後、直盛は家康から彼女の再婚相手を探してほしいと頼まれていた。彼は八方手を尽くし、ようやく適当と思われる公卿を見つけて報告する。

だが、いつまでたっても婚礼話が進む様子はない。そのうち自分が推薦した公卿とはまったく別人である忠刻との縁組みがまとまってしまったのである。仲人としての面子をつぶされた直盛は怒り、暴挙に及ぼうと考えたのだとされている。

千姫襲撃の疑いをかけられた直盛は、この事件が原因となって死を遂げたことは確かなのだが、その死に様もよくわからないままになっている。

「のぼうの城」の水攻めに失敗した石田三成をめぐる謎と真実

石田三成といえば、豊臣秀吉のもとで行政・外交政策や、軍需物資の輸送などに手腕を発揮し、豊臣政権の中枢まで上り詰めた武将である。しかし、その官僚としての類まれな才能を高く評価される一方で、武将としての能力はいたって軽視されている。

その原因には、2つの史実が引き合いに出される。天下分け目の「関ヶ原の合戦」で徳川家康を総大将とする東軍に負けて敗軍の将になったことと、もうひとつ忍城《おしじょう》の水攻めに失敗したことだ。

ところが、当時の史料をあたってみると、ここには通説とはまったく異なる武将・石田三成の姿が浮かび上がってくる。

通説によると、なかなか忍城を落とせずにいた三成は水攻めを思いつく。かつて秀吉が備中高松城攻めで使った戦術を真似ようというのだ。

三成は近隣から数十万人の人夫をかき集めて昼夜を問わずに工事をさせ、わずか5日で忍城を囲む人工の堤を造らせた。そうしてここに遠く荒川と利根川から水を引き入れ、忍城を水没させようとしたのである。

ところが、忍城はこの水攻めにも屈しなかった。そうこうするうちに、大雨や忍城方の攻撃のため堤はあえなく決壊し、その濁流は三成側の陣営に襲いかかった。死者は200人以上に達したといわれ、忍城水攻めは無残な失敗に終わったのである。

この失敗により、三成は戦略眼がないというレッテルを貼られてしまうことになる。しかし、忍城攻めのさなかに三成と小田原にいた秀吉らがやりとりした書状を見てみると、実は三成自身は水攻めに懐疑的であったことがわかるのだ。

では、なぜ水攻めが行われたのか。それは、ほかでもない秀吉からの強い要望だったからである。秀吉は三成宛の書状の中で、水攻めについての細かい指示を出し、さらには堤の図面まで提出させて自らが指揮する意気込みすらみせていた。

だが、結果は失敗だった。そもそも忍城は自然の洪水が起こっても沈まない「浮き城」と呼ばれた城で、そんな要害を水攻めしても落城する可能性は低かった。現地にいればそうした問題点をわかっていたはずで、だからこそ三成は水攻めには反対だったのだ。

忍城への水攻めには批判的だったという当の三成が、この失敗のせいで後世まで汚名を着せられることになるとは皮肉な話である。

◆参考文献

『学校では教えてくれない日本史事件の謎』（学研編集部編／学習研究社）、『戦国合戦・本当はこうだった―逆転の日本史』（藤本正行／洋泉社）、『教科書が教えない日本史素朴な疑問―封印された歴史の謎』（新人物往来社）、『徳川将軍の意外なウラ事情』（中江克己／PHP研究所）、『日本史人物の謎100』（鈴木旭、島崎晋／学習研究社）、『徳川将軍家十五代のカルテ』（篠田達明／新潮社）、『図説 徳川将軍家・大名の墓―江戸の残照をたずねて』（河原芳嗣／アグネ技術センター）、『古田織部の世界』（久野治／鳥影社）、『歴史読本 2010年3月号』（新人物往来社）、『名古屋城―尾張を守護する金の鯱』（三浦正幸、馬場俊介、小和田哲男、奥出賢治、中井均／学研パブリッシング）、『歴史誕生1』（NHK歴史誕生取材班／角川書店）、『謀反人たちの真相』（藤倉七右衛門／文芸社）、『戦国鉄砲・傭兵隊 天下人に逆らった紀州雑賀衆』（鈴木真哉／平凡社）、『織田信長 石山本願寺合戦全史―顕如との十年戦争の真実』（武田鏡村／ベストセラーズ）、『もういちど読む山川日本史』（五味文彦、鳥海靖編／山川出版社）、『歴史「謎」物語―隠された真相を推理する』（井沢元彦／廣済堂出版）、『NHK 歴史発見7』（NHK歴史発見取材班編／角川書店）、『石山本願寺の興亡』（大谷晃一／河出書房新社）、『宗教で読む戦国時代』（神田千里／講談社）、『戦国時代人物事典』（歴史群像編集部／学習研究社）、『高校日本史に出てくる 歴史有名人の裏話』（新人物往来社編／新人物往来社）、『日本の歴史16 天下泰平』（横田冬彦／講談社）、『日本怪僧奇僧事典』（祖田浩一／東京堂出版）、『戦国大名の日常生活』（笹本正治／講談社）、『その時歴史が動いた17、20、21』（NHK取材班／KTC中央出版）、『時代考証 おもしろ事典 TV時代劇を100倍楽しく観る方法』（山田順子／実業之日本社）、『謎とき日本合戦史―日本人はどう戦ってきたか』（鈴木眞哉／講談社）、『図説 武田信玄』（信玄公宝物館編／河出書房新社）、『新編日本武将列伝 鎌倉室町編』（桑田忠親／秋田書店）、『足利尊氏の生涯』（童門冬二／三笠書房）、『北政所と淀殿―豊臣家を守ろうとした妻たち』（小和田哲男／吉川弘文館）、『史伝武田信玄』（小和田哲男／学習研究社）、『中国武将列伝』（守屋洋／PHP研究所）、『ビジュアル図解でわかる時代の流れ！ 早わかり戦国史』（外川淳編著／日本実業出版社）、『京都のナゾ？ 意外な真実！』（八幡和郎＆CDI／日本実業出版社）、『世界一受けたい日本史の授業』（河合敦／二見書房）、『日本の地名がわかる事典』（浅井建爾／日本実業出版社）、『図説京都府の歴史』（森谷彑久責任編集／河出書房新社）、『歴史雑学辞典日本編』（毎日新聞社編／毎日新聞社）、『えっ！そうなの？歴史を飾った人物たちの仰天素顔』（平川陽一編／徳間書店）、『別冊歴史読本88疑問だらけの戦国史』（新人物往来社）、『図説大坂府の歴史』（津田秀夫責任編集／河出書房新社）、『大阪城400年』（岡本良一、作道洋太郎、原田伴彦、松田毅一、渡辺武／大阪書籍）、『図説歴史で読み解く日本地理』（河合敦／東京書籍）、『大阪城ふしぎ発見ウォーク』（北川央／フォーラム・A）、『東京の地理がわかる事典』（鈴木理生／日本実業出版社）、『日本史総合図録　2002年』（山川出版社）、『日本史B　2001年』（清水書院）、『理解しやすい日本史B　2002年』（文英堂）、『日本史総覧』（とうほう）、『戦国　城と合戦』（実業之日本社）、『日本の歴史10』（集英社）、『日本の歴史11　戦国大名』（中央公論社）、『日本の歴史12』（中央公論社）、『歴史群像シリーズ50　戦国合戦大全　上巻』（学習研究社）、『大百科事典』（平凡社）、『日本の歴史13　江戸開府』（辻達也／中央公論社）、『戦国合戦辞典　応仁の乱から大坂夏の陣まで』（小和田哲男／PHP研究所）、『織田信長合戦全録』（谷口克広／中公新書）、『日本史広辞典』（日本史広辞典編集委員会／山川出版社）、『クロニック戦国全史』（講談社）、『ビジュアル歴史』（東京法令出版）、『高等学校新日本史B』（桐原書店）、『図解日本史―地図・図録―』（笠原一男編／山川出版社）、『標準日本史地図』（児玉幸多編／吉川弘文館）、『日本史年表・地図』（児玉幸多編／吉川弘文館）、『高校日本史　日本史B』（山川出版社）、『日本史総覧』（東京法令出版）、『栃木県版歴史の資料』（正進社）、『日本史総合資料集』（明伸社）、『日本史資料集』（みくに出版）、『中学社会歴史的分野』（日本書籍）、『新日本史B』（三省堂）、『中学校歴史日本の歴史と世界』（清水書院）、『高等学校新日本史B』（第一学習社）、『新編日本史図表』（第一学習社）、『東京都版歴史の資料』（正進社）、『日本歴史展望第6巻戦国武将の夢と知略』（笠原一男編／旺文社）、『中学生の社会科歴史日本の歩みと世界』（日本文教出版）、『日本史総覧コンパクト版』（新人物往来社）、『歴史探偵団がゆく日本史が楽しい』（半藤一利／文藝春秋）、『日本の歴史名場面100』（童門冬二／三笠書房）、『日本史こぼれ話　古代・中世』（笠原一男・児玉幸多編／山川出版社）、『江戸三〇〇藩最期の藩主』（八幡和郎／光文社）、『江戸300藩県別うんちく話』（八幡和郎／講談社）、『織豊政権と江戸幕府』（池上裕子／講談社）、『戦国の群像』（池上裕子／集英社）、『早わかり日本史』（河合敦／日本実業出版社）、『戦国武将の手紙を読む』（二木謙一／角川書店）、『戦国武将の妻たち』（百瀬明治／ＰＨＰ研究所）、『日本地図から歴史を読む方法』（武光誠／河出書房）、『日本の歴史14戦国の動乱』（小学館）、『日本の歴史15織田・豊臣政権』（小学館）、『一揆と戦国大名』（久留島典子／講談社）、『本願寺と一向一揆』（辻川達雄／誠文堂新光社）、『地図で訪ねる歴史の舞台―日本―』（帝国書院）、『戦国武将学入門』（発売：角川書店／発行：同朋社）、『図解　戦国時代が面白いほどわかる本』（金谷俊一郎／中継出版）、『戦国の山城をゆく』（安部龍太郎／集英社）、『日本の歴史・下克上の時代』（永原慶二／中央公論社）、『日本の歴史』（山川出版社）、『北区史　通史編　中世』（東京都北区）、『新詳日本史』（浜島書店）、『ビジュアルワイド図説日本史』（東京書籍）、『日本の歴史17　町人の実力』（奈良本辰也／中央公論社）、『日本の歴史16　江戸幕府』（北島正元／小学館）、『日本の歴史19　元禄時代』（尾藤正英／小学館）、『日本の歴史13　室町幕府』（佐々木銀彌／小学館）、『新分析現代に生きる戦略・戦術　大坂の陣』（旺文社）、ほか

◆ホームページ

郷土料理探訪、京都新聞、甘春堂、江戸の七不思議、日枝神社ネット、京都府、京都市情報館、まるごと京都ポータルサイト、（財）京都市埋蔵文化財研究所、清水寺、おこしやす伏見、西陣織工業組合、本願寺、知恩院、ＪＲ東海、あだしの念仏寺、旅研、貨幣博物館、大阪城、三光神社、URBEST STYLE、フロンティアエイジ、地名由来辞典、大阪市立図書館、観光ＢＩＺ、観光みえ（三重県観光連盟）、大阪大学総合学術博物館、大阪市立自然史博物館、豊中市、きしわだ自然資料館、大阪市編纂所、神戸大学付属図書館、国立歴史民族博物館、愛媛大学、（財）犬山城白帝文庫、ＵＲ都市機構、戦国博、武庫川女子大学関西文化研究センター、大阪市、大阪市水道記念館、朝日放送、大阪市教育委員会、真言大谷派（東本願寺）、浄土真宗本願寺派本願寺、青空文庫、大阪市文化財協会、大阪歴史博物館、ＮＨＫ大阪放送会館、東京都中央区観光協会、佃住吉講公式サイト、住吉神社、日本食品新聞社、豊国神社（大阪）、京都観光文化情報システム、東山区役所、東山区役所観光サイト、佐賀県、浄土宗大本山 増上寺、和歌山県立医科大学附属病院 紀北分院、深川観光協会、学研キッズネット、東京新聞 ＴＯＫＹＯ Ｗｅｂ、ＳＨＩＭＡＤＺＵ 尚古集成館、長野市「信州・風林火山」特設サイト川中島の戦い、富士宮市、小牧市、熊本城公

式ホームページ、J-CASTニュース、滋賀県観光情報、米原市観光ガイド、みちのく伊達政宗歴史館、愛知産業大学工業高等学校、京都駅ビル、鹿児島県総合観光サイト、鹿児島県、OCNスペシャル-なるほどエンタテインメント、日経ビジネスオンライン、萩市観光協会「ぶらり萩あるき」、参議院、早稲田大学、ほか

※本書は、『図説 日本人が知らなかった戦国地図』（青春出版社／2005年）、『宿命の対決 歴史の舞台裏がわかるライバルの顚末』（同／2011年）、『日本史の三大迷宮 京都・江戸・大坂の謎を追う！』（同／2008年）、『日本史 暗黒のミステリー』（同／2012年）をもとに、新たな情報を加えたうえで再編集したものです。

編者紹介

歴史の謎研究会
歴史の闇にはまだまだ未知の事実が隠されたままになっている。その奥深くうずもれたロマンを発掘し、現代に蘇らせることを使命としている研究グループ。
本書では、戦国武将の裏の顔から、戦国合戦の意外な話、城をめぐる謎と不思議まであらゆる角度から検証。戦国時代を楽しむために外せない基礎知識もキチンとおさえられる決定版！

日本人《にほんじん》が知《し》らない意外《いがい》な真相《しんそう》！
戦国時代《せんごくじだい》の舞台裏大全《ぶたいうらたいぜん》

2017年1月5日　第1刷

編　者	歴史《れきし》の謎研究会《なぞけんきゅうかい》
発行者	小澤源太郎
責任編集	株式会社プライム涌光
	電話　編集部　03(3203)2850
発行所	株式会社青春出版社

東京都新宿区若松町12番1号〒162-0056
振替番号　00190-7-98602
電話　営業部　03(3207)1916

印刷・大日本印刷　　製本・ナショナル製本

万一、落丁、乱丁がありました節は、お取りかえします

ISBN978-4-413-11198-0 C0021

できる大人の大全シリーズ

そんな仕組みがあったのか!
「儲け」のネタ大全《たいぜん》

岩波貴士

ISBN978-4-413-11160-7

誰もがその先を聞きたくなる
地理の話大全《たいぜん》

おもしろ地理学会[編]

ISBN978-4-413-11161-4

隠された歴史の真実に迫る!
謎と暗号の世界史大全《たいぜん》

歴史の謎研究会[編]

ISBN978-4-413-11169-0

話してウケる! 不思議がわかる!
理系のネタ全書

話題の達人倶楽部[編]

ISBN978-4-413-11174-4